AF556563

MARIJKE AMADO

FRAUEN IN DEN MEDIEN

IMMER SCHÖN GELASSEN BLEIBEN

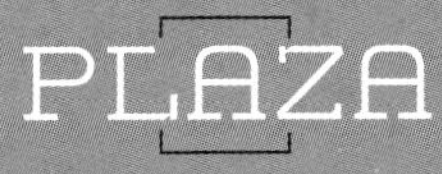

Inhalt

Vorwort

Wenn Sie dieses Buch in Händen halten, gehe ich davon aus, dass Sie mich kennen und an der Welt des Fernsehens interessiert sind. Diesem Medium, dem ich mein Leben verschrieben habe, seit 1978. Für uns Frauen hat sich sehr viel verändert, von damals bis heute.

Ich blicke zurück auf viele Ereignisse, auf viele Begegnungen und Menschen, die ich getroffen und mit denen ich zusammengearbeitet habe oder immer noch zusammenarbeite. Es gab Enttäuschungen und Glücksgefühle, Höhen und Tiefen, wie im richtigen Leben. Wahrnehmungen und Veränderungen – und darum soll es in diesem Buch auch gehen. Die Rolle der Frau in den Medien und das, was wir Frauen in diesen 40 Jahren teilweise miterlebt und verändert haben. Etwas, in dem sich die „älteren" Leserinnen vielleicht wiederfinden, von denen die jungen lernen können und worauf die männlichen Leser vielleicht zum ersten Mal aufmerksam gemacht werden.

Keine Angst, dieses Buch ist keine Abrechnung, sondern der Versuch zu erklären, was war, was sich verändert hat und was sich noch verändern sollte. Und dieses Buch ist natürlich das, was ich am besten kann: Unterhaltung.

Viele haben mir bei diesem Buch geholfen, insbesondere meine wunderbaren Kolleginnen hinter und vor der Kamera, mit denen ich spannende Gespräche führen durfte. Dafür bin ich dankbar. Eine Beobachtung durch die Zeit. Wir Frauen sind ganz weit gekommen in diesen 40 Jahren und es hat sich vieles zum Positiven verändert. Unterhaltung zu machen ist eine wunderbare Sache und es gibt nichts Schöneres, als ein Lächeln in Ihr Wohnzimmer zu zaubern.

Ich hoffe, mit diesem Buch einen unterhaltsamen, lehrreichen und im besten Fall zum Nachdenken anregenden Stoff mit auf den Weg zu geben.

Ihre Marijke Amado

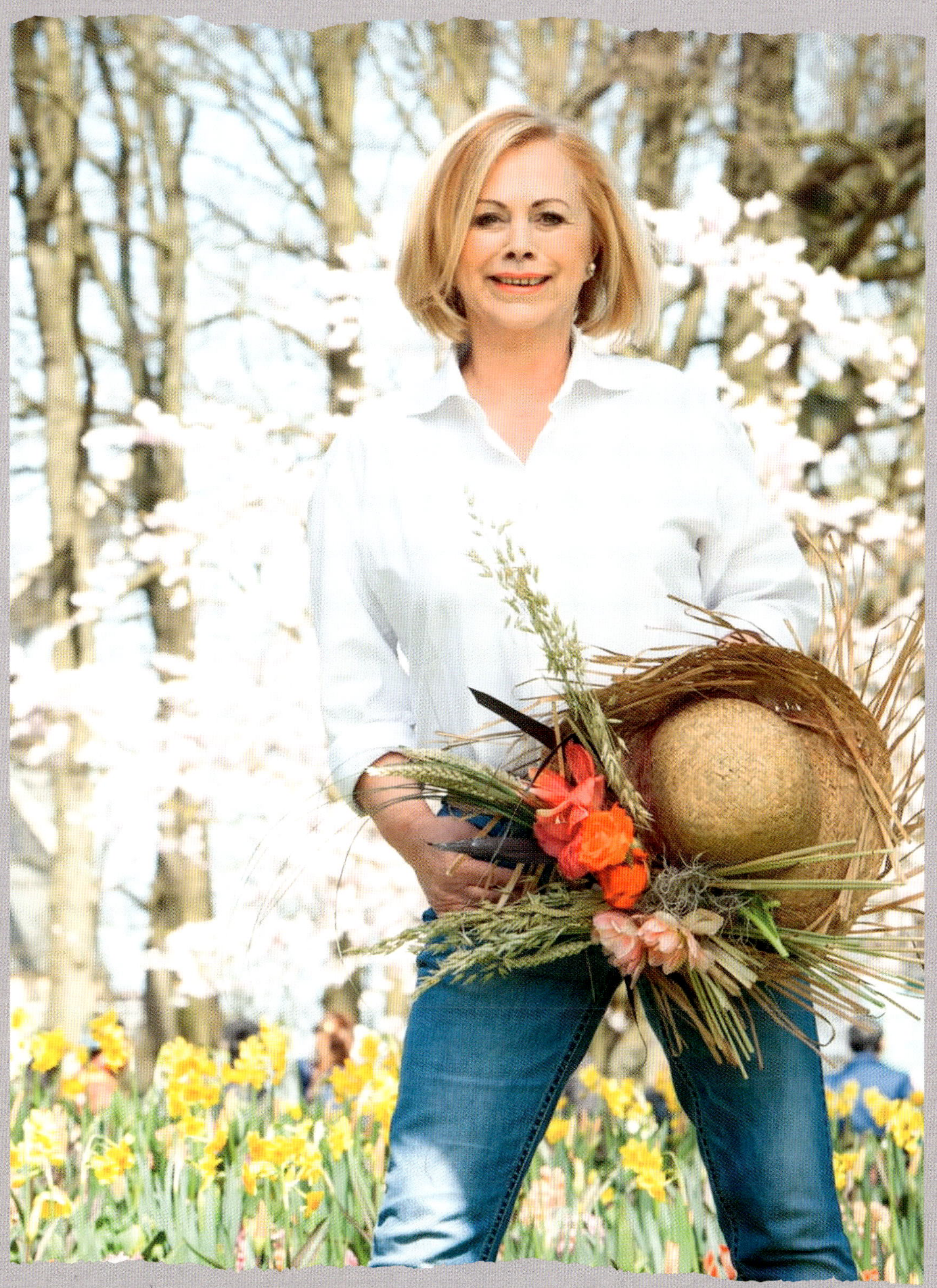

Kapitel 1

Eine Weltreise ins deutsche Fernsehen

Spätestens mit dem Schulabschluss muss jeder Mensch entscheiden, wie sein Leben weiter verlaufen soll – auch ich. Meine Entscheidung ist jedoch schon sehr früh gefallen, denn bereits seit meinem 13. Lebensjahr wollte ich auf die Bühne und Schauspielerin werden. Inspiriert dazu hat mich der niederländische Kabarettist Paul van Vliet, zu dessen Theaterprogramm „Ein Abend am Meer" mein Vater mich als junges Mädchen einmal mitgenommen hat. An diesem Abend sang er auch das Lied „Mädchen von 13", in dem er genau beschrieb, wie man sich als Dreizehnjährige fühlt: in der Mitte zwischen Kind und Frau, alles wächst und gedeiht, nur leider nicht immer in die so sehnlichst gewünschte Richtung, alles ist schön, nur der erste BH nicht. Man bekommt das Gesamtpaket an Weiblichkeit knallhart serviert, ohne dass man wüsste, wie man damit ein Leben lang fertig werden soll. Da ich gerade selbst so stark im Umbruch war, körperlich wie auch geistig, habe ich mich sehr über dieses einfühlsame Lied gefreut – und meinem Vater nach der Veranstaltung mitgeteilt, dass so eine Bühne doch ein wunderbarer Ort sei, um seine Gefühle und Emotionen auszudrücken. Denn dieser Paul van Vliet verstand, warum es geht.

In meiner Schule gab es jedes Jahr einen „Großen Abend" – für mich das Highlight des Jahres! Ein Sammelbecken an Kreativität und Einfallsreichtum, und eigentlich war ich das ganze Jahr über damit beschäftigt, wie ich dieses Highlight umsetzen könnte: mit Gesang, einer Musical-Nummer, einem kabarettistischen Auftritt … Meine Begeisterung und meine künstlerische Ader waren geweckt und wurden jedes Jahr reichlich befeuert. Meine Freundinnen – auch alle im Umbruch – und ich, wir gaben uns den Namen „Keeters“, was so viel heißt wie „Lausmädels“. In der Schule erlangten wir so über die Jahre eine gewisse Berühmtheit für unsere Auftritte, die nicht von allen Lehrern begeistert aufgenommen wurden.

Inzwischen schwenkte ich auf die Zielgerade ein und stand kurz vor meinem Abitur. Gerade in dieser Zeit entwickelten sich in den Niederlanden die ersten Drogenkontrollen. Mein Vater war deshalb strikt dagegen, mich die Schauspielschule besuchen zu lassen. „Nein! Da sitzen die ganzen Kreativen und gerade die fliehen täglich aus der Realität“. Kinderversorgung und Erziehung, das sei das Richtige für mich. Mit diesem Studium konnte man einen Kindergarten leiten. Denn Mädchen heiraten sowieso, am besten einen Zahnarzt oder Anwalt, und bekommen dann Kinder. Ich hatte da wenig zu sagen und wurde an einer Universität in Amsterdam eingeschrieben – wo sie mich allerdings nie zu Gesicht bekommen haben. Und auch aus der restlichen Vorhersage meines Vaters wurde nichts, nach all den männlichen Fettnäpfchen in meinem Leben ...

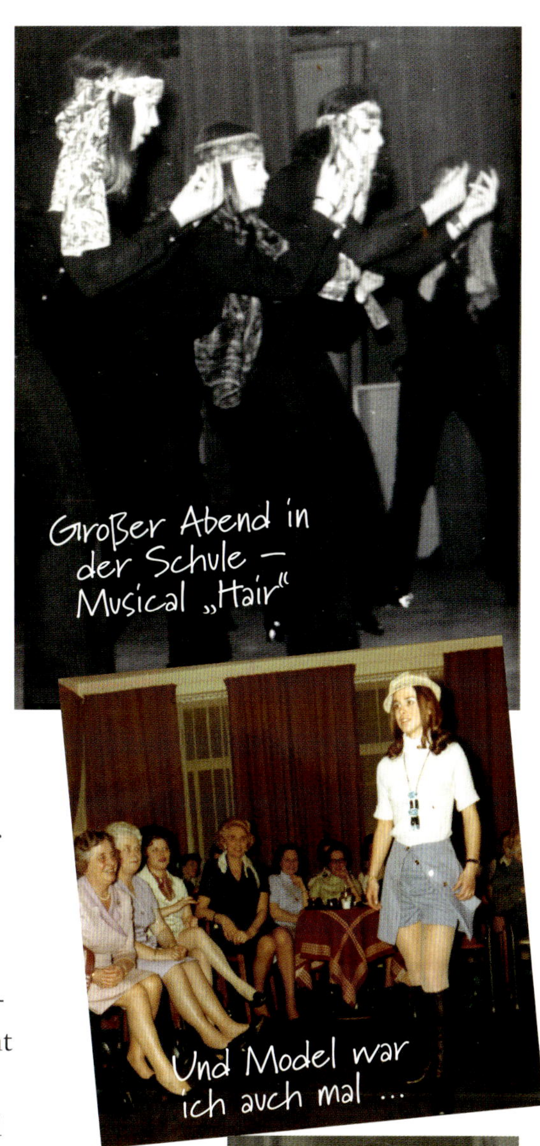

Großer Abend in der Schule – Musical „Hair“

Und Model war ich auch mal ...

Nach acht Monaten besuchte mein Vater die Uni, um mal nachzufragen, wie es so lief, und bemerkte dabei, dass ich dort noch nie aufgetaucht war.
Mein Leben in Amsterdam war wie eine Neugeburt und es gab viel zu viel Energie von außen, um in einer Uni zu sitzen und langweiligen Themen zu lauschen, wie dem Wechseln von Windeln oder wie man Kindern beibringt, sich zu benehmen. Viel inspirierender fand ich die „Dolle Minas“, eine

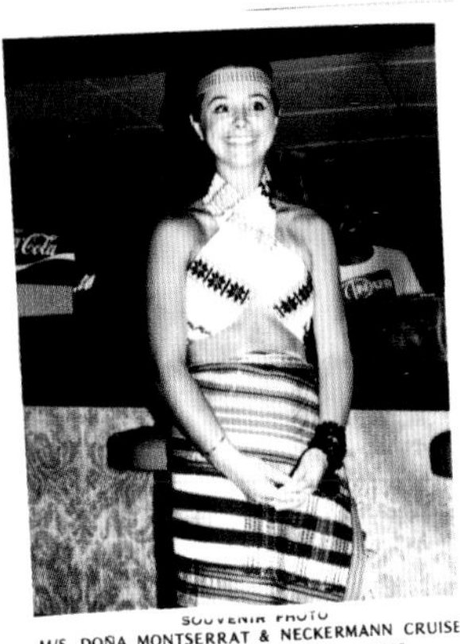

Bangkok nach Manila fliegen würde und für mindestens ein Jahr dort bleiben sollte. Mein Vater gab mir dann noch die nötigsten Ratschläge mit auf den Weg, z.B. dass ich meinen Koffer nie aus den Augen lassen sollte, denn in Asien gäbe es auch reichlich Drogenkonsumenten. Bei dem Zwischenstopp in Bangkok setzte ich mich vor dem Flughafen auf meinen Koffer, wie es mir mein Vater geraten hatte, um auf ein Taxi zu warten. Der Taxifahrer lud auch mein Gepäck hinten ins Auto, winkte mir noch einmal freundlich zu und fuhr dann einfach mit dem gesamten Gepäck fort. Ich hatte nichts mehr außer meiner Handtasche, dem Pass und einem Flugticket. Am nächsten Tag brauchte ich nicht mehr groß einzuchecken und kam schon bald auf den Philippinen an.
Es wurde für mich zu einer der wichtigsten Zeiten in meinem Leben. Neue Kulturen, Religionen, Länder, eine unbekannte Flora und Fauna eröffneten sich mir.

Ich blieb ein Jahr auf dem Schiff und mit meinen philippinischen Kollegen, deren Nation meiner Meinung nach zu der musikalisch talentiertesten der Welt gehört, war das Leben an Bord jeden Tag eine große Show-Bühne. Jeden Abend konnte ich mit meiner Band ein eigenes Programm gestalten. Neckermann verkaufte seine Ausflüge damals noch nicht aus dem Prospekt und als Reiseleiterin hatte man die vollständige Freiheit, diese selbst zu gestalten und dafür ein Honorar abzurechnen. Ich war die erste Reiseleiterin, die mit einer Gruppe deutscher Touristen zu den einheimischen Bewohnern der Insel Celebes, nach Torajaland, dem heutigen Sulawesi, fuhr. Der Animismus war der verbreitete Glaube dort und es ist das mystischste Fleckchen Erde, das ich jemals besucht habe. Die Reiseroute verlief von Manila über Cebu, Zamboanga, Celebes, Bali, Java, Borneo nach Singapur und wieder zurück.
Jeden Tag gab es etwas Neues zu entdecken und zu lernen. Das Leben war eine große Bühne des Ausprobierens, Aufnehmens, Genießens und des Absorbierens der schönen Seiten der Welt.

So wurde ich Spezialistin für buddhistische und hinduistische Tempel und Franchipani-Blüten und Orang-Utans kreuzten in Borneo wöchentlich meinen Lebensweg – ich genoss es in vollen Zügen.

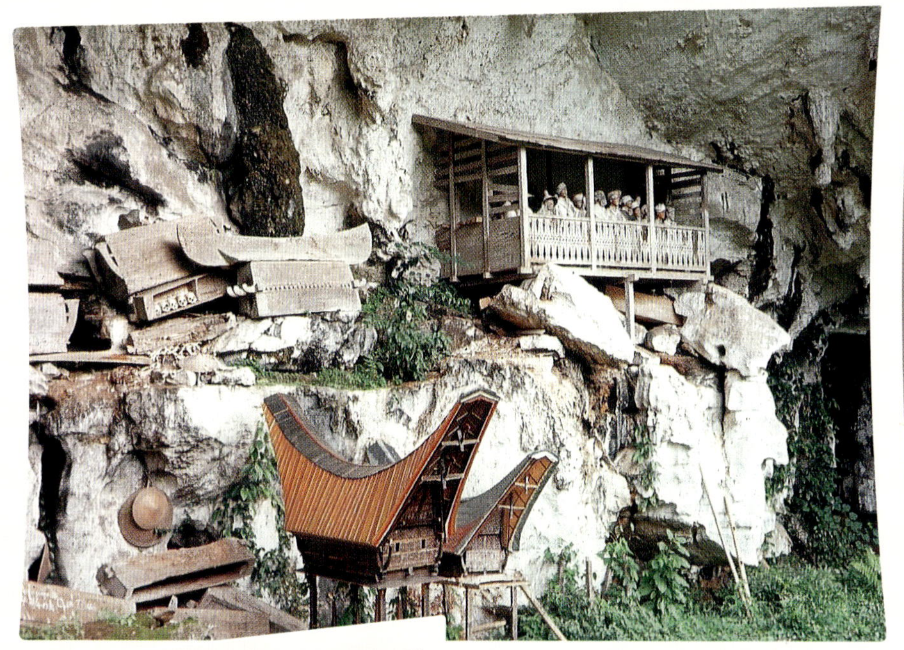

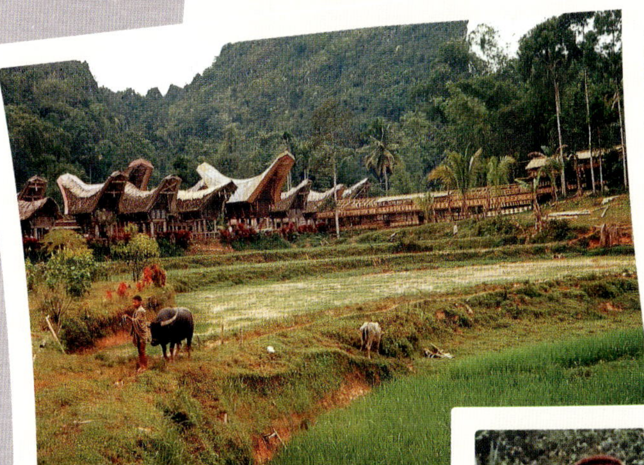

Mit meinen Neckis in Torajaland

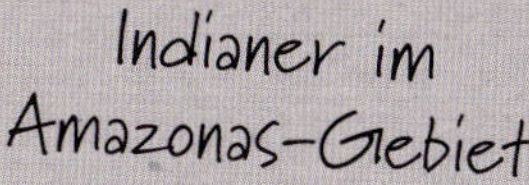

Indianer im Amazonas-Gebiet

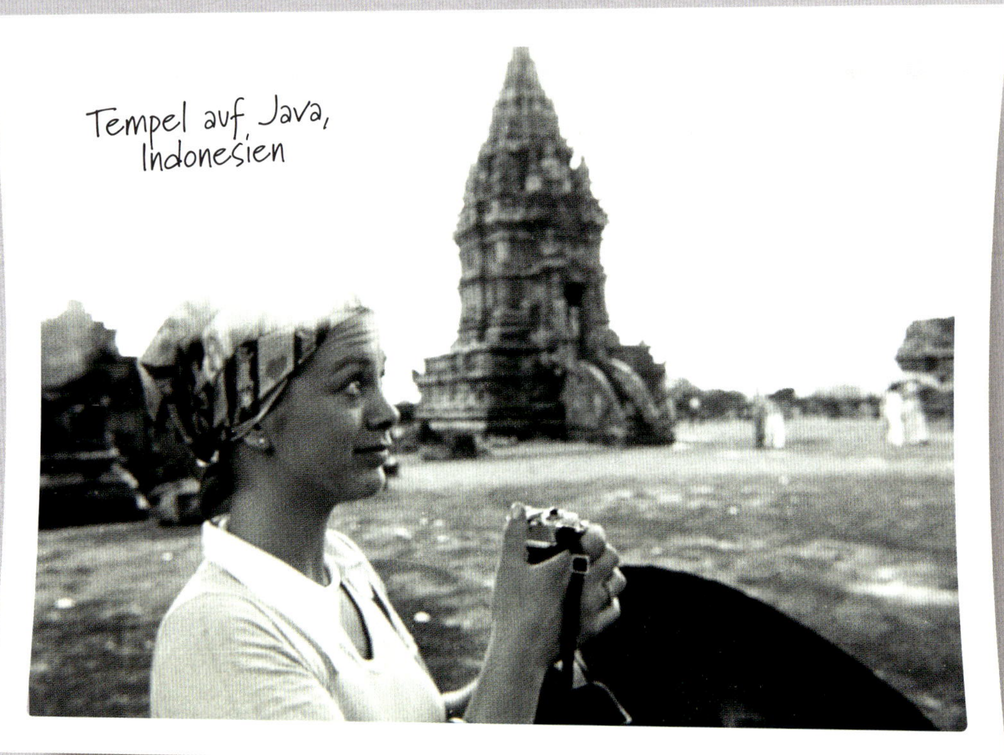
Tempel auf Java, Indonesien

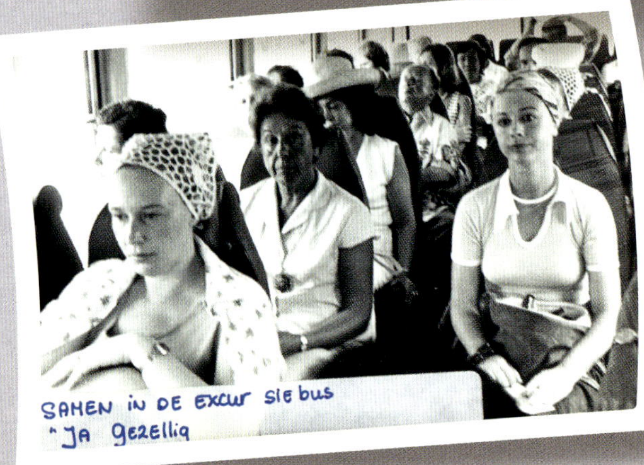

Ausflug im Bus – immer gesellig

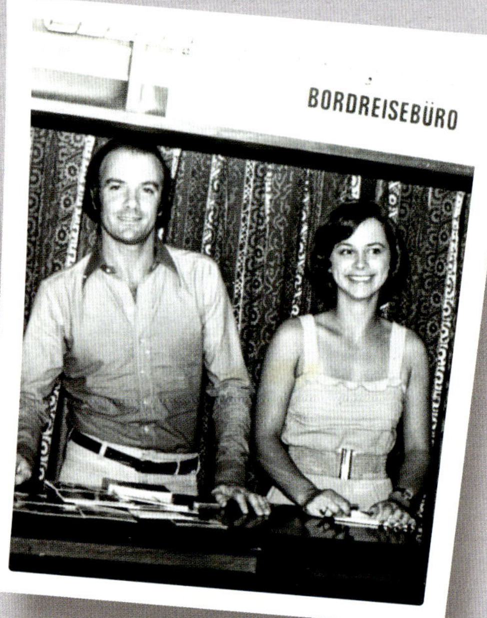

Bordreisebüro

Nach einem Jahr wurde ich zu einem neuen Einsatz in den Senegal versetzt, wo ein neuer Club eröffnet werden sollte. „Club Aldiana" – dort, wo die Glücklichen wohnen.
Es gab noch wenig, eigentlich gar nichts, und ich habe in dieser Phase meines Lebens gelernt, etwas völlig Neues in einer Ecke dieser Welt aufzubauen, in der es kaum etwas gab. Natürlich mit vielen anderen zusammen. Wir gründeten eine Hotelschule für das Personal, das wir in den kleinen Dörfern rundherum selbst rekrutierten. Ich lernte dafür extra ein klein wenig der einheimischen Sprache, Wolof. Rundalows – bessere runde Hütten – wurden gebaut und eine Rinder-, Schweine- und Hühnerzucht ins Leben gerufen.
Es war das Jahr 1975 und alle Rinder sollten einen Namen und eine Nummer erhalten. Ich hatte so ein kleines Gerät, mit welchem ich die Nummern ins Ohr setzte und diese dann in einer Liste erfasste. Nummer 1 nannte ich Hitler, Nummer 3 Goebbels, Nummer 7 Goethe und Nummer 20 Bernhard der Niederlande. Irgendwann kam dann der einheimische Koch aus der Küche und teilte mir mit, dass Hitler auf dem Buffet lag.

Ich war einmal die Reiseführung für Mali, Gambia und den Senegal und damals die erste Frau, die mit einer Gruppe deutscher Touristen nach Mali reiste. Und in Bamako hatte man noch nie so viele Touristen auf einmal gesehen. Es war damals sehr außergewöhnlich und gefährlich – wie heute leider auch wieder.

Im Club gestaltete ich im Tam Tam, der Club-Disco, das Abendprogramm und legte so jeden Abend den Grundstein für meinen späteren Beruf. Ich schrieb Lieder wie „Aldiana ist so herrlich, Aldiana ist so schön" und mit den einheimischen Trommlern trommelten wir gemeinsam ein Multi-Kulti-Programm zusammen.

Heile Club-Welt abseits der Menschen

Auf meiner Reise durch diese drei Länder habe ich immer wieder feststellen müssen, dass man im Club eine heile Welt kreiert, die mit der Welt außerhalb nichts zu tun hat. Ich frage mich heute immer noch, ob die Tourismusindustrie nur Gutes gebracht hat.

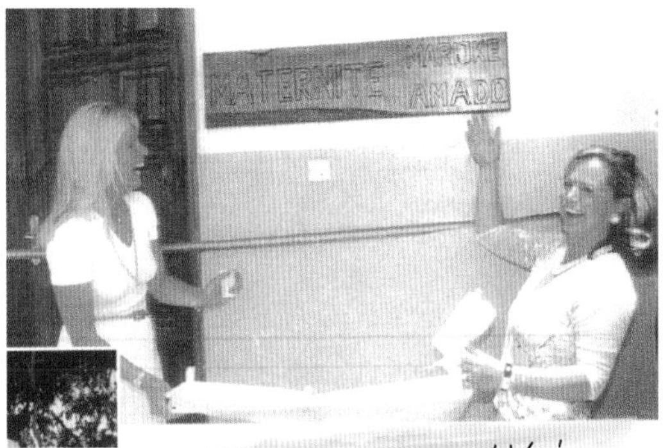

Eröffnung der Maternité in Joal Fadiouth, Senegal, mit Ute Henriette Ohoven.

Ich denke zum Beispiel an einen 17-jährigen Jungen, den ich damals zum Eisverkaufen am Aldiana-Strand aus seiner Hütte geholt habe – heute verkauft er in Ghana seinen Körper an ältere Touristinnen und trägt Rolex-Uhren. Oder an die deutschen Touristinnen, die den Joghurt vom Frühstücksbuffet in ihren Rucksäcken verstauten, um in M'bour billig an eine Holzarbeit zu kommen.

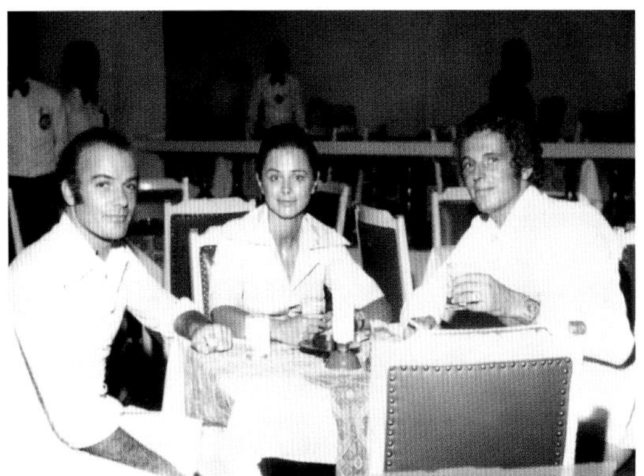

Mit Adriaan Spierings und Michael Schaake in Manila

Frauen starben bei Geburtskomplikationen am Straßenrand, da es, außer in Dakar, kaum Krankenhäuser gab. Ich hab dies selbst am eigenen Leib erfahren: Mein Blinddarm ist im OP-Saal einer Klinik in Dakar geblieben.

Ich habe die Stärke und Ausstrahlung der senegalischen Frauen nie vergessen, die ihre Bubus und Kopftücher in bunten Farben für 1,50 Euro wie Chanel-Kostüme trugen. Diese Stärke und Ausstrahlung habe ich sehr bewundert und nie vergessen. Für die Frauen im Senegal habe ich in meinen erfolgreichsten Zeiten eine eigene Geburtsstation eröffnet, Marijke Amado Materinté, die heute von der UNESCO weitergeführt wird. Kinder im Senegal bekommen immer den Namen ihres Geburtsortes und so ist der Name Marijke heute im Senegal weit verbreitet.

Nach einem Jahr Einsatz in Afrika ging meine Reise weiter und ich landete für einen Einsatz im damaligen Ceylon, dem heutigen Sri Lanka. Über Colombo ging es nach Nuwara Eliya, Polonnaruwa Sigiriya, Hukaduwa, Anuradhapura und Kandy. In Sri Lanka habe ich einen Monat in einem Kloster an der Ostküste in Trincomalee gelebt, um mehr über die Religion des Hinduismus zu lernen. Jahrelang konnte man aufgrund des Bürgerkrieges

zwischen den Tamilen und anderen Bevölkerungsteilen dort nicht hinreisen. Dann ging es über Süd-Indien, die Malediven, Nepal nach Bangkok. Es war die Zeit der Kegelclubreisen und so nannte man die Hinflüge „Bumsbomber“ und die Rückflüge „Klipper Tripper“. Ich habe dort mit ansehen müssen, wie grausam junge Mädchen und Frauen behandelt wurden, die mit einer Nummer auf ihrer Jacke hinter Glasscheiben saßen und z.B. von einem Kegelbruder aus Ennepetal für „eine Nummer“ ausgesucht wurden. Schrecklich!
Es hat meinen Blick dafür geschärft, dass es bis heute auf der Welt noch sehr viel für die Frauenrechte zu tun gibt. Aber auch für Männer. So gab es in einem Sex-Club z.B. einen 13-jährigen Jungen, der mit Frauen alles mögliche veranstalten musste. Mein Kollege Adrian hat diesen Jungen dort herausgekauft – heute ist er Arzt in Miami.

Wir lebten damals in einer ganz anderen Zeit. Es gab noch keine Handys oder Computer. Nur mein Kassettenrecorder, den ich in Hongkong gekauft hatte, begleitete mich mit Liedern der Carpenters und meiner Heimat. Meine Familie rief ich nur zu Weihnachten an und weitere Lebenszeichen gab es anhand von Postkarten aus den verschiedensten Häfen. Zurückblickend wundere ich mich, wie ich das damals eigentlich alles geschafft habe.

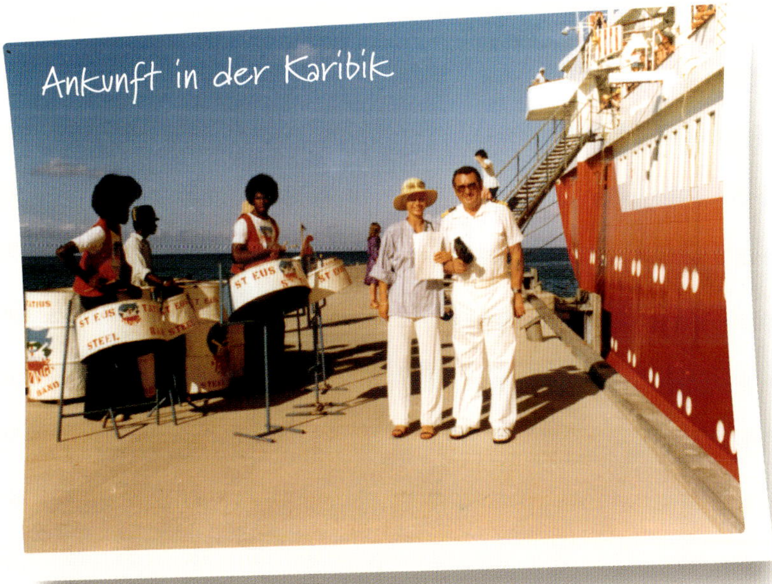

Man war total in einer neuen Welt und musste damit alleine fertig werden, wo immer man auch gerade war. Vor einigen Jahren ging mein Sohn auf eine Weltreise und wie froh war ich, dass ich ihn – mithilfe der in den letzten 40 Jahren entwickelten Technik – jeden Tag erreichen konnte. Ich hätte nicht darüber nachdenken wollen, ihn ein Jahr nicht sprechen zu können.

Bei Neckermann in Frankfurt nannte man mich inzwischen Katastrophen-Lilly, denn wenn ich unterwegs war, war immer etwas los. Entweder mir passierte etwas oder einem Gast. Man hat immer mit Gruppen zu tun und nach einer gewissen Zeit merkt man, dass es immer wieder denselben Typ Mensch auf Reisen gibt.
Es gab immer einen Meckerpott: „Wissen Sie, wir hatten ein kleines Erdbeben", so kommt er an „das stand so nicht im Katalog." Oder: „In Südindien fährt man ja stundenlang durch Dörfer und Städte, wo die Ärmsten wohnen." Oder er meckerte, dass er kein Schnitzel oder kaltes Bier bekam.
Dann gab es immer einen Fotografen, der 14 Tage durch seine Linse schaute, aber nichts gehört und noch weniger gesehen hat, aber wenn er zuhause ankam, meinte er, alles mitbekommen zu haben.
Und dann gab es den Besserwisser, der – wie der Name schon sagt – immer alles besser weiß. Auf einer meiner Reisen in Südamerika fuhren wir mit dem Bus durch Patagonien Richtung Ushuaia. Stundenlang sah man weit und breit ... nichts! Was man sah, war Gras, Gras und nochmals Gras. Und sehr viel Landschaft, Ton in Ton, so grün-weiß nach grün-grau mit etwas blau vom Himmel, aber alles Ton in Ton.

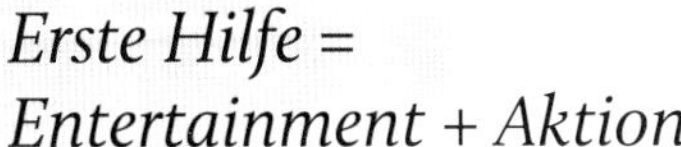

Erste Hilfe = Entertainment + Aktion

Und der ganze Bus mit allen 50 Passagieren versank in einen Dämmerzustand, so ein leichtes Koma, schließlich war man schon 30 Stunden unterwegs. Der jüngste Teilnehmer war 65 Jahre alt und ich wollte verhindern, dass jemand in ein Tief-Koma fiel. Ich hatte nie einen Erste-Hilfe-Kasten dabei. So hieß Erste-Hilfe aus meiner Sicht: Entertainment und Aktion!
Ich habe den Bus anhalten lassen und gerufen, dass da draußen ein sehr seltsamer Vogel sitze, ein sehr seltener Arktischer Grauschwanz – 15 Minuten Fotopause.

Mein Pech war, dass unter den Gästen ein Ornithologe, also ein Vogelkundler, war. Der auch sofort behauptete, dass es keinen Arktischen Grauschwanz gäbe, dies sei eine Möwe. „Ja“, sagte ich „aber bevor Sie hier alle abkratzen, mache ich lieber aus einer Möwe einen Elefanten.“

Immer habe ich eine Welle des Entertainments über die Gäste losgelassen. Als Reiseleiter war man damals auch immer Animateur. Heute sind das zwei verschiedene Berufe. Ich war damals zwei in einem. So wie Head & Shoulders.

In Sri Lanka wollte ich meinen Neckis in den Teeplantagen von Nuwara Eliya etwas Neues bieten: Eine Eselstour durch die Plantage. Ich setzte alle auf Esel und für mich blieb ein etwas wilderer Esel als letzter übrig. Ich nahm Anlauf, sprang über den Esel hinweg, landete in einem Sammeltransporter, in dem Einheimische mit offener TBC oder Brüchen bis zu einer Woche warteten, bis der Bus zur Abfahrt voll war, und diesmal warteten sie auf mich. Wir fuhren zum nächsten Krankenhaus nach Kandy. Diagnose: doppelter Armbruch!
Ich wurde dann nach Colombo zur OP gebracht. Die Einheimischen hatten dieses Glück nicht, die blieben in Kandy. Irgendwann lag ich endlich in meinem Zimmer und stieg nachts aus dem Bett, da schlängelte sich eine Krait-Schlange – hochgiftig – umher, die mich voller Freude anzugreifen versuchte. Das wäre es gewesen und Sie hätten mich nie kennenglernt. Der Marmorboden hat mich gerettet.

Ich hatte auf den Reisen auch immer eine Tüte Bananen dabei, für diejenigen, die Wasser, Essen und sonstiges nicht gut vertrugen. Bei denen mit Herzproblemen war man immer wieder froh, wenn sie lebend wieder abreisten. Die Hälfte der Gruppe kam meistens mit einem Behindertenausweis und alle wollten einen Platz vorne im Bus haben. Ich hatte aber nur Vier zur Verfügung. Es war nicht lange nach dem

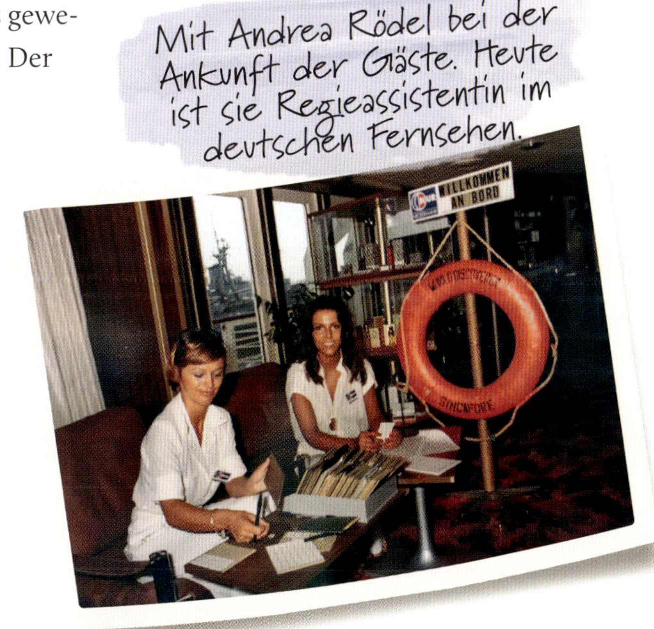

Mit Andrea Rödel bei der Ankunft der Gäste. Heute ist sie Regieassistentin im deutschen Fernsehen.

Zweiten Weltkrieg und vielen Neckis fehlten einige Körperteile. Es galt zu improvisieren, zu entertainen und jeden Tag musste man einer Gruppe Menschen den Tag verschönern. Es war wie in der Fernsehunterhaltung, jeden Tag eine neue Live-Sendung.

In Singapur wettete ich einmal mit einer Kollegin darum, wie weit wir die Gäste bringen konnten, eigentlich genauso wie beim Fernsehen. Man glaubt, was man hört, man glaubt, was man sieht und die Grenzen werden jedes Jahr weiter verschoben, solange die Zuschauer das, was sie sehen, auch schlucken.

Bei einem abendlichen Cocktail habe ich meine damalige Reisegruppe darauf hingewiesen, dass sie, wenn wir am nächsten Tag nach Singapur fahren, ihre Duschhauben aus dem Badezimmer mitnehmen sollten. Denn im Botanischen Garten in Singapur gäbe es Vögel, die einem auf den Kopf scheißen.

Da war sofort einer dabei, der hat direkt kritisch nachgefragt: „Warum?“. Und ich habe erklärt: „Diese Vögel haben ein Sekret, das so scharf ist, dass Ihnen sofort die Haare ausfallen. Und ich möchte nicht, dass Sie alle kahl nach Deutschland zurückkehren.“

„Versteckte Kamera“ im Botanischen Garten

Am nächsten Tag bin ich dann mit meiner Truppe zu einer Stadtrundfahrt im Bus aufgebrochen. Vor dem Einstieg habe ich noch einmal liebevoll nachgefragt, ob auch keiner seine Duschhaube vergessen hätte. Alle nickten gehorsam. Am Botanischen Garten angekommen haben wir dann – ich natürlich auch – die Hauben aufgesetzt und sind losgezogen. Jetzt kann man sich bildlich vorstellen, wie alle mit ihren Duschhauben auf dem Kopf verzweifelt nach oben geguckt und die Vögel gesucht haben. Zufällig trafen wir mitten im Botanischen Garten auf eine befreundete Reiseleiterin mit ihrer Gruppe, aber ohne Duschhauben. Sie können sich vorstellen, was plötzlich los war. Sofort haben meine Leute die andere Gruppe bestürmt, sie sollten sich sofort etwas auf den Kopf setzen. Die kackenden Vögel würden schon lauern. Und die waren sofort in Panik, haben Taschentücher, T-Shirts und alles Mögliche

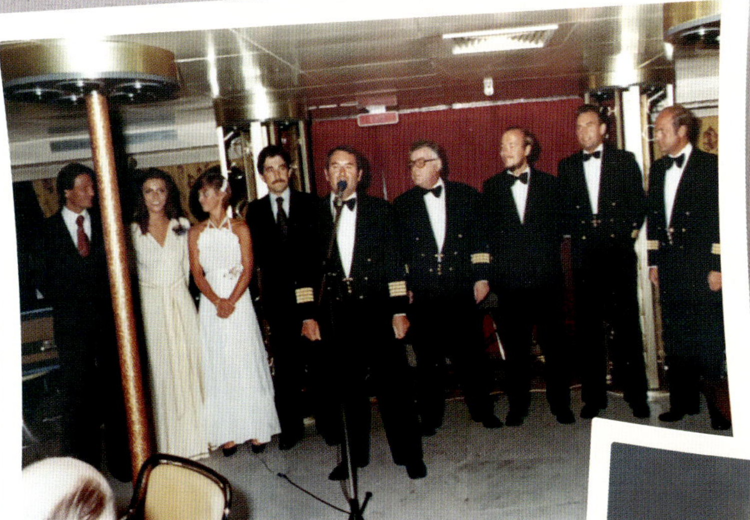

Die Crew der
„MS World-Discoverer"

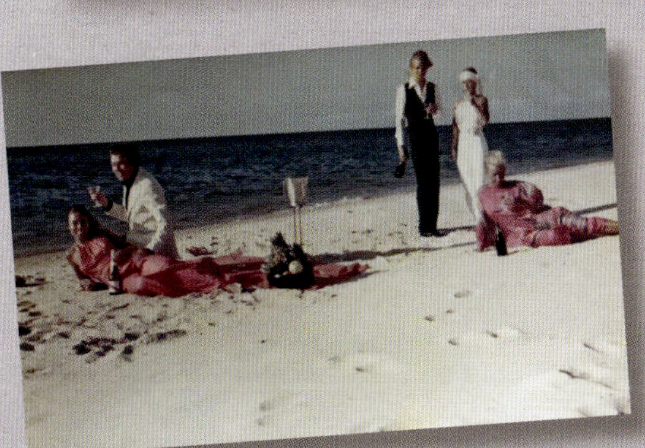

Mit Rainer Holbe
und Jürgen Marcus
am Strand

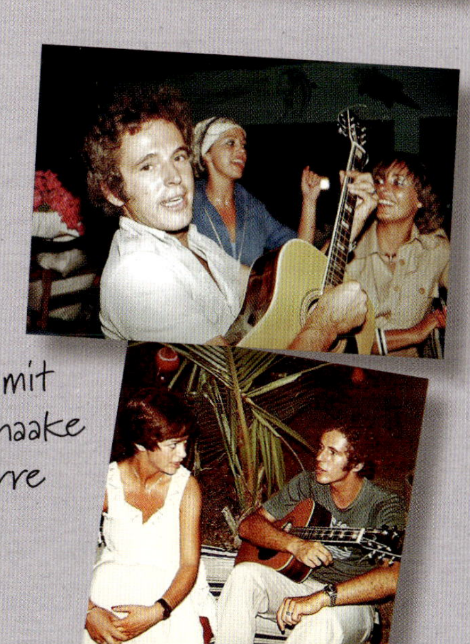

Stimmung mit
Michael Schaake
und Gitarre

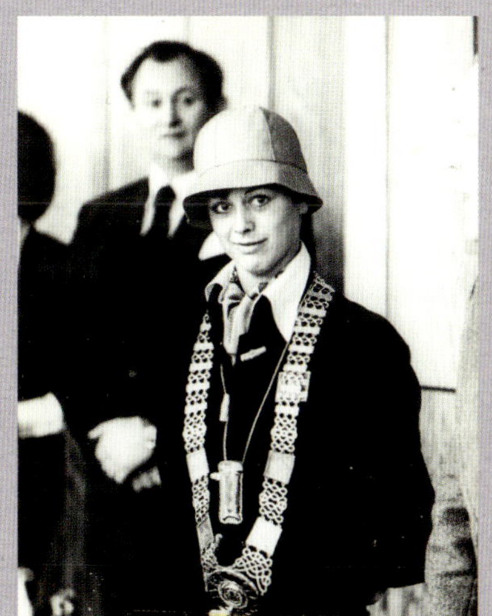

Ehrenbürgerin von
Bornholm

auf den Kopf gebunden und meine Kollegin fast gelyncht, weil die nichts gesagt hatte.
Da war was los! Es hat mich viele Gespräche und Caipirinhas gekostet, bis meine Freundin und ich uns wieder verstanden haben. Heute nennt man das in der Unterhaltung „Versteckte Kamera“.

1977 bekam ich meinen letzten Einsatz für Neckermann. Die Geschichte ist allgemein bekannt. Ich habe sie schon oft in Talkshows erzählt. Rudi Carrell rief in der Antarktis an und nuschelte: „Willste mitmachen bei „Am laufenden Band?“ – Ganz einfach.

Was ich aber noch nie erzählt habe ist, wie lange es gedauert hat, bis ich diesen Anruf endlich entgegennahm:

Achtung, Seemänner, feurige Grönländerinnen voraus!

Meinen neuen Einsatz bekam ich 1977 auf der MS World-Discoverer, einem deutschen Schiff unter der Flagge Singapurs. Mit dem deutschen Kapitän Krüger, einem tollen Kerl. Wir fuhren von Bremerhaven nach Norwegen, Island und Grönland und damals gab es noch richtig viel Eis in dieser Gegend. Auf Grönland wurde ich von den emanzipierten Grönländerinnen überrascht, vor denen wir die gesamte Mannschaft gewarnt haben. Das Schiff legte im Hafen von Narsarsuaq an, einem Ort mit 130 Einwohnern, einer alten und einer neuen Fischfabrik, einer neuen und einer alten Kirche und sonst nichts. Wenige Minuten nach unserer Ankunft kam auch schon ein Bus vorgefahren, vollgeladen mit feurigen Grönländerinnen. In wenigen Minuten waren sie – trotz Vorwarnung – mit ihren Pelzkapuzen bekleidet, über die Kabinen sämtlicher männlicher Angestellten verteilt und man hörte nur noch ein Keuchen und Seufzen aus dem unteren Teil des Schiffs. Es scheint wirklich so zu sein, dass die Grönländerinnen ihre eigene Nummer machten. Der Schiffsarzt hatte die gesamte Mannschaft zwei Tage vorher durch einen Aufklärungsfilm informiert, dass Grönland ein gefährliches Pflaster für ausgehungerte Seemänner sei, da die Grönländerinnen verschiedene Geschlechtskrankheiten übertrugen, die bei den kalten Temperaturen nicht ausbrechen, aber für den, der sie nicht gewohnt ist, sehr unangenehm sein könnten.

Nach einer Stunde kam der nächste Bus, zwar ohne Grönländerinnen, dafür aber mit den mit Holzkeulen bewaffneten Grönländern, die ihre Frauen zurückhaben wollten. Das Übel nahm seinen Lauf und nach drei Wochen mussten wir die gesamte Mannschaft austauschen.
So sind Männer, man warnt sie und trotzdem können sie ihren Schniedeldödeldudel nicht unter Kontrolle behalten.

Wir fuhren in Richtung der damaligen Sowjetunion über Tallinn und Riga nach Leningrad, dem heutigen St. Petersburg. Es herrschte der Kalte Krieg und dort konnte man ganz real erleben, wovor man im Westen eine gewaltige Angst hatte. Leningrad war beherrscht vom Militär und man sah im Hafen nur Kriegsschiffe. Es gab riesige Menschenschlangen, die stundenlang geord-

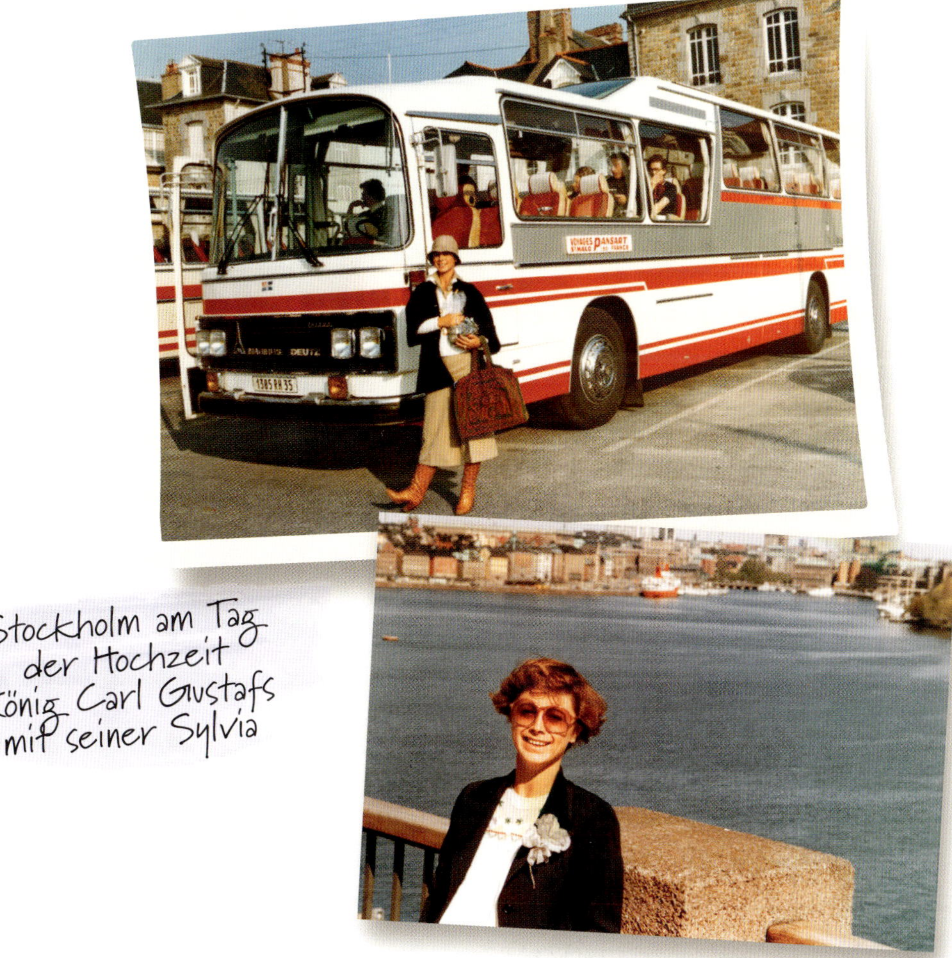

Stockholm am Tag der Hochzeit König Carl Gustafs mit seiner Sylvia

net vor einer Bäckerei ausharrten, um ein Brot zu kaufen. Es gab ein großes Warenhaus, in dem man im ersten Stock schwarze Schuhe und im dritten Stock dieselben in braun kaufen konnte, nur um der Bevölkerung des Gefühl zu geben, man könne auswählen.
Ich hatte 42 Paar Strumpfhosen dabei, denn die konnte man in Russland nicht bekommen. Nur in den Spezialläden für Touristen, Politiker und Beamte war Luxus vorhanden und käuflich. Aber die normale Babuschka hatte dort keinen Zugang. Die Sowjetunion war eine andere Welt und nicht wie heute, wo man in Moskau und St. Petersburg mehr Chanel und Givenchy kaufen kann, als auf der Kö in Düsseldorf.
Für drei Paar Strümpfe wollten sie ihre Ikonen loswerden. Eine habe ich unter meiner Neckermann-Jacke versteckt, wurde aber, bevor ich die Gangway hinaufkletterte, entdeckt und zwei Stunden von einem mit grauem Mantel und Bärenmütze bekleideten Geheimdienstoffizier, einem total unsympathischen Kerl, verhört.
Ikonen durfte man nicht aus dem Land ausführen und so ist sie in Russland geblieben und es fehlte nicht viel und ich wäre damals in Leningrad hinter Gittern gelandet.

Nach der Ostsee-Reise fuhren wir die französische Küste entlang mit 120 deutschen Exsoldaten des Zweiten Weltkrieges, die noch einmal diesen Teil der Geschichte erleben wollten. Ich hatte mich gut vorbereitet und alle Geschichtsbücher intensiv durchgelesen. Beim Ausflug regnete es in Strömen und man konnte draußen kaum Omaha-, Uhta-, Gold- und Swordbeach erkennen.

Es war ein unvergesslicher Tag der Versöhnung und der neuen Gemeinschaftlichkeit in Europa

Ich begann vorne im Bus, 40 Kriegsveteranen meine Infos aus dem Geschichtsunterricht vorzutragen, bis ein Herr aus Wuppertal sagte: „Was wissen Sie eigentlich davon?"
Der Mann hatte Recht und ich bin sofort auf seine Kritik eingegangen, übergab ihm das Mikro und er erzählte fünf Stunden lang von seinen Erlebnissen des D-Days. Nach ihm folgten noch weitere. Es wurde ein unvergesslicher Tag mit persönlichen Kriegserlebnissen, sehr berührend und eindrucksvoll.

Wir waren aber total verspätet und kamen daher viel zu spät in Quistreham an. Es gibt an der Küste einen großen Unterschied zwischen Ebbe und Flut und wir konnten nicht mehr zu unserem Schiff zurückgebracht werden, auch nicht mit unseren Tenderbooten.
Ich habe alle Herren bei Einheimischen in Quistreham unterbringen können und die Frauen des Dorfes haben die schönsten und herrlichsten Gerichte für ihre deutschen Gäste gekocht. Wir saßen auf dem Marktplatz an langen Holztischen, gedeckt mit Austern, Langusten und sämtlichen Leckereien der Gegend und haben vieles aufgearbeitet. Es war ein Tag der Versöhnung und wenn ich eine Kamera gehabt hätte, wäre es eine wunderbare Doku geworden über eine wichtige geschichtliche Aufarbeitung der Invasion und die neue Gemeinschaftlichkeit in Europa.
Am nächsten Tag wurden wir abgeholt, auf dem Schiff hatte man sich schon Sorgen gemacht, die Marijke habe das nicht überlebt – hat sie aber doch. Die Gäste waren begeistert und viele äußerten, dass dies die schönsten zwei Tage ihres Lebens gewesen seien. Dafür hat Neckermann mich mit der goldenen Neckermann-Nadel geehrt. Ich weiß heute nicht mehr, wo sie abgeblieben ist, diese Nadel, die mir verliehen wurde als Auszeichnung dafür, wie man im Leben aus richtiger Scheiße Bonbons macht.

Jürgen Marcus und Rainer Holbe an Bord

Das Schiff fuhr weiter und über die Azoren und den großen Ozean kamen wir in der Karibik an. Von dort ging es weiter auf einem der größten

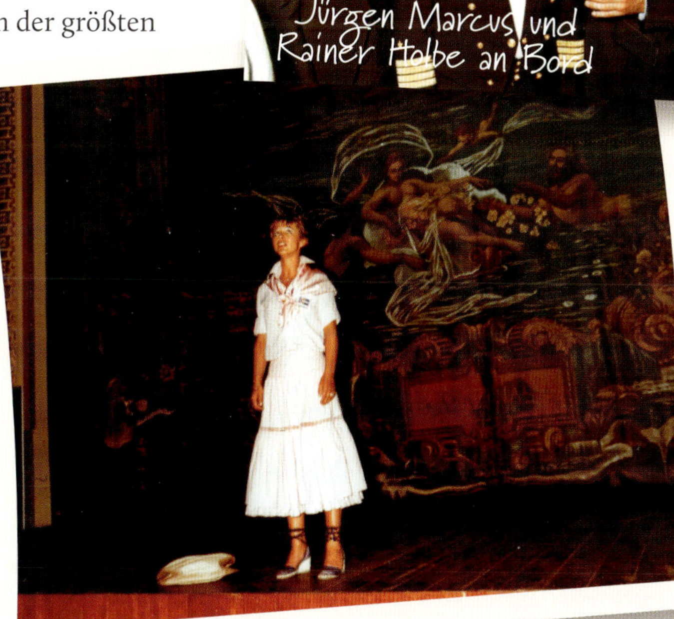

Mein großer Auftritt in der Oper von Manaus

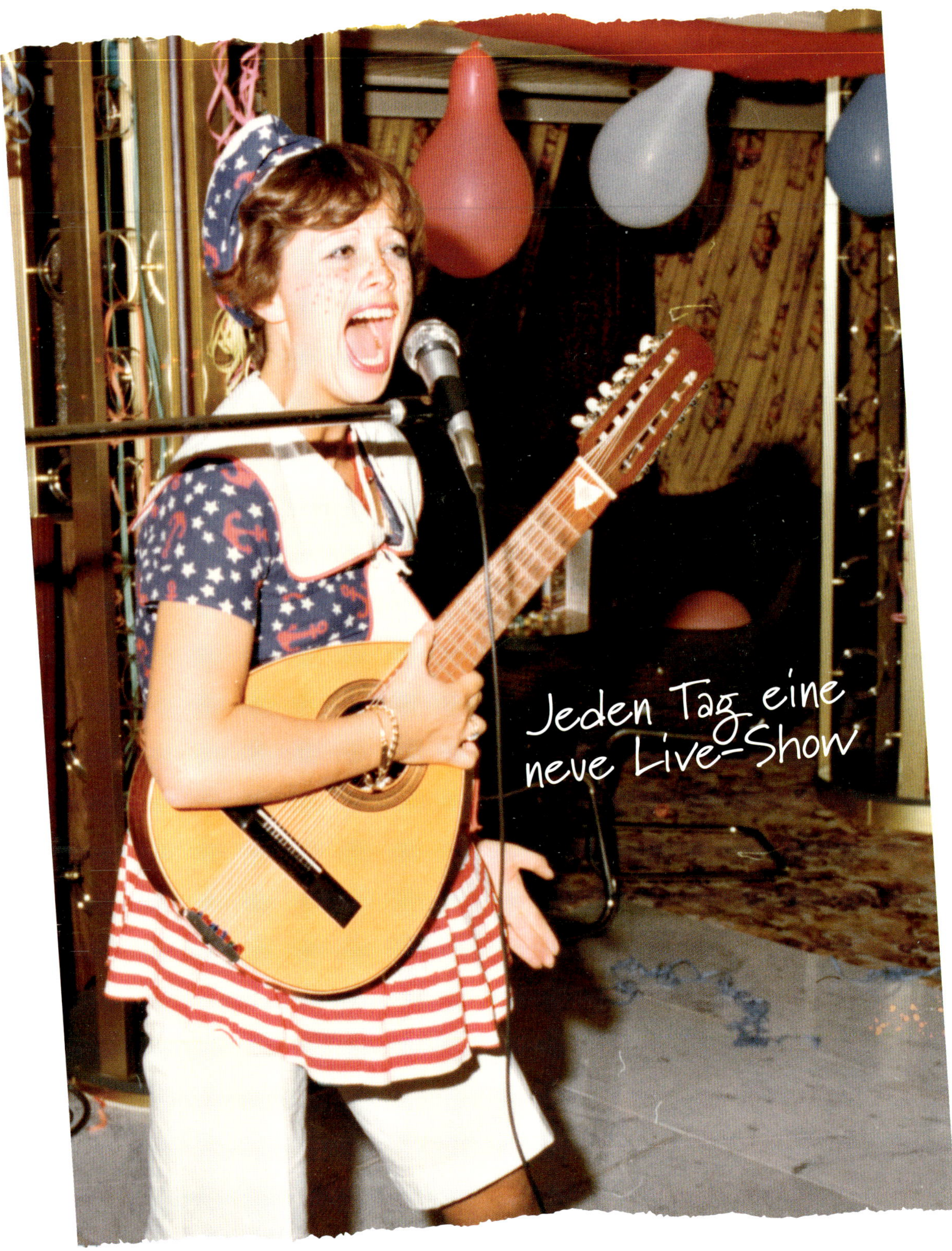
Jeden Tag eine
neue Live-Show

Flüsse dieser Welt, dem Amazonas.
In der Oper von Manaus hatte ich einen großen Auftritt mit „Don't cry for me Argentina". Ein unglaubliches Gebäude mitten im Dschungel, es wurde in den wirtschaftlich erfolgreichen Zeiten der Gummiplantagen gebaut.
Mit an Bord waren zwei deutsche Künstler, Rainer Holbe und Jürgen Marcus, der später nach meiner Rückreise der erste war, der einen Plattenvertrag mit mir machte. Er war auch Trauzeuge meiner ersten Hochzeit und sein Freund, ein Pfarrer, hielt die Hochzeitsmesse ab. Für diese Ehe war es leider kein gutes Omen, aber: Eine neue Liebe ist wie ein neues Leben ...!

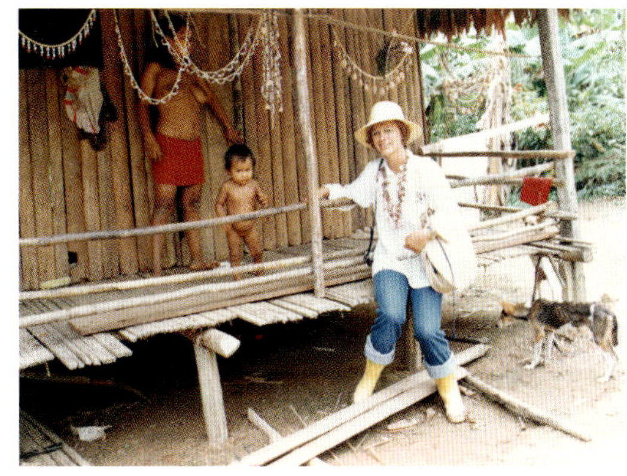

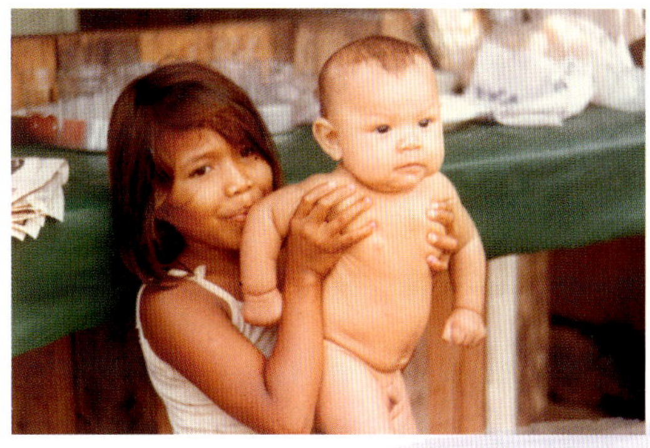

Bei den Indianern im Amazonas-Gebiet

Wir machten aus dem Bordaufenthalt ein großes Fest und hatten bis Peru eine wunderbare gemeinsame Reise. Im Amazonas-Gebiet besuchten wir die einheimischen Indianer, die noch nicht im gerodeten Amazonaswald leben mussten.
Es war ein Abenteuer, denn ich setzte meine Neckis nachts in Tenderboote und wir gingen auf Krokodiljagd oder aßen mit den Indianern gemeinsam die außergewöhnlichsten Insekten, die für mich ungewöhnlichsten und abartigsten tierischen Wesen. Daher würde ich auch heute nie in den RTL-Dschungel gehen, „Ich bin ein Star – holt mich hier raus" – denn ich weiß, wie es schmeckt. Der zweite Grund meiner Nichtteilnahme wäre, dass ich mich vom deutschen Zuschauer nicht mit einem Kängurupimmel verabschieden möchte. Obwohl sich das Angebot jedes Jahr erhöht.

An Bord gab es eine Dame aus Düsseldorf, die einen Ausflug in ein einheimisches Restaurant buchte. Obwohl ich alle Gäste informierte, dass man sportlich und einfach gekleidet sein sollte, erschien sie mit einem 10-Karäter am Finger. Wir saßen im Restaurant und sie ließ ihre Hand entspannt über eine Holzwand fallen. Auf einmal ein Schrei und ihr Finger war weg, inklusive des 10-Karäters – einfach mit einer Machete abgehackt. Den Rest ihres Lebens musste sie ohne Ringfinger auskommen. Der Indianer hat sich gefreut, dies bedeutete, ein ganzes Dorf konnte eine lange Zeit sehr gut leben. Es gab dort und damals andere Überlebensgesetze.

In Peru ging ich von Bord, um die Brasilien-Peru-Uruguay-Paraguay-Rundreise zu begleiten. Von Machu Pichu über Brasilia, der brasilianischen Hauptstadt, ging es nach Iguazú. Dort ereignete sich eine ungewöhnliche Geschichte. Eine Freundin aus Amsterdam und Stewardess bei der KLM hatte auch eine Brasilienrundreise unternommen. Nun saß sie schon eine Woche in Iguazú fest, da es keinen einzigen freien Platz in einem Flieger gab. Ich kam am Flughafen an und hatte meine Neckis schon eingecheckt, als mir eine tief in einen Rosenkranz versunkene blonde Frau auffiel, die anscheinend Gott und alle Engel im Himmel um Hilfe bat. Sie wollte dringend nach Hause und betete, ob die da oben ihr bitte eine Lösung aus dem Himmel schicken könnten. Und da stand ich. Eine ältere Necki meiner Gruppe hatte in Brasilia unsere Erde verlassen und daher war ein Platz frei. Ich schob meine Freundin unter den Absperrungen durch und platzierte sie auf Platz 7B. Sie flog mit nach Rio de Janeiro, sonst würde sie vielleicht noch heute dort sitzen. Wir sind bis heute beste Freundinnen.

> *Die letzte Reise war angebrochen,*
> *ohne dass mir das richtig klar war*

Von Rio aus ging es über Buenos Aires nach Montevideo und weiter über Land mit meiner grau-grünen Wachkoma-Gruppe und dem Arktischen Grauschwanz Richtung Ushuaia.

Die letzte Reise mit Neckermann war angebrochen, ohne dass mir dies damals richtig klar war. Wir fuhren mit 250 Gästen, eine Hälfte davon Amerikaner und die andere Hälfte Deutsche, von Ushuaia über die Falkland-Inseln Richtung Antarktis.

Auf den Falkland Inseln habe ich einen Engländer kennengelernt, der eine kleine Insel erworben hatte und dort zwischen Albatrossen, Pinguinen, Robben und Schafen lebte. Total friedlich und still. Er meinte, er hätte lange

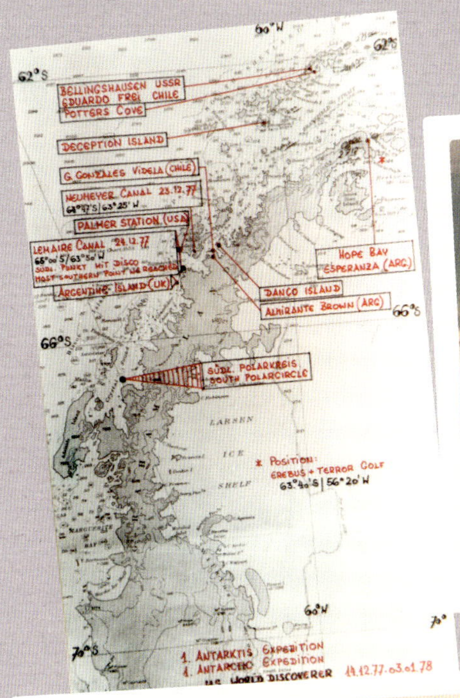

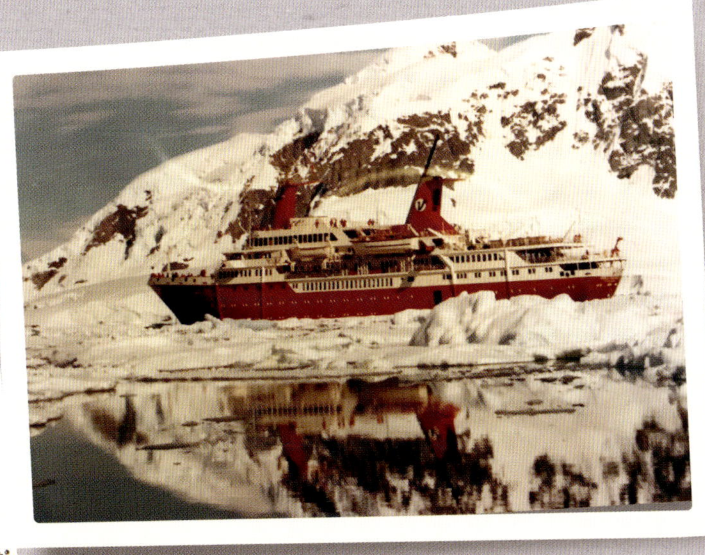

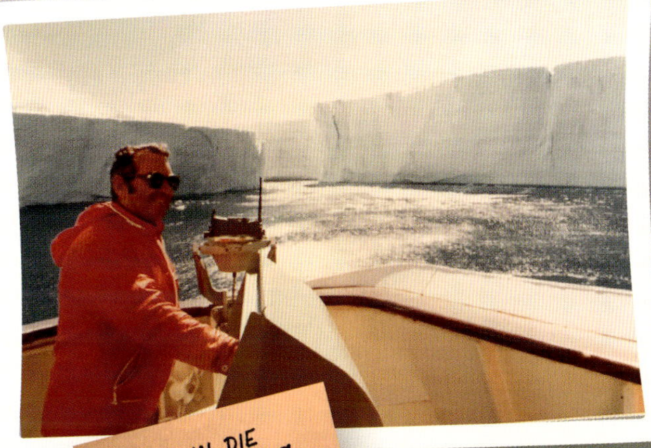

Kapitän Krüger führt uns an den Eisbergen vorbei

REISE IN DIE
ANTARKTIS
(2. REISE)
VOM 3.1.78 – 28.1.1978
UND 14.12.77 – 3.1.1978 / 1. REISE
MIT M/S WORLD DISCOVERER

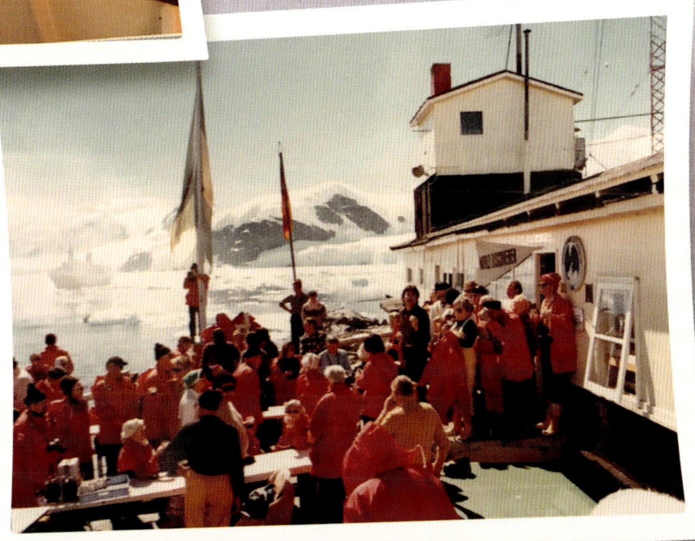

Die amerikanische Station im ewigen Eis

überlegt, wo er leben wolle, und war der festen Überzeugung, dass er die friedlichste Ecke der Welt gefunden habe.
1982 habe ich viel an diesen Herrn denken müssen, als unter der Regierung Margret Thatchers der Falklandkrieg ausbrach. Wo immer man auf dieser Erde auch friedlich leben zu können glaubt, kann es morgen schon ganz anders sein ... Wie in meinem späteren Job.

Das Wetter auf dieser Reise war grauenhaft, Windstärke 9, und die Technik noch lange nicht auf dem Top-Niveau von heute. Wenn man jemanden an Land sprechen wollte, hatte man an Bord einen Funker. Telefonieren war schwierig und Nachrichten wurden gemorst. Deshalb nannte ich den Funker auch Kurz-Lang Kurz-Lang, und er war kein Chinese.

Auf ins ewige Eis: im weißen Smoking mit schwarzen Lackschuhen ...

An Bord ging es allen schlecht. Meine Neckis ließen sich zum Teil an den Betten festbinden, um nicht aus Verzweiflung von Bord zu springen, und irgendwann waren auch alle Kotztüten verbraucht. Es roch wie im Tigerkäfig. Auch ich hatte langsam die Nase voll und die Kotze satt. Jedenfalls rief Kurz-Lang Kurz-Lang über das ganze Schiff nach mir: Rudi Carrell am Telefon.
Ich konnte aber gerade nicht, denn ich war mit Jimmy beschäftigt. Jimmy war ein schwarzer Amerikaner, der geerbt hatte. Sein großes Vorbild war Neil Amstrong und das Gefühl, wie er seinen Fuß auf den unberührten Mond gesetzt hatte – „one small step for man, one giant leap for mankind" – wollte er nachempfinden. Wie Amstrong auf dem Mond, wollte er einen Fuß auf unberührten Boden in der Antarktis setzen. Also jedenfalls auf Eis.
Die Antarktis war in manchen Buchten zwischen Argentinien und der Sowjetunion aufgeteilt. Jeder hatte so seine Station in Sichtweise des anderen und in der Mitte verlief eine unsichtbare Grenze. Sie durften nicht miteinander sprechen und sich schon gar nicht treffen. Es herrschte der Kalte Krieg. Die Russen waren sauer auf die Argentinier, denn die hatten die besseren Steaks und die Argentinier waren sauer auf die Russen, denn die hatten eine Sauna und sie nicht. Man sieht, selbst am Ende der Welt zwischen Pinguinen und Walrössern machen sich die Menschen Probleme, wenn sie sonst keine Unterhaltung haben.

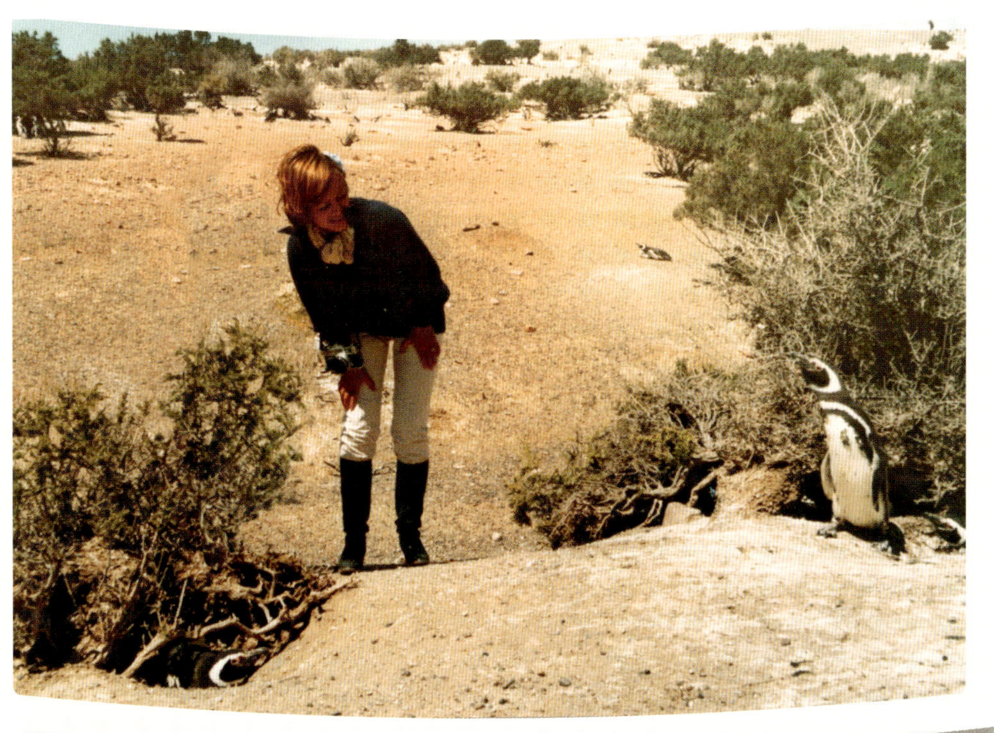

Süd-Patagonien:
freundlich begrüßt
von einem Pinguin

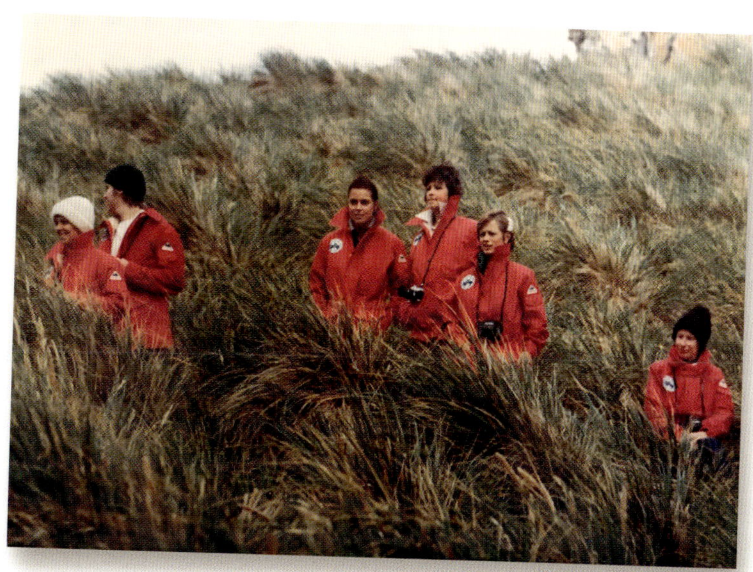

Tierische Beobachtung auf den Falkland-Inseln

Deswegen konnte man mit Jimmy auch nicht einfach an Land gehen, sondern musste mit dem wackeligen Tenderboot auf eine bestimmte Seite fahren und nach meinen Erlebnissen in Leningrad war dies natürlich die argentinische Seite!
Jimmy hatte sich für diesen Anlass einen weißen Smoking und schwarze Lackschuhe besorgt. Und diesen Moment, als der schwarze Mann im weißen Anzug mit den schwarzen Lackschuhen das hoffentlich ewige Eis betritt, musste ich in einem Foto festhalten. Er hat mir bis heute das Foto noch nicht geschickt.

Wieder an Bord zurück rief Kurz-Lang Kurz-Lang, Rudi Carrell habe angerufen. Das Wetter wurde immer schlechter und wieder rief Kurz-Lang Kurz-Lang: Rudi Carrell. Ich stand gerade auf der Brücke neben Kapitän Krüger und überall waren Eisberge, vorne, hinten und überall. Krüger teilte mir mit, wenn wir das hier überleben sollten, zählten wir zu echten Helden. Wir haben die Sache überlebt.

Wir haben hier Katastrophen am laufenden Band ...

In dem Moment, als wir wieder in ruhigeren Gewässern waren, rief wieder Kurz-Lang Kurz-Lang: Rudi Carrell will dich sprechen. Ich habe es gar nicht geglaubt und dachte, es sei ein Scherz. Ich nahm das Telefon und sagte ihm: „Wir haben hier Katastrophen am laufenden Band. Schwarze Männer in weiß im ewigen Eis. Wir haben hier den Kalten Krieg, die Argentinier haben keine Sauna und die Kotztüten sind alle." Er fragte mich, ob ich seine Assistentin in „Am laufenden Band" werden wolle und den Rest, nehme ich an, kennen Sie.

Eins habe ich als Reiseleiterin für die weitere Entwicklung meines Lebens sehr gut gelernt: Man sollte immer schön gelassen bleiben! Und das kann man im Showgeschäft sehr gut gebrauchen. Im Vorfeld einige Jahre als Reiseleiterin zu arbeiten, ist die beste Voraussetzung für gute Unterhaltung. Für mich hieß es in den nächsten Jahren, keine Haie mehr im Ozean zu beobachten, sondern sich im Haifischbecken hinter der Mattscheibe zu bewegen.

Selbst die Antarktis ist nicht weit genug weg für Rudis Morsezeichen! In Südamerika kam der DPA-Journalist Dieter Klar an Bord. Er wollte für den Stern einen Bericht über die Reise schreiben, die wir damals gemacht haben. Er war zwei Wochen auf dem Schiff und damals ein guter Freund von Rudi. Später hat er Rudis älteste Tochter, Annemieke, geheiratet. 1977 erschien dann in der Bunten unter der Rubrik „Leute von Heute“, ein Artikel über mich: „Das Mädchen mit dem Strohhut“.

Also, selbst wenn man am anderen Ende der Welt irgendwo rumschippert, ist es möglich aufzufallen, und zu dieser Zeit gab es noch kein: „Big Brother is watching you“, wie in der heutigen Zeit. Wir waren das erste deutsche Schiff, das mit 250 Leuten und 100 Mann Besatzung diese Reise gemacht und selbst 1977 deutsche Reiselustige in die Antarktis gebracht hat. Mit diesem kleinen Eisbrecher: Der „MS World Discoverer“.

Dieter Klar meldete sich nach seiner Rückkehr bei Rudi, dass in Süd Amerika gerade eine junge Frau aus Holland Richtung Antarktis schippert und sämtliche Neckis auf Trab hielt. So wurde Rudis Gehirn signalisiert, dass er sich bei mir melden sollte. Wenn Rudolf Wijbrand Kesselaar aus Alkmaar, Holland etwas wollte, ging er mit seinem Kopf durch die Wand. Es wurde selbst bis ins ewige Eis gemorst. Koste es, was es wolle – und das war mein Glück.
Ich kündigte bei Neckermann und sah es als die große Chance meines Lebens. Manchmal muss man im Leben drei Schritte zurück, um wieder sechs nach vorne zu gehen.

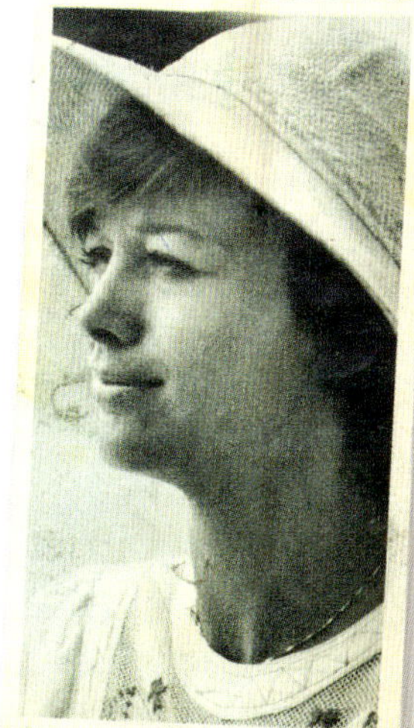

Entdeckung

Das Mädchen mit dem Strohhut singt diese Woche in Rio und nächsten Monat gar am Südpol. Sie heißt Mareijke Verbraak und stammt aus Holland. Den für unsere Zunge schwierigen Familiennamen können Sie getrost vergessen. Den Vornamen Mareijke allerdings, den sollten Sie sich merken. Denn es wird gewiß nicht mehr lange dauern, bis die junge Holländerin zu Ihnen in die Wohnstube kommt. Singend, auf dem Bildschirm. Mareijke ist süße 23. Sie hat Goldschmied (oder sagt man Schmiedin) gelernt, doch das genügte ihr nicht. Um die Welt zu sehen wurde sie Reiseleiterin. Zunächst in Fernost, dann auf dem Kreuzfahrtschiff „World Discoverer“, das im Moment vor der südamerikanischen Küste in Richtung Antarktis dampft. Und auf diesem Schiff entdeckte Mareijke, daß sie mehr kann, als deutschen Kreuzfahrern tausend Fragen zu beantworten. Sie entdeckte das Gold in ihrer Kehle – und jetzt unterhält sie zweimal die Woche mit einer rasanten Ein-Mann-Schau die Passagiere: „Don't cry for me Argentina“, Musicals, Komisches, Heißes. Nun müssen die Neckermänner aufpassen, daß ihnen ihre singende Holländerin nicht wegläuft – und wir sie im Fernsehen wiedersehen. Vielleicht im Duett mit Rudi Carrell.

BUNTE 7

Big Brother is watching you – selbst am anderen Ende der Welt.

Kapitel 2

Schieben, bringen, tragen – Assistentin bei Rudi Carrell

Das erste Mal bewusst wahrgenommen habe ich Rudi Carrell 1964 im niederländischen Fernsehen. Er erhielt in Montreux die silberne Rose für einen Beitrag, eine Art Fernseh-Oscar für Europa.
Rudi saß als Gestrandeter mit einem Affen auf einer Insel und Esther Ofarim als Meerjungfrau strandete ebenfalls. Ich kann mich noch gut erinnern, es war damals gute Unterhaltung und die ganze Niederlande war stolz, dass er diesen Unterhaltungspreis für das Land gewonnen hatte.
Rudi war ein überaus normaler, sympathischer Mann aus Alkmaar, der Stadt mit dem berühmtesten Käse(markt).
So haben wir es alle von unseren Sesseln aus zu Hause wahrgenommen. Ich war damals zehn Jahre alt und fand es toll.
Er hatte etwas Einfaches, etwas, mit dem sich jeder Niederländer identifizieren konnte, der Junge von nebenan. So ein Kerl, der mit beiden Beinen auf einer einsamen Insel stand, und er wirkte dabei frech, lustig und entspannt.
Das war unser Bild von ihm – bis ich ihn 1978, 14 Jahre später, persönlich kennenlernte.
Wir haben uns beim WDR in Köln zu einem ersten Gespräch getroffen und dies verlief sehr angenehm. Am Abend haben wir dann zusammen in einer Kneipe in Köln, mit ein paar Kölsch – denn Rudi trank nur Bier – meinen Einstieg ins Deutsche Fernsehen gefeiert.

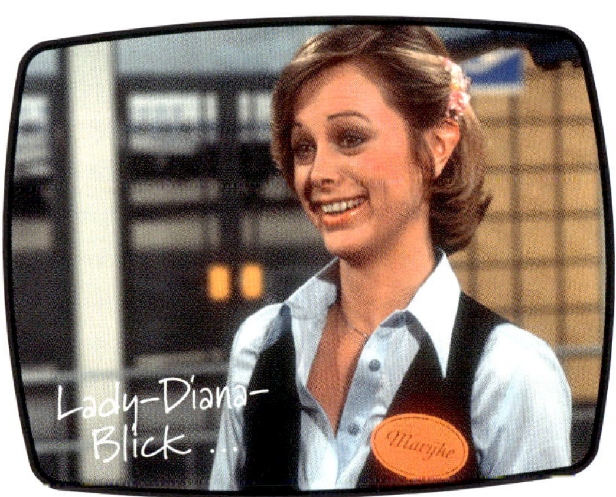

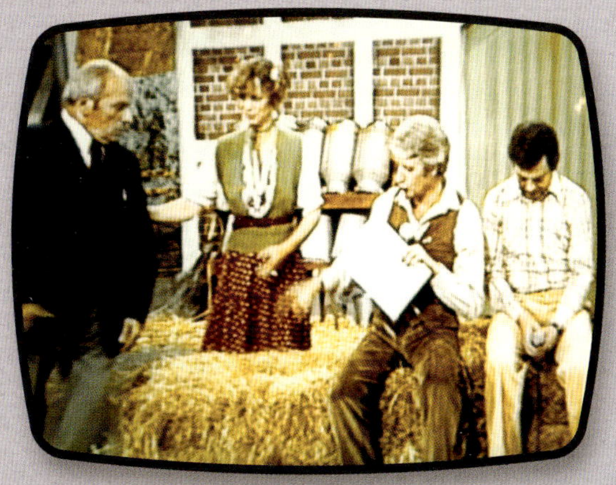

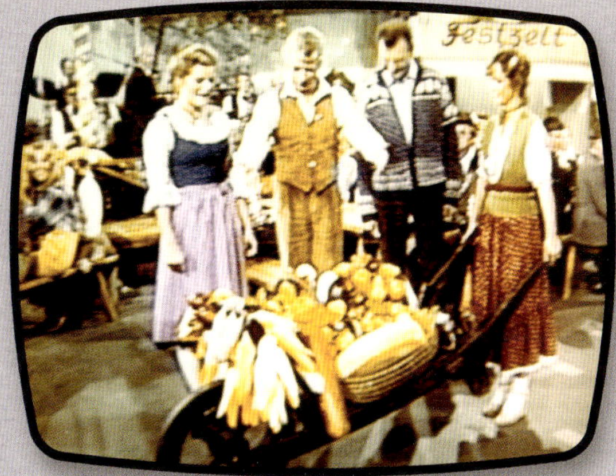

Am laufenden Band immer etwas

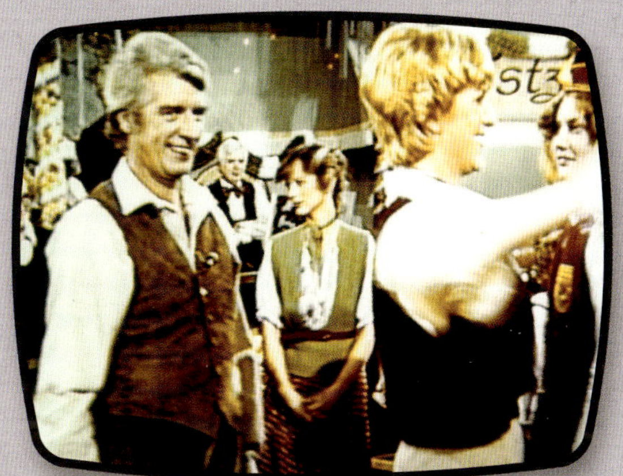

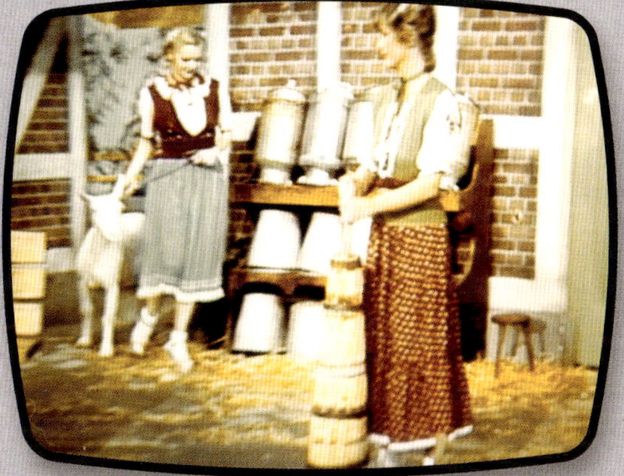

zu bringen, zu schieben, zu tragen …

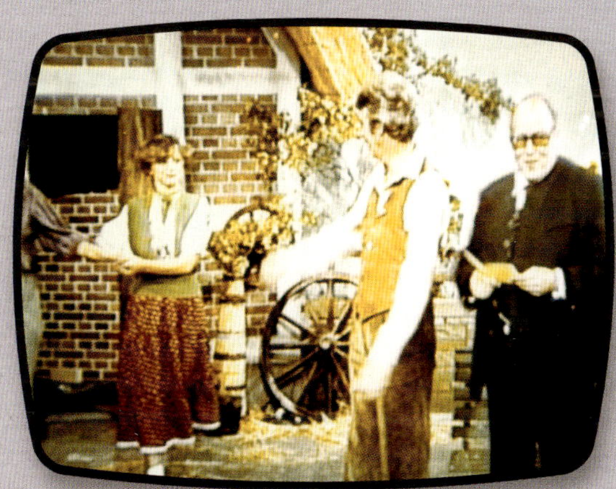

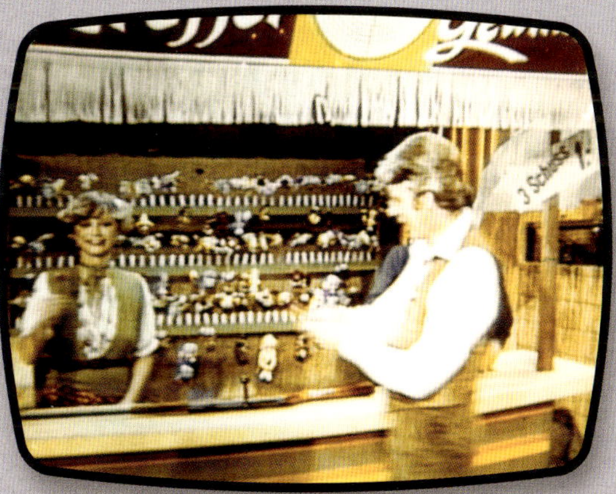

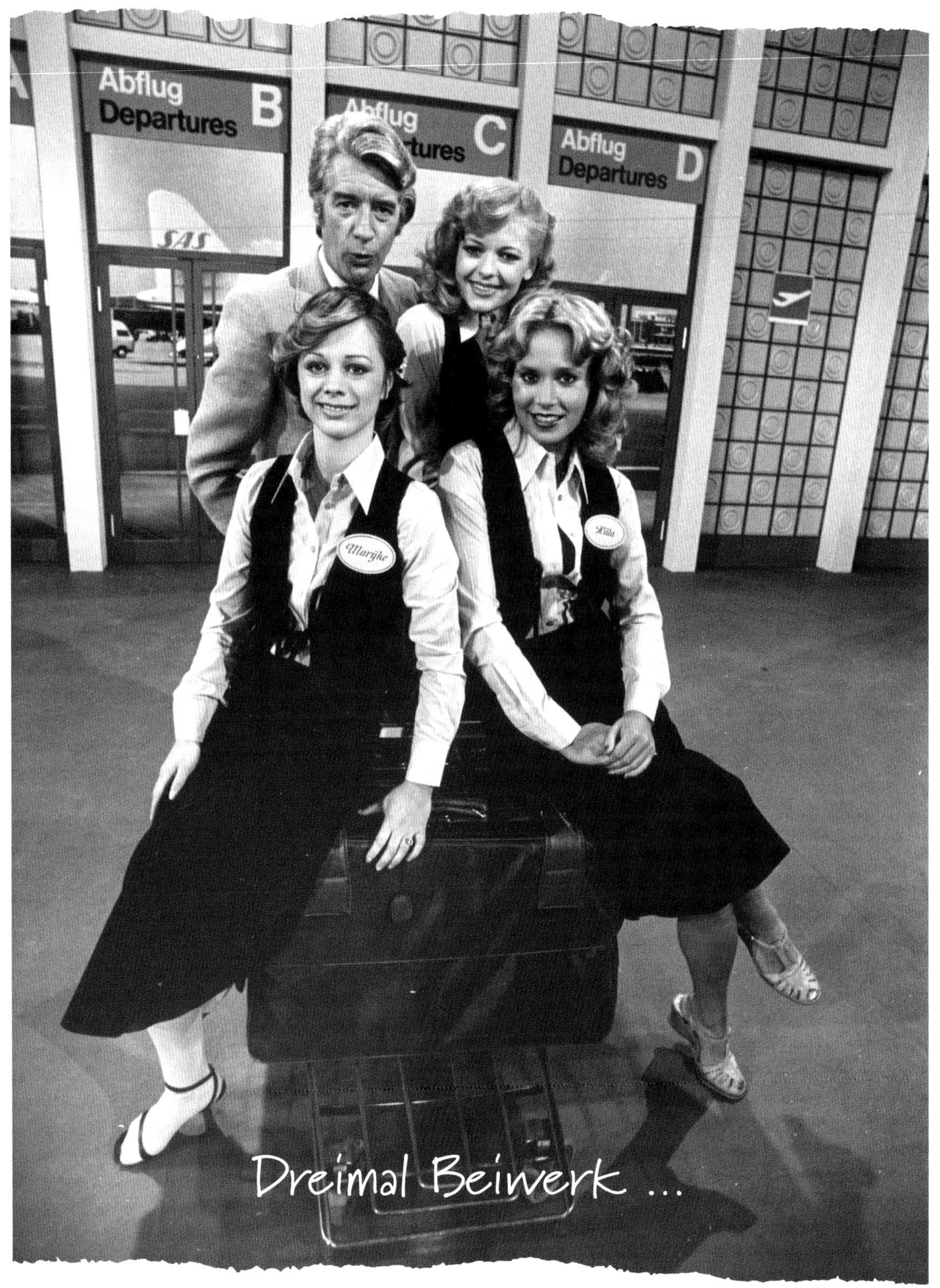

Dreimal Beiwerk ...

„Am laufenden Band“ war eine der beliebtesten Unterhaltungsshows im Deutschen Fernsehen der 1970iger Jahre. Mit Einschaltquoten von bis zu 70 %, obwohl man diese damals kaum messen konnte. Ich glaube, es war eher eine Schätzung. Man befragte zehn Leute und wenn drei es nicht geschaut hatten, hatte man 70 %. Etwa so wird es gewesen sein. Diese Sendung war jedenfalls überaus erfolgreich. Und wenn man daran beteiligt und sichtbar war, was das schon eine großartige Sache. Sichtbar, wirklich sichtbar! Und dafür in der Antarktis entdeckt zu werden, war noch unglaublicher.

Männer, Männer, Männer … und drei Assistentinnen

Es gab nur zwei Regisseure, die einigermaßen mit Rudi zurechtkamen und mit ihm arbeiten konnten: Dieter Pröttel und Eckhard Böhmer. Der Rest hatte es aufgegeben.
Ich stieg bei Folge 38 ein. Kaum angekommen merkte ich, dass ich nicht Rudis einzige Assistentin war. Er brauchte gleich drei: Tina, Hilla – beides Modells – und mich. Die beiden standen bei der Vergabe von langen Beinen im Himmel an erster Stelle, wie manche Russinnen heute. Ich stand leider ziemlich hinten.

Weiterhin bestand die gesamte Crew nur aus Männern. Männer, Männer und nochmals Männer. Alfred Biolek verabschiedete sich gerade als Produzent, da er eine eigene Sendung bekam, „Bio's Bahnhof“. Für ihn kam der nächste Mann. Die Kameramänner waren Männer, denn es gab damals keine Frauen in diesem Beruf. Wenigstens habe ich bis in die 1980er keine gesehen.

Heinz Eckner war meist der Stichwortgeber für die verschiedensten von Rudis Gags. Er hat sie immer sehr sorgfältig ausgedacht oder übernommen und Heinz spielte immer den Doofen, wobei Rudi natürlich die Pointe hatte. Wie bei Dick und Doof. Und Rudi brauchte noch so einen, mit denselben Qualitäten. Er kam auch aus Holland und war dort ein Komiker, Bueno de Mosquita, ein Holländer mit spanischen oder portugisichen Wurzeln. Thomas Woitkewitsch – auch er ein Mann – übersetzte alles in fließendes Deutsch, auch Rudis Lieder, die in Niederländisch verfasst waren, wie z.B. „Wann wird es endlich wieder Sommer.“

Rudi hatte einen englischen Berater – auch ein Mann –, der ab und an seinen englischen Humor mit einfließen lassen konnte und ansonsten den ganzen Tag um Rudi herumlief, um ihn zu beruhigen, dass jeder Gag schon funktionieren würde.

Die Redaktion bestand aus Männern. Kurt Felix sorgte für die Schweizer Kandidaten – ein schweizer Mann. Die Aufnahmeleitung war von Männern besetzt, die Kabelträger waren Männer, in der Technik und auf der Bühne nur Männer und … wir drei Assistentinnen! Ja, so war das damals.

Und es gab noch Hannes Hoff, WDR-Unterhaltungschef, natürlich, Sie erraten es schon, klar, ein Mann.

Frauen waren im damaligen Fernsehgeschäft schmückendes Beiwerk

Ich wechselte von meiner Welt der Kreuzfahrtreisen – mit Verantwortung, einer gesicherten Position, Erfahrung und Welteroberung – in eine für mich völlig fremde Welt. Eine Welt, die mir absolut unbekannt war. Ich kam mir vor wie ein hirnloses Model in einer der erfolgreichsten Unterhaltungssendungen Deutschlands. In einem der wichtigsten Wirtschaftsländer, das aber damals das wichtigste verpasst hatte: Die Akzeptanz und Entwicklung von Frauen. Oder es einfach nicht bemerkten oder bemerken wollten. Es war damals kein Thema! Besser ausgedrückt, es waren Machos der Unterhaltung und Herrscher der Regie und alle hatten wenig Respekt vor denen, die Röcke trugen, denn es gab kaum Röcke, ganz einfach, vielleicht noch in der Maske. Wir Frauen waren in dem damaligen Fernsehgeschäft absolutes Beiwerk.

Es kamen andere Zeiten, natürlich. Aber es war wirklich so und von einer Frauenquote wie heute war gar keine Rede. In Ländern wie den Philippinen, dem Senegal, Südamerika oder Mali hätte ich dafür noch Verständnis gehabt, aber in Deutschland war, was diese Entwicklung betraf, die Zeit irgendwie stehengeblieben. Wir hatten doch so viele Trümmerfrauen, die Deutschland wieder aufgebaut hatten. Ich habe damals nicht verstanden, warum man sie vergessen hatte. Diese Frauen waren doch die Kämpfer für den Wiederaufbau Deutschlands. Darum hätte man gerade in Deutschland wissen müs sen, dass Frauen noch etwas mehr können und zu mehr fähig sind, als nur schmückendes Beiwerk zu sein.

Die Idee zu der Sendung „Am laufenden Band" kam aus den Niederlanden, erdacht von einer niederländischen Showmasterin, Mies Bouwman. Eine Fernsehgröße, die in den Niederlanden sehr beliebt war. Ihretwegen war eine Frau in einer tragenden Rolle in der niederländischen Fernsehunterhaltung nicht so umstritten, wie in Deutschland. Mies Bouwman hat bis ins hohe Alter noch in ihrem Beruf arbeiten können und war bis zu ihrem Tod 2018 die am meisten respektierte Frau in diesem Fach. Sie bekam vom WDR für jede Sendung „Am laufenden Band" eine Lizenzgebühr, 10.000 DM. Ab der zwanzigsten Sendung hat man ihr die Lizenzgebühr jedoch gestrichen mit der Begründung: „Wir erfinden die Spiele selbst!" Das hat sie glücklicherweise nicht auf sich sitzen lassen – prozessierte und gewann. Den Machos der deutschen Unterhaltung hat sie mal gezeigt, wo es langgeht.
Sie war für jede Frau, die dieses Fach ausübt, ein Vorbild in einer Zeit, in der die Rolle einer Frau auf der Mattscheibe noch eine ganz andere war. Sie war bahnbrechend für uns alle und mein großes Vorbild.

Die Vorbereitungen zu Sendung fingen meist montags an und wir blieben die ganze Woche in Bremen, obwohl die Live-Sendung erst am Samstag ausgestrahlt wurde. Jeden Tag zehn Stunden Probe oder länger, an sechs Tagen die Woche. Jedes Spiel oder jeder Gag wurde bis zur Perfektion tausendfach geprobt.
Abends war es oft so, dass Rudi uns gerufen hat und wir gemeinsam an einem langen Tisch Platz nahmen. Vor dem Tisch stand ein Spiegel, vor den sich Rudi stellte. Er übte dann seine Witze und wir mussten klatschen – hoffentlich an der richtigen Stelle. Wenn nicht, funktionierte der Witz nicht richtig und wurde gestrichen. So probierte er sie erstmal aus, seine Witze.
Ich bin mit ihm öfter nach Köln oder sonst wohin geflogen. Bevor

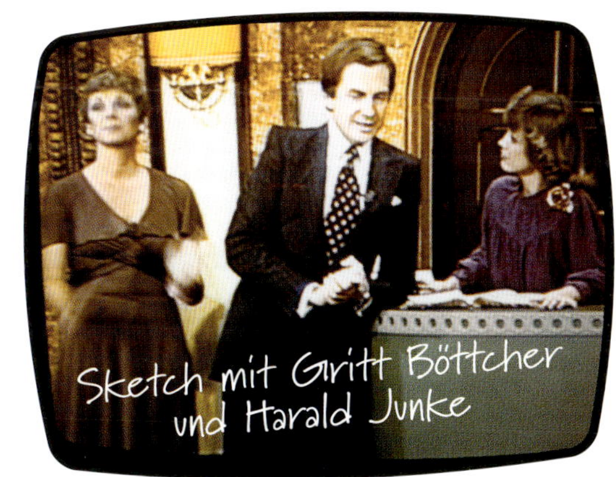
Sketch mit Gritt Böttcher und Harald Junke

wir in das Flugzeug stiegen, meinte er: „Jetzt wirst du sehen, wie es ist, ein Star zu sein. Wenn die Leute mich gleich sehen, stehen sie auf wie eine Eins und klatschen." Wenn das jedoch nicht passierte, wurde er stinkig.
Ich bekam damals 2.000 DM brutto pro Sendung, inklusive der ganzen Woche Proben. Ausgestrahlt wurde einmal im Monat. Wie ich nach Hause kam war mein Problem.
Von der Probezeit kann man heute bei einer Samstagsabendshow nur noch träumen – oder auch nicht. Selbst Florian Silbereisen macht es heute dreimal so schnell mit einem zehnfachen Aufwand inkl. der Gäste. Aber die Technik ist heute auch eine ganz andere, die Bezahlung manchmal jedoch nicht.
Und ich kann euch sagen, die ganze Woche mit dieser Armee von Männern, mit General Rudi an vorderster Front, war für mich total neu und fremd und oftmals keine wirkliche Unterhaltung.
In den Fernsehstudios von Radio Bremen (ich habe nie verstanden, warum das Radio hieß), war Rudi wegen seiner Wutausbrüche gefürchtet. Mit Beatrice Richter habe ich später einmal ein Gespräch geführt. Sie hatte nach jeder Sendung mit ihm Magenschmerzen.
Vielleicht werden wir Niederländerinnen mit einem etwas stärkeren Magen geboren, da wir in unserer Jugend meist Frittiertes essen, Bitterballen oder Kroketten oder Plantschbrot, dieses weiße weiche Brot mit Schokoflocken. Ich war also gut gewappnet. Bei mir hat sich die Aufregung dafür mit einem starken Zittertatterich geäußert. Eine starke Durchblutung konnte man es auch nennen.
Assistentin in dieser Unterhaltungsshow war irgendwie der blödeste Job der Welt. Aber ein Anfang.

Ich habe meinen Eltern natürlich mitgeteilt, dass ich für das große deutsche Fernsehen entdeckt worden war. Meine Eltern waren stolz wie Oskar und zur Ausstrahlung der 38. Folge haben sie die ganze Familie eingeladen. Oma, Opa, Tanten, Onkel, Nichten und Neffen.
Und da saßen sie alle vor dem Fernseher und warteten auf meinen ersten großen Auftritt. Fernsehgeräte waren damals große Kästen auf einem Tisch mit Röllchen und wurden, mit allen möglichen Kabeln hinten dran, in die Mitte des Raumes gefahren. Auch das Telefon hatte ein Kabel, aber das ist eine andere Geschichte. Alle saßen rundum vor dem Fernseher. Nicht so wie bei den heutigen Flat-Screens, lecker entspannt auf der Couch. Und nach 1 ½

Stunden „Am laufenden Band“ kam ... so ... ganz ... langsam eine Hand in das Bild. Und mein Vater schrie aufgeregt: „Das ist sie, das ist sie. Das muss die Hand unserer Marijke sein!“

Die ganze Woche während der Proben habe ich versucht, meine bei Neckermann erprobten komischen Talente einzubringen. Bis Rudi irgendwann plötzlich schrie: „Ich bin hier der Komiker, nicht du!“
Und damit war ich schon mal platt, ich konnte gar nichts mehr miteinbringen. Ich hatte einen Zittertatterich. Abends im Bett habe ich meiner Zeit bei Neckermann nachgetrauert und ja, es sind einige Tränen geflossen.
Ich durfte mal ein Glas bringen oder ein Schild – oder die Kandidaten von links nach rechts schieben. Das war es schon. Und immer schön lächeln wie Lady Di in ihren schwersten Stunden. Oder hinter den Kulissen die Preise vom laufenden Band rauf und runter holen. Ich glaube ernsthaft während der ganzen Woche Probezeit wurde das nicht 20 Mal, sondern 40 Mal geübt.

Assistentin war der blödeste Job der Welt, aber ein Anfang

Bei der nächsten Folge „Am laufenden Band“ wurde ich direkt bestraft. „Am laufenden Band“ hatte immer ein Thema. Die erste Sendung mit mir lief unter dem Motto „Flughafen“. Die zweite als „Vergnügungspark“.
Rudi kam mit folgender Mitteilung: „Hilla, du bist eine Fee und fliegst von links nach rechts.“ Sie bekam dafür ein wunderschönes Kostüm. Tina bekam auch eine große Aufgabe mit Glitter und Glamour. Zu mir sagte er: „Du liegst in einem Sarg und bist tot, wirst weiß geschminkt und wenn ich den Deckel aufmache, sagst du: Boeeee.“
So war es auch. Mein nächster großer Auftritt im deutschen Fernsehen war im Sarg. Glücklicherweise hat mich keiner erkannt.
In der Probe wurde mir „frauenfreundlich“ mitgeteilt, dass ich bitte nicht mit meinem fetten Arsch in die Kamera laufen sollte. (Ich hatte Kleidergröße 34–36). Und Rudi schrie auf Niederländisch noch einiges hinter mir her. Glücklicherweise hat dies keiner verstanden.
So war die Stimmung und keiner hat sich gewundert oder hinterfragt, ob dies überhaupt geht. Und alle blieben still, haben sich geduckt und gedacht: Glücklicherweise ist sie dran und nicht wir. In so einem Moment im Leben

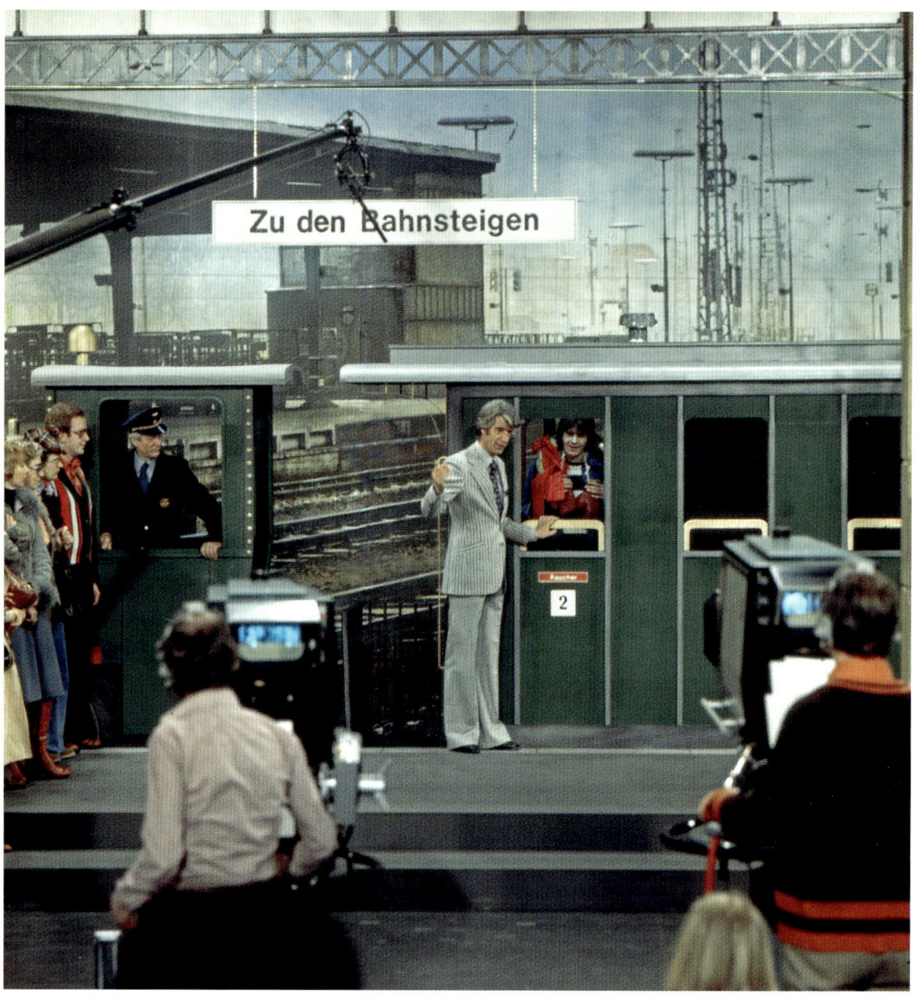

kann man auch sagen: „Du kannst mich mal, such es weiter lecker aus." Diese Wahl hat natürlich jeder im Leben ... Bei mir entwickelte sich in einem solchen Moment eine Art Überlebenskampf, eine Kämpfernatur, die nicht mehr aufzuhalten ist und ein Gefühl wie: „Ich werde hier lernen, was zu lernen ist, nutzen, was zu nutzen ist, und zeigen, was ich kann. Basta!"

Rudi hat einmal über sich selbst gesagt: „Ich kann ein Arschloch sein. Ich bin ein Egoist, fast egomanisch, übelnehmend, eitel, unstet, nachtragend und untreu, nur meinem Beruf bin ich treu."
Ich finde das sehr lobenswert, wenn man die Stärke hat, dieses Urteil über sich selbst zu fällen. Viele sind heute genauso, verkaufen sich aber als wären sie Heilige.

Über die Zeit von „Am laufend Band" hat er gesagt: „Es war die Hölle, jede Woche acht neue Spiele zu erfinden. Es war nur Stress." Ja, das haben wir alle gemerkt. Glücklicherweise gab es noch Anke Carrell, seine Frau. Sie erinnerte mich an die Indianerfrauen im Amazonasgebiet. Bildhübsch und unglaublich lieb und einfühlsam. So bleibt sie in meiner Erinnerung.

Ich wohnte inzwischen wegen meiner schweizer Liebe in Zürich und während der stressigen Zeit bei „Am laufenden Band" passierte in meinem Leben etwas, mit dem keiner gerechnet hatte. Meine große Liebe hatte einen schrecklichen Unfall. An dem Tag, eigentlich in dem Moment, als er mich fragte, ob ich seine Frau werden wolle. Da wird es bei mir heute noch ganz still.
Wir saßen voller Freude gemeinsam bei einem Glas Veltliner und haben den Moment gefeiert, draußen auf dem Ütliberg bei Zürich. Es gab da draußen ein Fußballfeld. Er meinte, er mache mal eine Kopfrolle über das Fußballtor. Ich hatte ihm gesagt, das bekäme ich nach dem Veltliner Weißwein nicht mehr hin. Da rannte er zu diesem Tor und schob seine Beine hoch. Was dann passierte, vergesse ich in meinem Leben nicht mehr: Das Fußballtor war nicht verankert und er zog es mit voller Wucht auf sein Gesicht. Die Haken am Tor bohrten sich quer in seinen Kopf und es war nichts mehr übrig von diesem Mann, den ich liebte. Und alles, was dann passierte, daran will man heute nicht mehr denken, noch erinnert werden.
Um 16.33 Uhr saß da ein gutaussehender, sportlicher, Alain Delon ähnelnder Mann und fragte mich, ob ich seine Frau werden wolle – und um 16.40 Uhr wurde dieser Alain Delon zum Frankenstein. Mit solchen Extremen zeigt das Leben einem, dass nichts sicher ist und Äußerlichkeiten unwichtig.
Alles im Leben kann sich jede Sekunde ändern und ganz anders werden.
Carpe Diem!

Es schlossen sich viele Wochen Krankenhaus im Universitäts-Spital Zürich an. Transplantationen von Bauchfett mit Gehirnhaut und noch vieles mehr. Während ich dies schreibe, sehe ich noch die Bilder vor mir und fühle die Angst und die Trauer des Moments, in dem alles zerstört wurde. Ich könnte noch viele Seite schreiben, aber dafür schreibe ich nicht dieses Buch.

Anke Carrell lag damals in demselben Krankenhaus, ein Stockwerk tiefer. Anke hatte Rheuma, schweres Rheuma und sie wurde sehr lange in dieser

Klinik behandelt. Rudi hatte alles versucht und alle Ärzte dieser Welt kontaktiert, um sie zu behandeln.

Jeden Tag bin ich mit meinen Gamellen – das waren kleine Pfännchen, die man übereinander stapeln konnte und die ich mit meinem selbstgekochten Essen gefüllt habe – ins Krankenhaus gefahren. Erst zu meinem Mann, dann zu Anke.
Wir hatten täglich viele schöne Gespräche und haben gemeinsam so viel geteilt. Schmerz, Trauer, Einsamkeit, Angst und Weisheit. Diese Momente sind für immer in mir. Diese Frau respektiere ich bis heute und sie wird immer in meiner Erinnerung bleiben. Und durch sie habe ich eine bessere Einsicht erhalten, wer der Mensch Rudi wirklich war.

Ich habe bis zur letzten Folge, Nr. 51, durchgehalten und viel gelernt über eine Welt, die mir zunächst fremd war, die Fernseh-Welt. Rudi war ein Profi in seinem Fach, wenn man eins von ihm lernen konnte, dann wie man Fernsehen macht bis zur letzten Perfektion.
Später, bei Superfan RTL, wurde er mein Produzent. Meine versprochene Belohnung von Joop van den Ende hat allerdings er bekommen, was ich als sehr ungerecht empfand.
Während seiner letzten Lebensjahre habe ich mit ihm viel Golf gespielt, um einiges aufzuarbeiten. Und 18 Löcher dauern lange. Wir haben vieles angesprochen und er wurde menschlicher und nahbarer und hat mir auf einer dieser Runden noch gesagt: „Vergiss das Fernsehen, Frauen ab 40 haben keine Chance mehr." Das hat er tatsächlich gesagt und ich habe ihn während einer Runde gefragt, warum er das so meint. Die Entscheider bei den Sendern sind Männer und die haben keine Lust auf Frauen, die wissen, was Sie wollen, das sei lästig. Sie wollen Frauen, die sie steuern können und die dabei gut aussehen und keine „gerimpelde Goudrenet", auf Deutsch „geschrumpelte Äpfelchen", welche Monate im Fruchtkorb liegen und man an der Schale sieht, dass ihre beste Zeit vorüber ist. Wir werden sehen, ob er da Recht behält. Zu sehen ist dies auch an der Definition der Zielgruppe mit 14–49 Jahre. Als ob es darüber hinaus niemanden gäbe. Sonst hätte man mich damals vielleicht auch nicht gegen eine 17-Jährige ausgetauscht. Wir befinden uns aber heute in einer Zeit der großen Veränderungen und ich bin mir sicher, dass sich noch einiges positiv verändert für die Frauen meiner Generation.

Ich danke Rudi bis heute, dass er mich vom Schiff geholt und sich mein Weg dadurch weiterentwickelt und mir und den deutschen Zuschauern viele schöne Momente gegeben hat.
Danke dir, Rudi, für meine Entdeckung in der kältesten Region dieser Welt. Ich bin mir sicher, dass du von Wolke Sieben zuguckst und uns alle beobachtest, welchen Schrott wir zur Unterhaltung basteln. Wenn du das da oben mitbekommst, regst du dich sicherlich fürchterlich auf, da bin ich mir sicher.

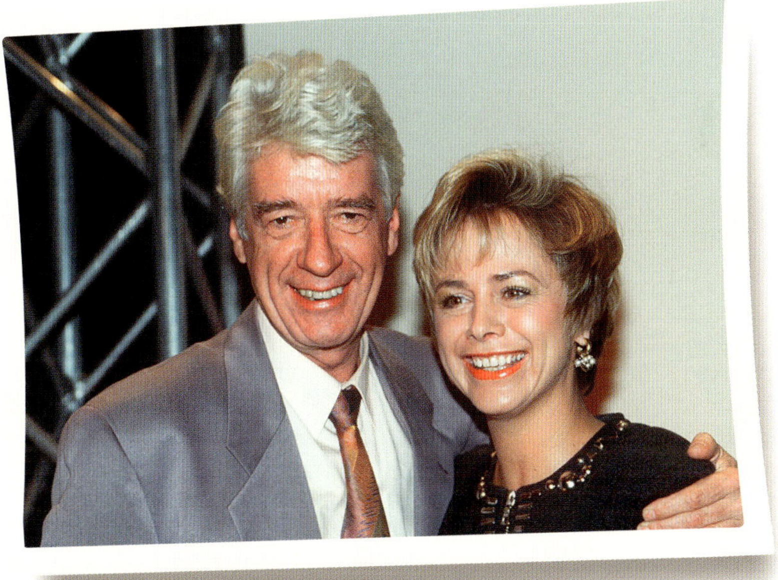

Rudi in meiner Sendung „Superfan"

Interview mit

Birgit Schrowange

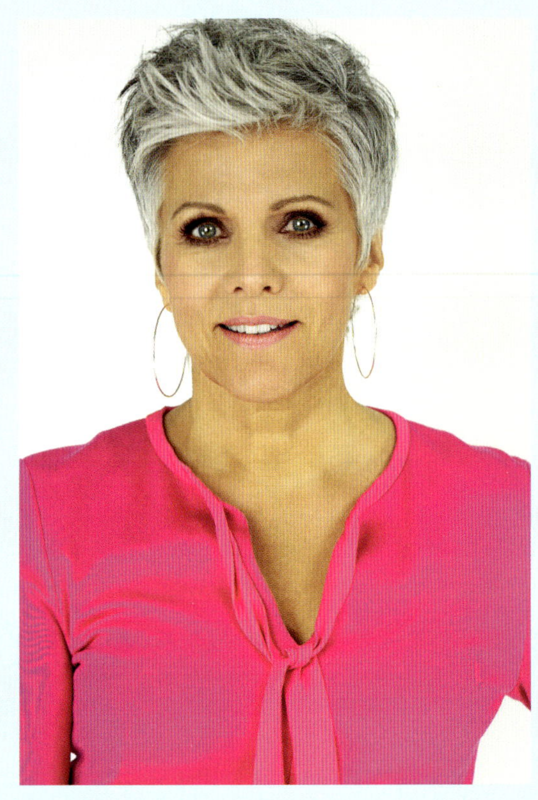

Birgit Schrowange: Ich habe 1981 mit 22 Jahren beim WDR als Fernsehansagerin angefangen. Damals gab es im Fernsehen nur Ansagerinnen oder Assistentinnen und es ging ein Aufschrei durch die Lande, wenn eine Frau die Nachrichten moderierte. Als das erste Mal das Nachtjournal von Barbara Dieckmann moderiert wurde, kann ich mich erinnern, dass es hieß, dass eine Frau doch nicht so eine Sendung moderieren könne! Wir waren weit davon entfernt, dass es eine Maybrit Illner oder Sandra Maischberger gab oder dass eine Frau als Chefin an der Spitze saß. Das war eine reine Männerrunde. Die Männer durften auch ein bisschen hässlich sein, durften dick sein, schlechte Zähne haben und keine Haare auf dem Kopf. Und die Frauen wurden dann mit 40 wieder entsorgt.

Marijke Amado: Das ist genau das, wovon ich im Buch auch erzähle. Ich weiß noch, als ich 1978 Assistentin bei Rudi wurde, war weit und breit keine Frau im ganzen Team zu sehen. Wir bekamen nur die Funktion der „Assistentin“.

Birgit Schrowange: Das habe ich so zum Glück nicht erlebt, aber ich habe Mobbing erfahren, beim ZDF mit dem damaligen Sendeleiter. Der klaute mir dann Einladungen aus dem Fach und hat mich angegraben. Solche Geschichten musste ich mir damals anhören. Der hatte damals ein Verhältnis mit einer Fernsehansagerin und wollte die quasi austauschen, weil ich jünger war.

Marijke Amado: Die Macht in den 70ern und 80ern war doch komplett in Männerhand, oder?

Birgit Schrowange: Total! Total in Männerhand, da gebe ich dir vollkommen Recht.

Marijke Amado: Nun bist du natürlich ein Vorbild, gerade für viele, viele Frauen. Was du letztes Jahr gemacht hast, deinem Haar einfach seine natürliche Form zurückzugeben, toll! Ich kann das leider nicht, weil ich so eine Aschenbecherfarbe habe, aber du hast ja einen sehr schönen Grauton.

Birgit Schrowange: Ich hätte das nicht gemacht, wenn es mir nicht stehen würde.

Marijke Amado: Und wie sind die Reaktionen darauf gewesen?

Birgit Schrowange: Naja, ich muss sagen, 80 Prozent positiv. Wirklich positiv, und auch von jungen Männern! Die haben auf der Straße angehalten und den Daumen in die Höhe gesteckt und gesagt, wie toll das aussieht. Bei den älteren Männern aber teilweise nicht so wirklich gut. Die haben oft die Meinung, dass eine Frau älter werden, man es ihr aber nicht ansehen darf. Irgendjemand sagte mal zu mir: Oh, durch deine Aktion da, will meine Frau das jetzt auch nachmachen und ich will doch keine Grauhaarige! Und ich weiß gar nicht, warum? Ich finde graue Haare schön! Warum sollen denn nur Männer mit grauen Haaren rumlaufen dürfen? Warum sagt man denn bei George Clooney „geiler Typ“ und bei mir bloß „die ist alt“? Ich finde, ich sehe kein bisschen älter aus damit.

Marijke Amado: Im Gegenteil!

Birgit Schrowange: Man hat ja heute auch ein ganz anders Selbstbewusstsein. Ich stehe da natürlich drüber, als ich jung war, hatte ich dieses Selbstbewusstsein nicht. Man wurde ja ständig aufs Äußere reduziert. Jeder krittelt an einem herum, die Haare müssen so und so und die Klamotten haben mir auch nicht immer gefallen und dann dies und das. Und das habe ich damals alles aufgenommen. Heute stehe ich da vollkommen drüber. Ich mache mein Ding und ob das anderen gefällt oder nicht ist mir echt wurscht. Das ist der Vorteil, wenn man älter wird.

Marijke Amado: Das stimmt. Uns wurde das damals auch in der Erziehung nicht so beigebracht. Wenn ich heute meinen Sohn oder seine Freundinnen sehe, die sind viel selbstbewusster. Bei uns war das nicht so, meine Mutter hat nie gearbeitet, sie war zuhause und hat auf die Kinder aufgepasst und mein Vater hat das Geld verdient. Es gab eine klare Rollenverteilung, die ich dann später auch übernehmen sollte. Aber ich wollte in die Rolle nicht eintauchen. Ich habe von Anfang an gedacht, dass ich mein eigenes Geld verdienen möchte und ich glaube, ich war in einer der ersten Generationen, die das auch so richtig durchgezogen hat.

Birgit Schrowange: Wir sind die erste Generation, die ein Vorbild ist für junge Frauen, denn unsere Mütter waren in speziell dieser Hinsicht keine Vorbilder für uns. Ich komme aus einem kleinen Dorf im Sauerland und da hieß es noch, wenn die Frau arbeitete, dass der Mann wohl nicht genug Geld verdienen würde. Die arme Frau, die MUSS arbeiten! Das war also gar nicht im Bewusstsein, dass das auch eine persönliche Befriedigung ist, sein eigenes Geld zu verdienen und nicht abhängig von einem Mann zu sein. Ich war damals ein kleines Mädchen, habe das aber schon mitbekommen und mir geschworen, dass ich niemals in die Situation komme, einen Mann zu fragen, ob ich mir irgendetwas kaufen darf. Bei uns daheim gab es auch die klassische Rollenverteilung und es war mir das Allerwichtigste, dass ich mich nie von einem Mann abhängig mache, sondern immer mein eigenes Geld verdiene. Meine Mutter hätte am allerliebsten gesehen, dass ich einen Beamten heirate, dann wäre ich versorgt gewesen.

Marijke Amado: Bei mir sollte es ein Zahnarzt sein!

Birgit Schrowange: Ja, genau! Das konnte meine Mutter gar nicht verstehen, dass ich eine Festanstellung, ich bin gelernte Anwalts- und Notargehilfin, aufgebe, um zum Fernsehen zu gehen. Das ist doch Sodom und Gomorra, das ist doch nichts Gescheites, die haben doch nicht auf dich gewartet, da bist du doch in einem Jahr wieder weg vom Fenster! Und bis sie das mal realisiert hatte, dass ich dort sicher im Sattel sitze, hat es ein paar Jahre gedauert. Ich musste sie immer davon überzeugen. Es hieß nie: Du wirst das schon schaffen und deinen Weg gehen! Die waren ängstlich, die Frauen. Die hatten kein Selbstbewusstsein und konnten das dann auch nicht an uns weitergeben.

Marijke Amado: Genau, das ist der Punkt. Also ist diese Initiative von uns eine ganz selbstständige Einschätzung davon, dass wir etwas aus unserem Leben machen wollten.

Birgit Schrowange: Genau! Ich habe mich damals mit 19 heimlich beim WDR beworben. Beim Vorstellungsgespräch fragte mich der Personalleiter, was ich denn machen wollen würde. Und ich meinte daraufhin, dass ich gern als Sekretärin anfangen würde, wenn sie aber keinen Job für mich hätten, würde ich auch in der Küche arbeiten, Hauptsache ich war dort. Ich wollte da unbedingt arbeiten! Das war ein so fester Gedanke bei mir und ich dachte, wenn ich erstmal drin bin, habe ich einen Fuß in der Tür und danach sehen wir weiter. Ich habe dann mein schönes Zuhause aufgegeben und bin in ein winziges Zimmer in Köln gezogen. Ohne warmes Wasser, Dusche war im Keller, ich kannte niemanden und das bisschen Geld, das ich verdiente, habe ich dann für Sprechunterricht ausgegeben und für Schauspielunterricht. Ich war die ärmste Sau unter der Sonne, aber ich war auch sehr glücklich. Ich war frei, hatte ein Ziel und daran habe ich gearbeitet. Wenn ich heute so daran zurückdenke, war das damals schon krass irgendwie. Auch, wie ich da gelebt habe.

Marijke Amado: Das war 1978?

Birgit Schrowange: Das war 78, genau. Und dann stand ich 1981 das erste Mal vor der Kamera.

Marijke Amado: Hast du noch lustige Geschichten aus dieser Zeit, wie die Männerwelt auf dich reagierte? Ich bin zum Beispiel mal mit einem ganzen Koffer voll Ideen zu Hannes Hoff gegangen und er meinte daraufhin zu mir: Frau Amado, nehmen Sie ihr letztes Geld und fahren Sie durch Deutschland. Vielleicht will Sie ja irgendwo noch irgendjemand haben, aber ich denke es nicht.

Birgit Schrowange: Ja, sowas habe ich auch erlebt! Ich war damals Fernsehansagerin beim Schulfestprogramm und wollte gern ins Abendprogramm. Der damalige Sendeleiter beim WDR, ich weiß aber nicht mehr, wie der hieß, sagte zu mir: Fräulein Schrowange, Sie dürfen hier im Schulfernsehprogramm moderieren, aber seien Sie versichert, in Ihrem ganzen Leben werden Sie es niemals ins Abendprogramm schaffen. Sie haben überhaupt keine Ausstrahlung, nehmen Sie es nicht persönlich, aber das hier ist die Endstation für Sie. Zwei Jahre später moderierte ich die Aktuelle Stunde, so um 1983, 1984, und da traf ich diesen Sendeleiter im Fahrstuhl wieder. Mit Leuten drum herum. Und da versuchte er, mir in den Arsch zu kriechen und meinte: Ja, Frau Schrowange, ich habe es ja schon immer gewusst! Aus Ihnen wird mal was! Ganz eklig also, und da habe ich zu ihm gesagt: Jetzt halten Sie mal Ihren Mund, waren Sie nicht derjenige, der mir gesagt hat, dass ich null Ausstrahlung hätte und es nie ins Abendprogramm schaffen würde? Was reden Sie denn hier? Und alle anderen im Fahrstuhl guckten und er lief rot an und stotterte nur noch. Das werde ich nie vergessen! Als er mir das damals sagte, dachte ich bei mir: Dir werde ich's noch zeigen, jetzt erst Recht! Es gibt aber sicher viele, die sich dann zurückziehen und das glauben, was er sagt.

Marijke Amado: Was hat sich denn, deiner Meinung nach, seit 1978 alles positiv verändert?

Birgit Schrowange: Nun, ich denke schon, dass sich alles zum Positiven verändert hat. Früher wäre es undenkbar gewesen, dass eine 60-jährige Frau immer noch bei einem Privatsender im Hauptabendprogramm zu sehen ist! Öffentlich-rechtliche Sender sind da, glaube ich, rigoroser, die tauschen eher aus und schmeißen raus.

Marijke Amado: Also ich bin mit 42 von einem Privatsender rausgeschmissen worden und meine Nachfolgerin war eine 17-Jährige!

Birgit Schrowange: Ja, okay, das ist nicht schön. Aber weißt du, Marijke, ich bin froh, dass ich nie in der Unterhaltung war.

Marijke Amado: Ist das ein Unterschied?

Birgit Schrowange: Ja! Ich empfinde es zumindest als Unterschied. Ich glaube, der Bedarf ist mehr und mehr nach echten Menschen.

Marijke Amado: Ja, und Frauen, die was zu melden haben! Frauen wollen Frauen sehen, mit denen sie sich identifizieren können.

Birgit Schrowange: Genau. Ich habe ja auch so einiges erlebt bei RTL, was aber auch ein bisschen lustig war. Du kennst ja noch Hans Mahr oder?

Marijke Amado: Ja!

Birgit Schrowange: Der hat mir ja auch immer Sachen gesagt! „Jaa, Servus, koansta nimma a Rollkragenpulli oaziehn?" Ich sag: „Wieso Hans? Ist doch Sommer!" „Naa, der Hoals! Das G'sicht is ja schee, oaber der Hoals!" [lacht] Oder als ich anfing bei RTL, da hatten wir immer noch so ein Catering und da kam er und sagte dann: „Jaa, aber die Frau Schrowange, die kriegt kaa Dessert, die is a bissal fett um die Hüftn, da musst aba oabnehmen, das geht nimma!" Ich war ja nie die Superschlanke gewesen und solche Geschichten musste ich mir damals anhören. Ich habe dann aber immer gelacht und gesagt: „Hast du eigentlich keinen Spiegel zuhause, Hans? Guck doch mal selber rein! Wie siehst du denn aus?".

Er hatte immer Humor und wir haben gemeinsam herzhaft gelacht. Mit ihm konnte man immer offen reden und ich habe ihm viel zu verdanken.

Du weißt ja, ab einem bestimmten Alter, heißt es ja, man wird unsichtbar. Es gibt viele gleichaltrige Männer, die uns gar nicht mehr angucken.

Marijke Amado: Ja, wenn ich mich jetzt auf einer Partnerwebsite mit 65 anmelden würde, dann falle ich unter die Kategorie „Rollstühle und Windeln", ab 80.

Aber weißt du, in der Fernsehbranche, bei erfolgreichen Personen, da entwickelt sich oft auch ein gewisser Narzissmus. Und dieser Narzissmus beeinflusst auch das Verhalten. Und da gehört kleinmachen dazu. Und ich glaube, in den 70er und 80er Jahren, gab es einen Narzissmus in der Medienwelt, der einfach Gang und Gäbe war.

Birgit Schrowange: Total! Absolut, das ist so. Unsere Welt wird ja ohnehin immer narzisstischer mit dem ganzen Instagram und Facebook und dieses und jenes. Das hältst du ja gar nicht aus! Ich bin froh, dass ich nicht mehr so jung bin, ehrlich gesagt.

Marijke Amado: Und machst du da was in den neuen Medien?

Birgit Schrowange: Ich muss zugeben, ich mache das auch, ja. Aber wenn ich die jungen Leute so sehe, was die so posten und mit ihren ganzen Stories – ich mache zwar auch, aber lange nicht so viel wie andere.

Marijke Amado: Ich wünsche Dir noch viele glückliche Jahre, du hast es verdient.

Kapitel 3

Hannes Hoff und mein Weg zum WWF Club

Die 51. Folge von „Am laufenden Band“ lief Sylvester 1979. Am dritten Probentag stieg Rudi auf eine Leiter und verkündete von oben, dass er keine Lust mehr hätte und ER offen sei für neue Aufgaben. Für das ganze Team war dies ein Schlag ins Genick, denn alle lebten von dieser Sendung und die meisten waren eine Woche später arbeitslos. So ist das in diesem Job. Viele von uns hatten keine finanziellen Rücklagen oder Sicherheiten. Mein Mann in der Schweiz hatte noch einige Operationen vor sich und ich wusste nicht, wie ich das alles finanziell stemmen sollte. In der Schweiz war es sehr schwer, einen Job zu erhalten. Ich hatte immer noch den Status B, was bedeutete, dass alle Arbeitssuchenden mit Status A vor mir dran waren.

Bei einer Sendung mit Rudi habe ich den einzigen schweizer Komiker, Emil, kennengelernt. Er machte gerade einen Film „Die Schweizermacher“, in welchem eine niederländische Familie, die in der Schweiz lebt, alles versucht, um Status A zu bekommen. Ich habe Emil viele Geschichten darüber erzählt, was mir in diesem Land, der Schweiz, so passiert ist und er hat es in diesen wunderbaren und herrlichen Film eingebaut. Damals konnte kein Schweizer darüber lachen. Wir beide haben uns öfters in ein Kino gesetzt, um die Reaktionen der Schweizer selbst zu testen. Die Schweizer fühlten sich als die Herrscher über alle Völker und meine Ex-Schwiegermutter meinte, es gäbe nur einen Pass auf dieser Welt und das sei der rote Pass mit dem weißen Kreuz.
Um so einen Pass zu bekommen, musste man erstmal einen schweizer Mann finden. Den ich ja hatte. Dann musste man einen achtmonatigen Erste-Hil-

fe-Kurs machen, jede Woche einmal. Und einen Intelligenztest, ob man intelligent genug war, um Schweizer zu werden. Es wurden z.B. Fragen gestellt, wie und wo Wilhelm Tell auf seine Platte sprang und da musste man schon Vierwaldstättersee antworten, sonst fiel man durch. Zusätzlich musste man einen Sprachkurs „Schwyzerdütsch" im schweizer Supermarkt „Migros" belegen, für eine Sprache, die keiner auf der Welt gesprochen noch verstanden hat. Man nannte es Integration, was uns allen heutzutage nicht mehr fremd ist.
Für Niederländer war der „ach"-Laut kein so großes Problem, da unsere Sprache auch dieses knallharte „g" hat, aber ich bemitleide heute noch immer die Vietnamesen, Franzosen und Japaner, die mit mir diesen Kurs absolvierten. Im Kanton Appenzell hatten Frauen zu dieser Zeit noch kein Stimmrecht und wenn ich etwas kaufen wollte, das teurer als 500 Franken war, brauchte ich die Zustimmung meines Ehemanns, obwohl ich selbst das Geld verdiente. Also echt ein Land für mich, mein Traumland.

Oft heißt es: im richtigen Moment am richtigen Ort sein …

Ich habe zuerst in Altstätten auf 30 Quadratmetern gewohnt. Ich nannte es „meine Briefmarke". Danach in Kloten (was im Niederländischen so viel wie „die Bällchen des Mannes" bedeutet), was natürlich höllisch war, wenn Freundinnen wie „die Keeters" aus Holland mich besuchten. Wo wohnt Amado? In Klöten! Danach wurde es Küssnacht am Zürichsee. Der letzte Umzug war in eine Gegend, in welcher man schon einige Schweizer Fränkli mehr mitbringen musste, aber da ging es mir finanziell auch wieder top.

Nach der letzten Sendung „Am laufenden Band" saß ich abends an der Bar im Hotel und neben mich setzte sich Hannes Hoff, Unterhaltungschef des WDR. Im Leben heißt es oft: Im richtigen Moment, an der richtigen Stelle sein! Das war so einer.
Er erzählte mir, dass er bald nach Nordspanien in den Urlaub führe und sich besonders auf die Felsen von Altamira freue und dass ich sowieso nicht wüsste, was und wo das wäre.
Ich habe ihm innerhalb von 10 Minuten genau erzählt, was ihn dort erwarten würde, was die Zeichnungen aus der Urzeit bedeuteten, und auf was er

zu achten und was er vor allem nicht vergessen sollte. Mit meinen Neckis war ich 1977 dort und das war mein Glück. Er schaute mich erstaunt an und sagte: „ Sie sind eine Assistentin bei Rudi? Unglaublich, Sie sind doch nicht so blöde, wie Sie aussehen."
Ich wusste hinterher nicht mehr genau, ob ich mich über dieses Kompliment gefreut habe, aber das Ergebnis war mega. Er fragte mich daraufhin, was ich eigentlich gemacht hätte und noch plane. Vielleicht sollte ich zu einem Casting nach Köln kommen, meinte er, da Hans-Joachim Hüttenrauch eine neue Sendung mit drei Frauen plane. Eine Art „Drei Engel für Charlie". Es war mit ihm das erste Gespräch seit zwei Jahren bei Rudi, vorher war ich ihm gar nicht aufgefallen – das zweite in meinem Leben, zehn Jahre später, sollte nicht so erfolgreich sein.

„Sie sind doch nicht so blöde, wie Sie aussehen ..."

Eine Woche später saß ich in Hans-Joachim Hüttenrauchs Büro in Köln. Ich bin mit dem Schnellzug aus Zürich hingefahren, schneller ging es nicht. Übrigens einer der sympathischsten Männer, die ich in 40 Jahren Fernsehen kennengelernt habe. Liebenswert, aufmerksam, humorvoll, kreativ, professionell und wahnsinnig toll im Umgang. Ein Gentleman. Mit super Ideen und bahnbrechend in der deutschen Unterhaltung. Und dieses Kompliment vergebe ich nicht schnell. Er ist der Erfinder von Sendungen wie „Klimbim", „Plattenküche" oder „Ein Herz und eine Seele". Er wurde mein erster und echter Fernsehvater.
Hüttenrauch fand unser Gespräch superlustig und ich wurde zwei Monate später zum Casting ins Senftöpfchen nach Köln eingeladen.

Zu dieser Zeit wollte Jürgen Marcus eine Gesangskarriere mit mir starten. Ich unterschrieb einen Vertrag bei der Ariola in Hamburg und wir produzierten eine Coverversion des Dolly-Dots-Hits „Tell it all about Boys" mit der passenden und einfühlsamen Übersetzung „Dieser Mann ist ein Traum" – die B-Seite hieß „Du tust mir leid", – man muss ja positiv denken.
Von Plattenverträgen hatte ich keine Ahnung und selbst nach 20.000 verkauften Singles habe ich noch Unkosten wie Flüge oder sonstiges selbst tragen müssen. Ein herrliches Verlustgeschäft. Das Bild auf dem Cover war

Rudi Carrells Assistentin Mareike
Verliebt in Jürgen Marcus

Daß sie knackig aussieht und Charme hat, wissen die Fernsehzuschauer längst. Denn schon seit geraumer Zeit assistiert die attraktive Holländerin Mareike Rudi Carrell in seiner Fernseh-Show „Am laufenden Band“.

Daß Mareike auch singen kann, entdeckte jetzt der blonde Sänger Jürgen Marcus (29). Er produziert zur Zeit die erste Schallplatte mit der Schönen.

Doch offenbar entdeckte Jürgen nicht nur die stimmlichen Qualitäten von Mareike. Bei NEUE WELT schwärmte er: „Sie ist wirklich ein reizendes Persönchen.“ Und Mareike schwärmt neuerdings nicht nur für Rudi Carrell, sondern auch für Jürgen.

Freunde munkeln sogar, daß die beiden privat allerhand füreinander übrig haben. – Ob sie mehr werden als ein musikalisches Gespann? □

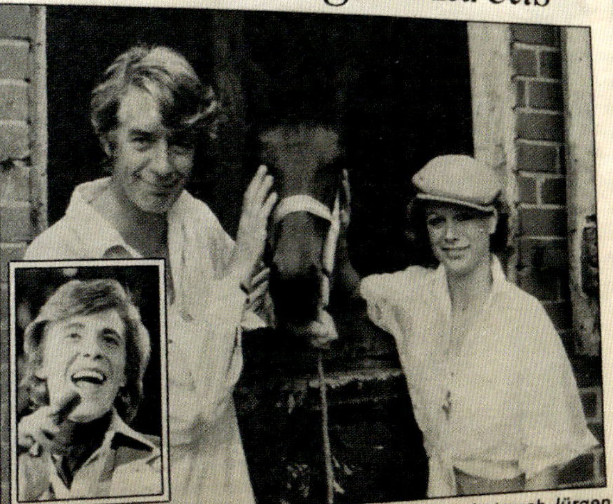

Rudi Carrell schätzt die hübsche Mareike. Nun hat auch Jürgen Marcus (kleines Bild) die Qualitäten der Holländerin entdeckt

Mit Jürgen Marcus konnte es nie etwas werden …

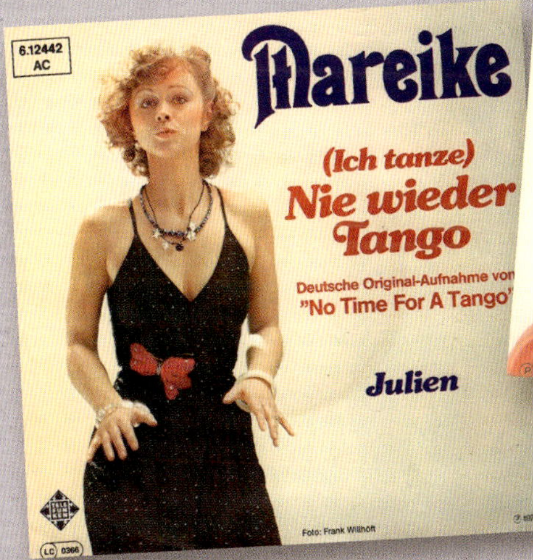

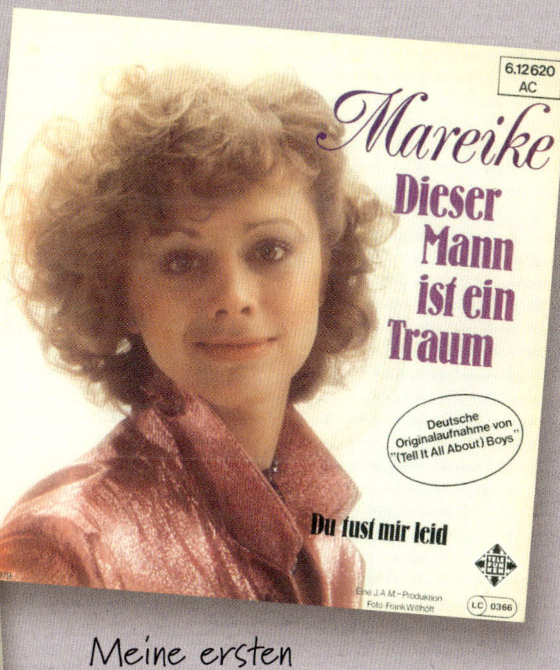

Meine ersten Schallplatten

grauenhaft und hätte mir beinahe das Genick gebrochen. Ich sah aus wie ein kleiner, blondgelockter naiver Engel, der verzweifelt auf den Traum(-mann) wartet.

Hüttenrauch hatte seiner Chefredakteurin Marlis Robels voller Stolz das Plattencover gezeigt und mitgeteilt, dass er mich für ein Casting eingeladen hatte. Ihr Kommentar: „Was soll die denn da, wie die aussieht! Schrecklich! Und das Lied ist auch grottenschlecht!" Sie war halt immer ehrlich. Hüttenrauch setzte sich durch und Marlis wurde in den kommenden Jahren meine Fernsehmutter, liebste Freundin, Wegbegleiterin bis heute und die Patentante meines Sohnes Kay.

Das Casting in Köln war, für die damalige Zeit normal, mit zwei Frauen und zwölf Männern besetzt. Die Frauen waren die damals bekannte Astrologin Elizabeth Teissier aus Frankreich und Marijke Amado aus den Niederlanden. Die Männer wurden vertreten durch Helmut Berger bis Jürgen von der Lippe und Frank Laufenberg. Jeder musste irgendwas machen und das eingeladene Publikum unterhalten. Da habe ich alles aus meinem „Am laufenden Band"-, Neckermann- und Rudi-Schrank gezogen, was ich gebrauchen konnte für diesen Moment. Abends hat Hüttenrauch mir mitgeteilt: „Sie sind es geworden!"
Frank Laufenberg und Jürgen von der Lippe hatten einen ähnlichen Auftritt wie Heinz Eckner und Rudi – Aufleger und Witzbold – und damit war das gewünschte Trio geboren. Keine „Drei Engel für Charlie", sondern mehr „ein holländisches Stück Käse eingezwängt in ein männliches deutsches Sandwich".

Zehn Jahre WWF Club „bahnbrechend Bekloppt" und 400 Live-Sendungen fanden an diesem Tag in Köln ihren Anfang.

Kapitel 4

Der WWF Club

5. September 1980: Klappe zu, „Planschkuh".

In der alten Glanzstoff-Fabrik in Köln wurde im Dachgeschoss ein Studio gebaut: einfach, popelig, wie eine Eckkneipe. Mit Holztischen und -stühlen, und jeder konnte ein Bierchen trinken und eine Kippe rauchen. Mit drei Bühnen rundherum, die damals noch nicht ahnten, welche großartigen und erfolgreichen Künstler dieser Welt in den nächsten Jahren auf ihnen auftreten würden. Da man sich am Anfang nicht sicher war, wie lange die Sendung überhaupt laufen würde, gab man so wenig Geld wie möglich aus. Die Sparsamkeit hat sich im Laufe der nächsten zehn Jahre sehr erfolgreich bewährt. Es muss nicht immer Gold sein, was glänzt.

Wir reisten alle am Donnerstag an und die Sendung wurde am Freitag um 19.00 Uhr im WWF-Programm ausgestrahlt.
Für mich ungewöhnlich nach diesem Sechstagerennen bei Rudi. Hier war eher die Devise: schnell, spontan, aber gut. Wer probt, ist feige!
WWF stand für „Westdeutsches Werbefernsehen" – und wir waren der Club. Viele haben es verwechselt mit „World Wilde Life Foundation" oder „Wir Wuscheln Freitags". Es gab eine Kantine, wo sich im Laufe der nächsten zehn Jahre alle Künstler mit ihrer Unterschrift verewigten und das waren keine kleinen Nummern. In den 90er-Jahren hat irgendein Vollidiot das einfach mit lila Farbe überstrichen – vielleicht war er Analphabet.

Wir hatten einen Besprechungsraum und tauften diesen „Führerbunker". Dort wurde alles besprochen, was wir planten oder kreativ umzusetzen ver-

suchten. Marlis Robels war unsere Redakteurin und die Mutter, Hüttenrauch der Vater der Kompanie. Und wir drei waren für die Dauer der Ausstrahlung deren selbstgezeugte Kinder. Manchmal waren wir wirklich wie Kinder. Frank Laufenberg kam vom Rundfunk, Jürgen von der Lippe von der Gruppe „Blattschuss" und ich von Carrell. Unser Regisseur war Klaudi Fröhlich, während des Krieges geboren und seine ersten Worten waren: „Wann macht es wieder bum bum?". Das haben wir alle am eigenen Leib spüren müssen. Sein Lieblingsgerät war eine Kanone, die er pausenlos einsetzte, mit sämtlichen Füllungen – von Schokopudding und Konfetti bis zu sonstigen explosiven Geschossen.
Ich sollte z.B. mal ein Lied über holländischen Käse „Käse aus den Niederlanden" singen. Ich stand auf einer holländischen Käseattrappe, in der vorne ein Loch war. Man hatte mir eindringlich erklärt, dass ich während der Sendung nicht über dem vor mir platzierten Loch stehen sollte. Aber wie das so ist, bei einer Live-Sendung übernimmt das Adrenalin die Kontrolle und natürlich stand ich über dem Loch. Ich sang die letzte Strophe und dann kam der Schuss. Ich bekam – unglaublich, aber wahr – mit sieben atü, ein Kilo Konfetti in meine Gebärmutter geschossen.
Das Lied konnte ich gerade noch zu Ende singen und wurde dann in den „Führerbunker" geschoben. Dort untersuchte mich ein Gynäkologe, der sofort herbeigerufen worden war, auf dem Direktionstisch nach inneren Verletzungen ab. Das alles zwischen den Törtchen der Bäckerei Rieger aus Köln-Longerich. Mein Sohn kam 12 Monate später auf die Welt und hatte noch ein Häufchen Konfetti auf seinem Kopf. Okay, jetzt übertreibe ich ein bisschen ...

Manchmal waren wir wirklich wie Kinder ...

Wir waren eine Familie. Und selbst in den besten Familien gab es Unruhe und Chaos, so auch bei uns. Nach der ersten Sendung stand das schon in allen Zeitungen: „Am Chaos vorbei!".
Terence Hill war einer der ersten Gäste, der hat Jürgen wirklich voll eine gescheuert, sodass er nur noch Sterne sah. Frank und ich liefen so rum, dass man sich ernsthaft gefragt hat, warum gerade wir ausgesucht worden waren. Ich in einem rosaroten Kleid von C&A, mit einer Frisur, für die ich den

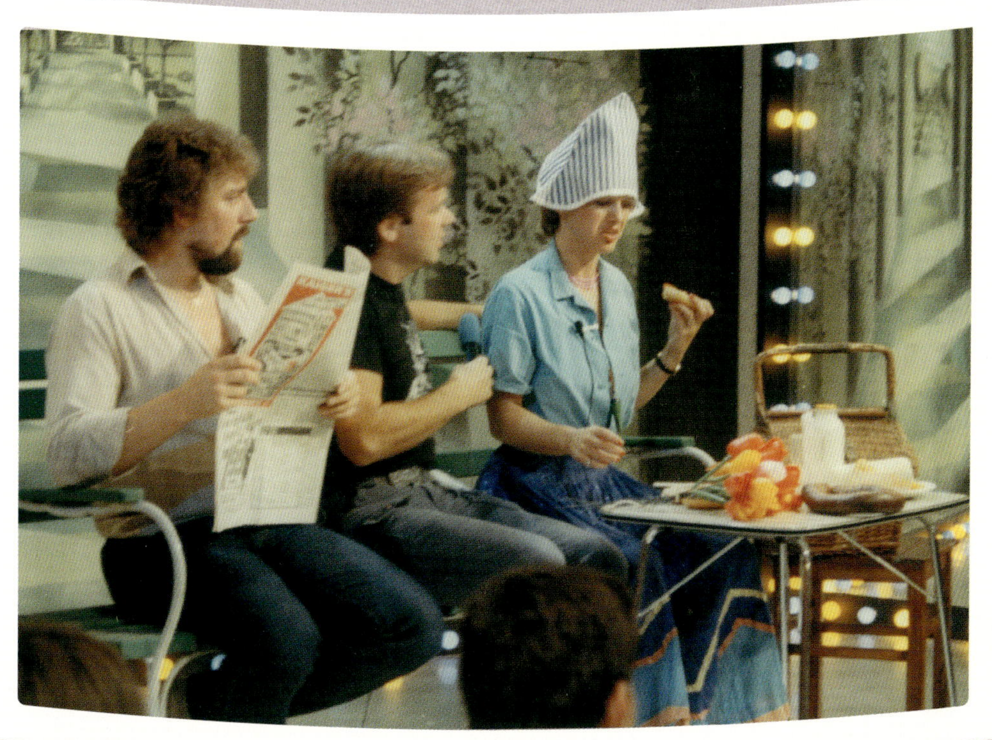

Sketch „Aus Holland kommen gute Produkte"

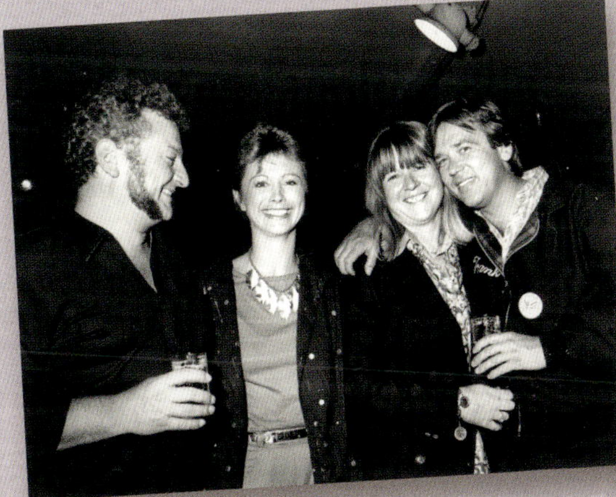

Mit Marlis Robels und Klaudi Fröhlich

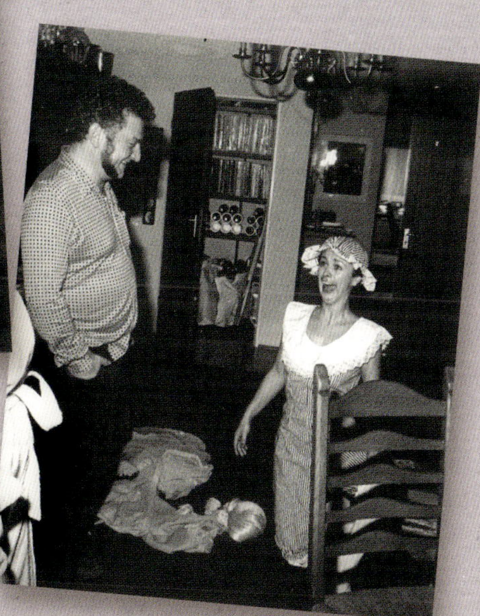

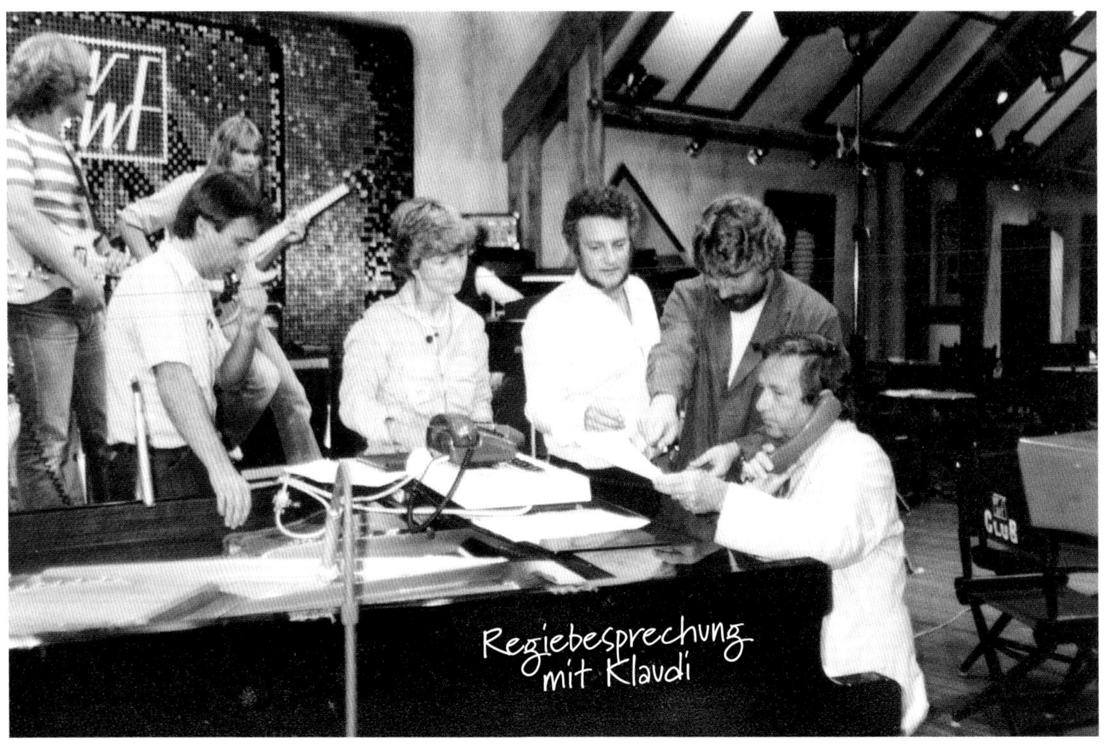

Friseur heute sofort verklagen würde. Frank im blauen Hemdchen, nicht so heilig wie ein Himmelsblau, aber Frank war ja auch ein Mann, aufgewachsen in Köln-Ehrenfeld, und da lernte man halt auch Straßenkämpfe. Und Jürgen im Hausmeisterkittel, denn das war seine Rolle in den nächsten vier Jahren, und die hat er richtig gut gemacht. Nicht zu vergessen unser Roboter Bruno, der in den ersten Sendungen noch als Metallgerüst an der Wand hing, sich aber im Laufe der Zeit immer weiter zu einem selbstständigen Wesen entwickelte. Wir waren unserer Zeit halt voraus.
Nach der ersten Sendung hatte ich eine Wette mit Jürgen von der Lippe: Wer als Erster in der Altstadt von Köln erkannt wird, bekommt 50 DM. Nach zwei Rundgängen sind die 50 DM in meinem Portemonnaie gelandet. Nur er kann sich heute daran nicht mehr erinnern.

Der WWF Club hatte sich als eine Sendung entwickelt, die heute so nicht mehr möglich wäre. Sie war spontan und da sind Dinge passiert, die nicht hätten passieren dürfen, aber so aussahen, als seien sie sehr gut geplant gewesen. Es war eine Sendung für die gesamte Bandbreite aller Generationen und diese wurden musikalisch auch so bedient. Wir hatten das Volkstümliche und die Schlagerparade, z.B. mit Gitte, Roy Black, den Jacob Sisters mit und ohne Pudel, Ilse Werner, Vico Torriani, Roland Kaiser, Howard Carpendale, Rex Gildo, Marianne und Michael, noch alle Kellys, Caterina Valente, Mary Roos, Karel Gott und einfach jeden, der sich im deutschsprachigen Raum auf diesem Gebiet bewegte.

Die gesamte Neue Deutsche Welle.
International anerkannte deutschsprachige Künstler wie Grönemeyer, Falco, Nena, BAP, die Toten Hosen und weitere.
Und internationale Künstler aus den 80ern, wie Tina Turner, Harry Belafonte, Depeche Mode, Eurythmics, Grace Jones, Johnny Cash, Nana Mouskouri, Bonny Tyler, Charles Aznavour, Alice, Roxette oder Elton John. Alle waren da. Und alle für 1.000 DM, und die Plattenfirmen legten noch den Rest dazu. Denn langsam entwickelte sich der WWF CLUB zum Verkaufsschlager der Plattenindustrie. Diese warnte uns immer, wenn schwierige Diven auf uns zukamen. Aber wenn sie zu uns kamen, waren sie Menschen, wie wir alle. Ich kann mich an keinen erinnern, der sich wie eine Diva benahm. Vielleicht noch Demis Roussos oder Milva, aber Professionalität wurde oft verwechselt mit einem schwierigen Verhalten oder Divenhaftigkeit.

Manfred Schmidt war unser Musikdirektor und besorgte uns jeden auf dieser Welt, der singen konnte. Da war er genial – aber sehr speziell.
In einem Sommer bin ich mal mit Marlis und Klaudi gemeinsam nach Martinique in den Urlaub gefahren, in einen Club Med. Manfred wollte auch mit. Ich hatte mit Air France Touristenklasse über Paris gebucht. Als Holländerin bin ich sparsam. Manfred saß zufällig in derselben Maschine, hatte aber das Zehnfache für die Erste Klasse ausgegeben. Ich hatte in der Touristenklasse drei Sitzplätze für mich ganz alleine, während Manfred in der Ersten Klasse neben einer 160 kg schweren Dame aus der Karibik saß, und da wurde es doch ziemlich eng. Nach vier Flugstunden kam er mich besuchen und sah, dass ich königlich verteilt über drei Sitze lag, in einer nicht ausgebuchten Touristenklasse, und er wurde so was von sauer. Im Club Med waren wir als Herr und Frau Schmitt gebucht und das war das Zweite, worüber er sich fürchterlich aufregte. Und das Dritte war das Gemeinschaftsspiel abends nach dem Essen. „Welchem Tier sehen wir ähnlich?“, hieß das Spiel. Ich hatte ihn am Nachmittag beim Schwimmen beobachtet und gesehen, wie die

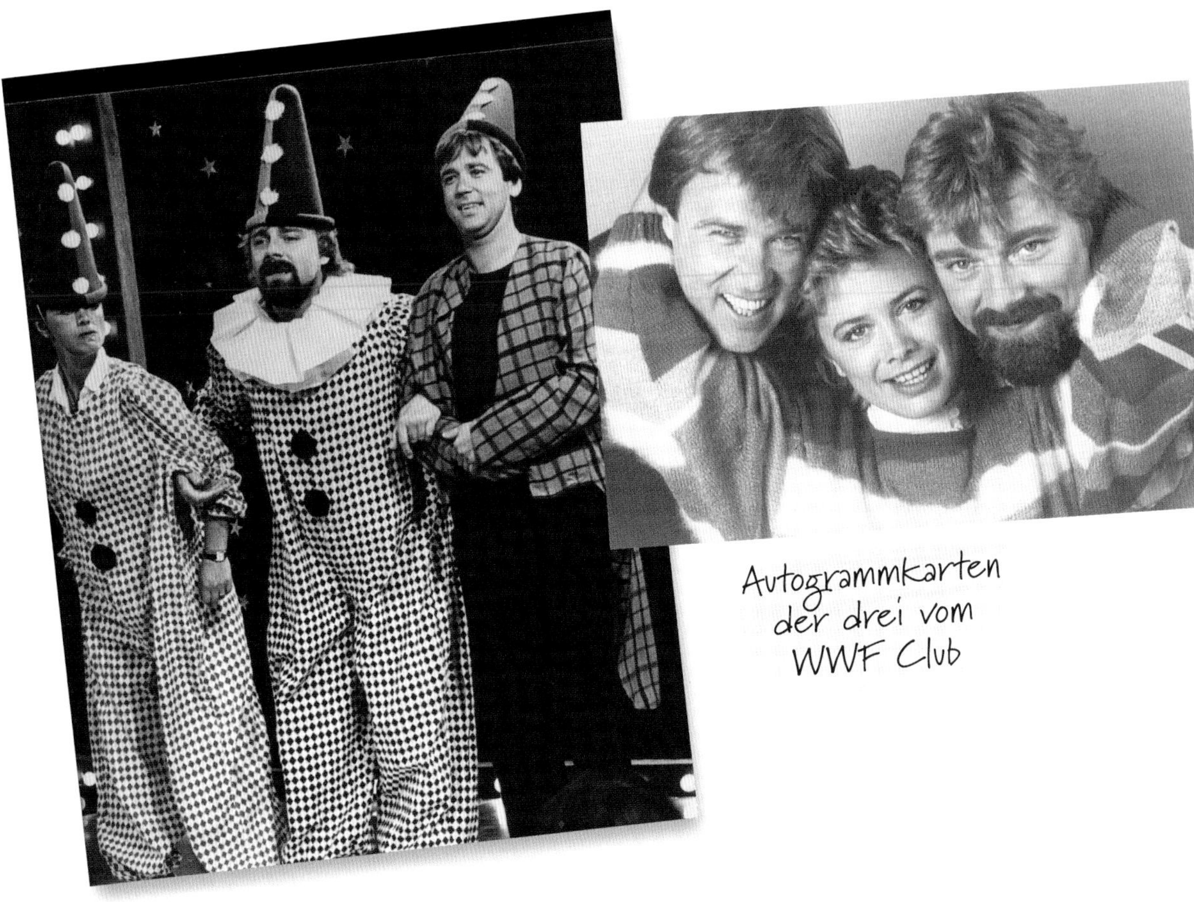
Autogrammkarten der drei vom WWF Club

Luftmatratze nach oben hin zusammenklappte, als er sich bäuchlings darauf legte. Ich habe ihn nur noch seufzen gehört und ein Wasserstrahl bewegte sich aus Mund und Nase. Er sah aus wie ein Walross, das langsam untergeht. Also sagte ich abends beim Spiel: „Du siehst aus wie ein Walross".

Achtung vor männlichen Fettnäpfchen!

Er stand auf, zahlte seine Zimmerrechnung, nahm noch drei Bananenshakes und ist abgereist. Ich war mal wieder ins männliche Fettnäpfchen getappt. Ich glaube, wir haben drei Monate nicht miteinander gesprochen – danach war alles wieder gut. Als Frau konnte man sich eine solche Bemerkung einfach nicht erlauben. Man musste diplomatisch sein – und das war nicht meine stärkste Seite. Ist es bis heute nicht …

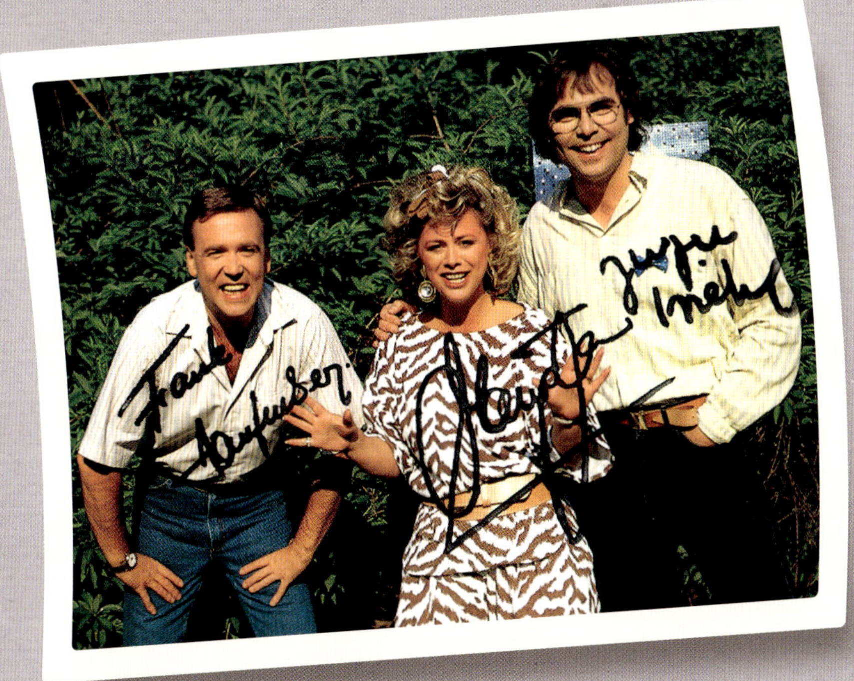

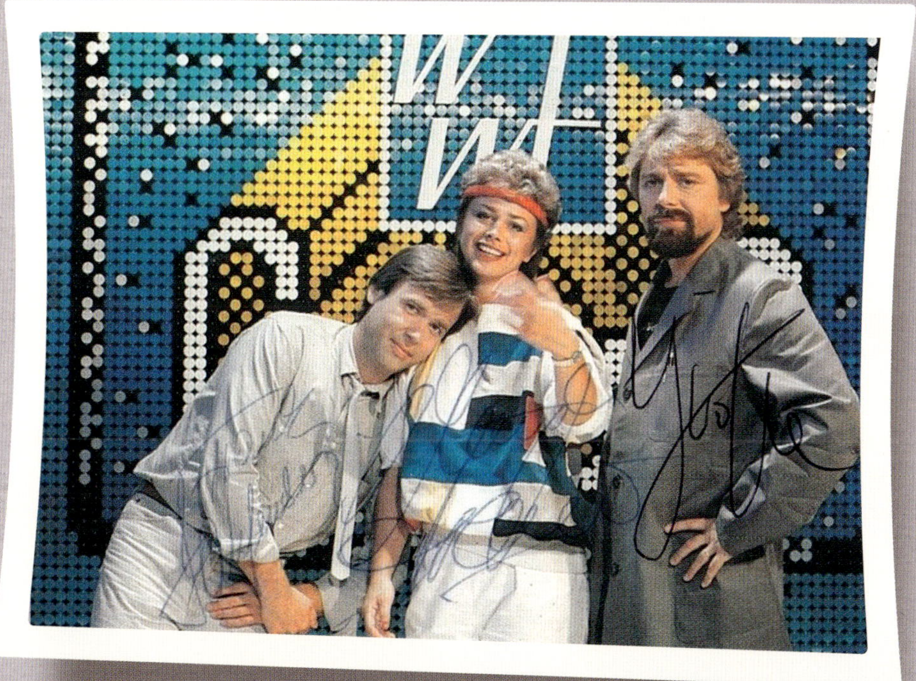

Glücklicherweise hatten wir aber noch andere Gesprächspartner, wie Mohammed Ali, Sylvester Stallone, Mickey Rourke, Eduard Prinz von Anhalt und Frédéric Prinz von Anhalt, den Adoptivsohn Marie Augustes Prinzessin von Anhalt – der Frank zum Ritter schlug und auch Hannelore Kohl.
Sie kam kurz vor der Sendung ins Studio und ich stellte mich vor. Sie schaute an mir runter, ich trug einen Maxirock mit Schnürstiefelchen. Sie sagte: „Die erinnern mich an den Krieg. Ziehen Sie die bitte aus." Wenn man das von der Frau des Bundeskanzlers gesagt bekommt – da gibt es keine Widerworte und man macht das sofort und ganz schnell. Ich lief mit ihr runter und sie zog aus ihrem Koffer ein paar beige-farbene Stiefel, und die habe ich dann auch sofort angezogen. Ich stand tatsächlich die ganze Sendung in ihren Stiefeln.
Später haben wir uns, durch meinen Einsatz für ihre Stiftung, viel öfter gesehen und besucht und ich habe mitbekommen, wie still und traurig ihr Leben zu Ende ging und Licht auch zu Furcht und Dunkelheit führen kann. Diese kleine zierliche Frau mit Schuhgröße 36 werde ich nie vergessen und auch nicht das, was sie aufgegeben hat, um gemeinsam mit ihrem Mann der Bundesrepublik zu dienen. Lasst dieses einsame, traurige Sterben eine Lehre für uns alle sein.

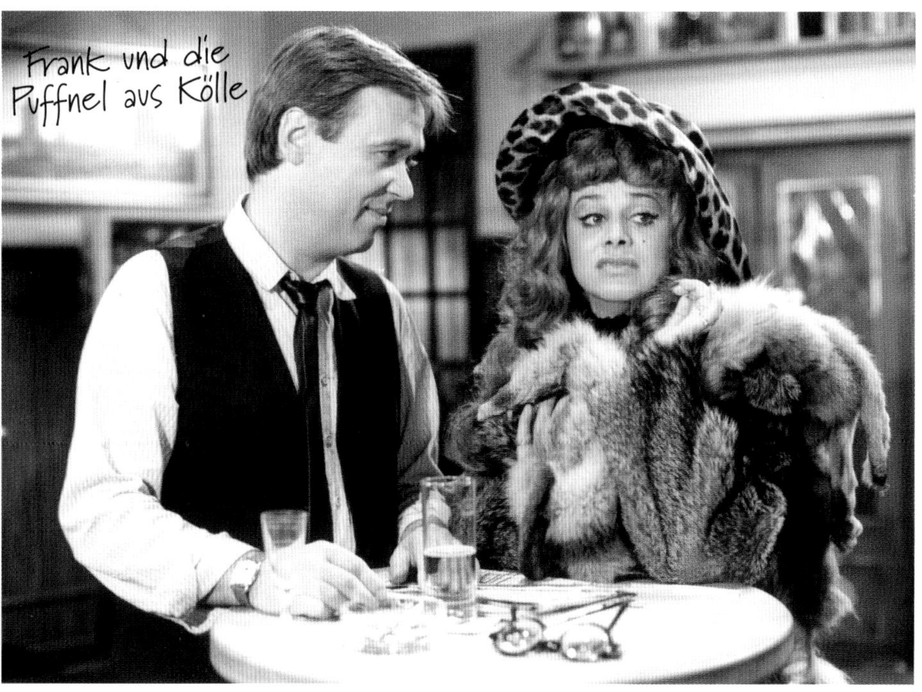

Wenn man im Leben erfolgreich und einflussreich ist, kommt jeden Tag der Bus vor die Tür gefahren mit sämtlichen Andockern oder Mittessern. Wenn die erfolgreiche und einflussreiche Zeit vorbei ist und es wird still, muss jeder froh sein, wenn überhaupt noch einer klingelt ... So ist das mit uns Menschen.

Tina Turner flog zu uns. Unterwegs war ihr Koffer verschollen und sie hatte keine Hose. Sofort haben wir eine Lederhose aus dem Hut gezaubert, die auch passte und an ihr wirklich knackig aussah. Und Tina konnte so gut wie nie vorher ihre Moves hinlegen.

Faltenlos mit Klebeband – Caterina Valente sei Dank!

Caterina Valente zeigte mir, wie man auch ohne Schönheitsoperationen gut aussehen kann. In der Maske klebte sie Klebeband unter ihre Haare und alle Falten waren futsch. Nach der Sendung riss sie das Klebeband wieder runter und sah aus wie sie gekommen war. „So musst du das machen", sagte sie. Vielleicht auch ein guter Tipp für die heute jüngeren Damen, die sich schon mit 20 Jahren operieren lassen.

Julio Iglesias war eine tiefe Enttäuschung, denn ich war die ganze Nacht nervös gewesen, als ich gelesen hatte, dass er auftreten sollte. Welche Frau meiner Generation hat nicht in einer stillen Stunde mal gedacht: „Na, der wäre doch was!" Er kam, und ich sah einen Mann mit extrem hoher Hüfte. Dazu hat man mir in Amsterdam immer gesagt, die sind nicht immer gut im Bett ... Dann hatte er auf einer Seite ein total vernarbtes Gesicht, aufgrund seiner nicht verheilten Pickelchen aus der Pubertät. Als er sang, hat die Kamera immer nur auf seine Schokoladenseite gehalten. Keiner hat ihn im Fernsehen jemals von der anderen Seite gesehen – ich schon.

Über Cliff Richards Liebesleben wusste man nicht viel oder nur Gerüchte, und er hat auf meine sehr direkte Frage, wann er endlich mal heiraten würde, spontan und ohne darüber nachzudenken zugegeben, dass er ein „Tennis Player" sei – das war damals eine Art Deckmantel für Homosexualität. Er war nach der Sendung darüber so sauer, dass Marlis Robels ihm, so glaube ich, zehn Fresspakete und Fruchtkörbe als Wiedergutmachung geschickt hat.

Zsa Zsa Gabor und Frédéric von Anhalt haben nach einem Besuch bei uns gemeinsam ihr Zimmer im Mariott Hotel total demoliert und es gab eine fette, dicke Rechnung für Mutter Marlis.

Gianna Nannini, Rockröhre Nummer Eins aus Italien, rief 15 Minuten vor der Sendung an, dass sie noch in Dortmund sei. Marlis meinte: „Bleiben Sie schön in Dortmund." Und damit hatte sie ganz einfach ein Ei geschlagen über die Rockröhre Nummer Eins aus Italien. „Du machst jetzt Gianna Nannini, zieh dir eine Lederjacke an, toupier dein Haar und mache Playback!" Und so geschah es dann auch. Marlis war schon ein Schätzchen. 15 Minuten später war ich Gianna Nannini. Die Mutter von Thomas Gottschalk saß im Publikum und meinte: „Sie haben aber eine gigantische Rockröhre." Da habe ich zum ersten Mal gemerkt, dass Playback die Zukunft ist.

Wir drei, Jürgen, Frank und ich, erhielten alle dasselbe Gehalt, jeder 2.000 DM pro Sendung brutto, was für damalige Verhältnisse sehr ungewöhnlich war, da Frauen und Männer eigentlich nicht dasselbe verdient haben, so wie heute in vielen Bereichen auch noch. Bei vier Sendungen im Monat war das eine super Sache. Ich konnte davon sehr gut leben.

Jürgen bekam jede Woche einen Hausmeisterkittel.

Das einzig Ungerechte war, dass ich meine eigenen Klamotten organisieren musste, und das schlug sich richtig im Portemonnaie nieder. Frank hatte es da einfacher, immer Jeans, blaues Hemd und für das Hemd hatte er sogar einen Sponsor. Jürgen hatte es noch einfacher, er bekam jede Woche einen Hausmeisterkittel. Ich rannte aber jeden Donnerstag durch sämtliche Boutiquen in Köln, um etwas Anständiges zu finden und meistens hat man mir entsetzt mitgeteilt: „Wie siehst du denn aus!" Ich hatte nach einigen Jahren so die Schnauze voll davon, dass ich einem Schneider, den ich den „Schnellen Willy" nannte, den Auftrag gab, für jede Sendung etwas zu nähen. Das hat er dann auch eine Stunde vor der Sendung gemacht. Er war richtig günstig und verständnisvoll. Ich bezahlte 40 DM für ein Kleid. Aber nach der Sendung fiel das Kleidungstück des „Schnellen Willys" immer auseinander, da es nur schnell zusammengenäht war. Trotzdem fand ich, dass dies den Herren gegenüber keine gerechte Sache war. Als Frau musste man für alles kämpfen, aber in dieser Sache habe ich nichts erreicht.

Wir hatten zwischen den Weltstars auch ganz normale Gespräche mit normalen Bürgern. Mir wurden die weiblichen Themen zugeteilt und alles, womit sich Frauen bis dahin beschäftigt hatten: Kochen wie bei Muttern, alles was mit Kindern, Haushalt, Einrichtung, Schönheit, Adel, Klatsch und Tratsch, Wahrsagen und Astrologie zu tun hatte, war mein Part.
Frank war der Musikexperte und alle Musikinterviews waren ihm vorbehalten, außer Cliff Richard, Harry Belafonte und Julio Iglesias – die habe ich übernommen.
Jürgen machte die Zuschauerpost und hatte seine eigenen Parts und seine Bastelbude mit Bruno, immer flankiert von seinen Witzen und seinem Gefühl für Humor. Die Zuschauer liebten diesen Part und er war ein echter Profi der ersten Stunde.

Der WWF Club hatte ein großes Publikum in den Niederlanden, vor allem im Süden und Osten. Sehr oft haben auch Niederländer geschrieben und Jürgen hat mich dann immer gefragt, was die da genau wollten, bevor er so einen Brief bei der Zuschauerpost vorlas. Eine Frau aus Maastricht hat Jürgen mehrere Fragen gestellt, und ich hatte gerade keine Zeit und sagte Jürgen, er solle ihr nur antworten: „Loop naar de Maan“, was so viel heißt wie: „Du kannst mich mal“. Sofort fühlte sich die Dame aus Maastricht beleidigt und hat sämtliche Zeitungen angerufen, dass eine Holländerin beleidigt wurde durch einen Deutschen im deutschen Fernsehen und viele Holländer fühlten sich zutiefst beleidigt. Jürgen hat sich tierisch darüber gefreut.

Ich wollte nicht verantwortlich sein für neue Aggressionen zwischen beiden Ländern und habe meinen Großvater mütterlicherseits angerufen. Er war vor seiner Pensionierung Lehrer für Geschichte an einem holländischen Gymnasium gewesen. Mein Großvater war bis zum diesen Zeitpunkt nie mehr in Deutschland gewesen, und wenn er nach Italien in den Urlaub fuhr, nahm er lieber einen Umweg über Frankreich. Für ihn war es also eine Überwindung, diese Geschichte aufzuarbeiten. Er kam und hat mit 84 Jahren live folgende Erklärung in der Sendung abgegeben: Dass „Naar de Maan lopen“ eigentlich eine ganz friedliche Aussage sei.

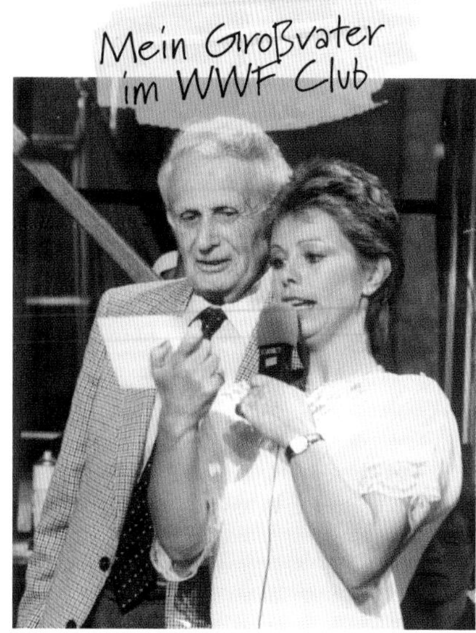

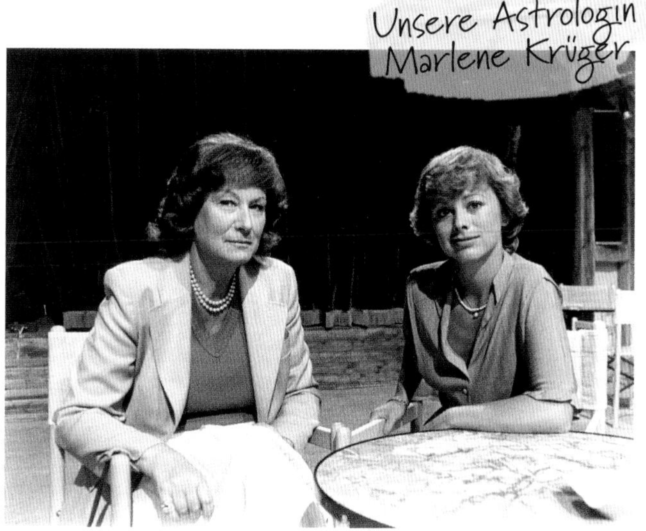

Es hat gewirkt und alle Holländer waren wieder versöhnt und mein Großvater hat an diesem Tag gemerkt, dass es ein neues Deutschland gab, mit einer neuen Generation und dies war nach langer Zeit sein erster, aber auch sein letzter Besuch in Deutschland. Drei Monate später starb er und ich war sehr glücklich, dass ich ihm seine Animositäten genommen habe und er versöhnt nach oben ging.

Fanpost ist nicht immer einfach und konnte auch schon mal Konflikte zwischen Ländern entfachen …

Was für mich damals unendlich schwer war, war der Schlagabtausch zwischen uns dreien. Dabei konnte man nur siegen, wenn die deutsche Sprache die Muttersprache war und in diesem Fall lag ich nicht vorne. Alles war spontan und am Anfang war es so, dass sie, bevor ich überhaupt reagieren konnte und in meinen Gedanken grammatikalisch alles geordnet hatte, schon ein Thema weiter waren. Ich habe dies für mich selbst entwickeln müssen, und das war nicht einfach. Ich konnte keine Schwäche zeigen, denn dann wäre ich total plattgewalzt worden. Dafür zeigte ich dann den berühmten Prinzessin-Diana-Blick.

Am Anfang war ich wirklich unsicher, lief dann immer zu Marlis und fragte: „Wie war ich?“. Dies wurde später zu einem Running Gag. Die Herren waren aber auch nicht immer die charmantesten, muss ich mal sagen. Ich war

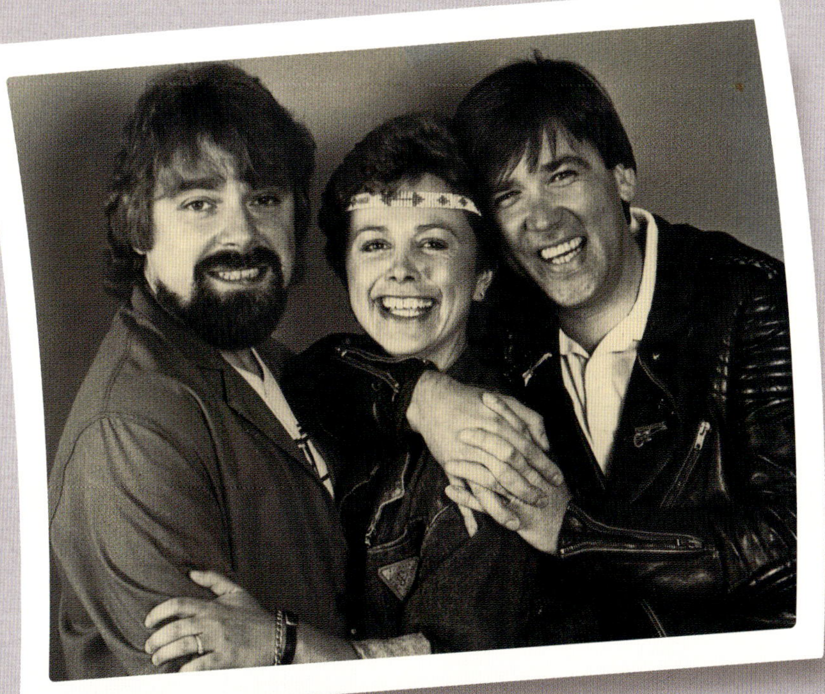

Die drei vom WWF Club

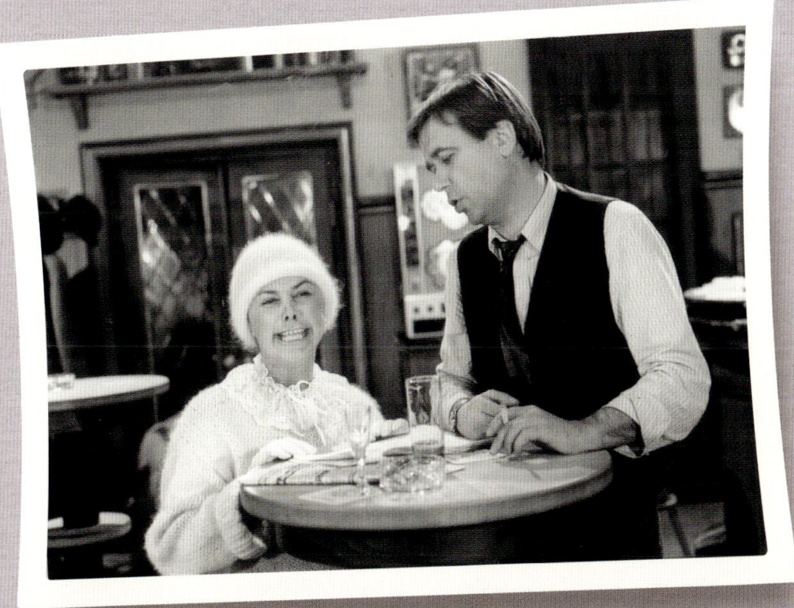

Baby Marijke

natürlich einiges gewohnt durch meine Jahre bei Rudi, aber die zwei waren auch nicht ohne.

Jürgen meinte, wenn ich mal im Bild war: „Tu sie weg!". Auch daran kann er sich heute nicht mehr erinnern, seine Frau Anne schon.
Ich habe lange für meine eigene Klatschecke gekämpft und meinte, es gäbe eine Mangelware in diesem Programm über Adel, Prinzen und Prinzessinnen. Jürgen sagte nach einer Folge: „Weißt du, wo deine Klatschecke geblieben ist? Stell dich in eine Ecke und klatsch."
Frank nannte mich „Planschkuh", auch vor der Kamera. Ich habe erst gedacht, das sei ein Kosename, wie Herzchen oder Schnuckiduckida. Im Duden steht aber ganz etwas anderes: „Eine nicht so nette Bezeichnung für eine beleibtere Dame, kann beliebig erweitert werden zu fette PK, dumme PK, stinkende PK …". Wenn es damals eine #metoo-Debatte gegeben hätte, wäre sie dort richtig angebracht gewesen, wie bei Rudi und seinem Spruch vom fetten Arsch vor der Kamera. Wir Frauen standen damals darüber und haben einfach weitergemacht. Man hatte auch keine andere Wahl.

Verbaler Schlagabtausch mit zwei wortgewandten Muttersprachlern …

Es war ein Kampf, aber auch interessant, toll und eine unglaubliche Erfahrung, bis jeder in dieser Familie seinen Platz und seine Sicherheit erkämpft hatte. Ich bewundere heute noch die Geduld von Mutter Marlis und Vater Hütti. Und irgendwann hatte jeder seinen Platz gesichert und es wurde entspannter. Hüttenrauch nannte mich sein Zirkuspferd. Man öffnete die Arena und das Pferd lief. Marlis war meine weibliche Stütze, meine Seelenfreundin bis heute. Und was hat sie nicht alles geschafft in einer Zeit, in der eine Frauenkarriere gar nicht so selbstverständlich war. Erst ein Medizinstudium, dann doch Fernsehen. Chefredakteurin beim WWF und jede Woche, zehn Jahre lang, die Verantwortung für eine große Unterhal-

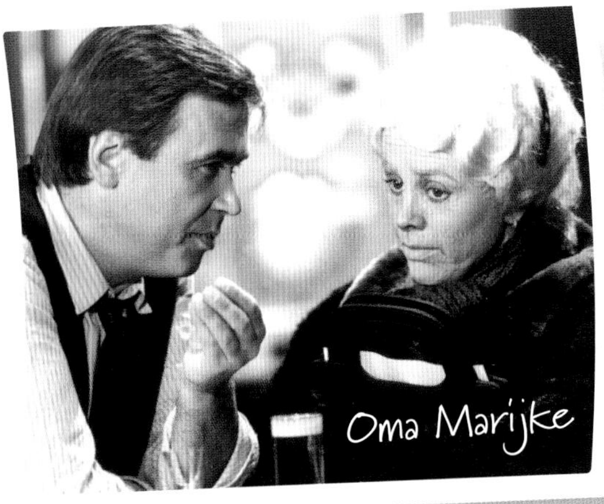
Oma Marijke

tungsshow. Dafür braucht man heute 30 Redakteure. Sie war auch Landtagsabgeordnete der CDU in NRW und gleichzeitig immer für jeden da, der sich irgendwie unwohl fühlte oder ein Problem hatte oder heute noch hat. Sie ist jetzt 81. Chapeau, liebe Marlis.

Frank sagte immer noch Planschkuh, Jürgen aber nicht mehr: „Tu sie weg" – er ging selbst weg. Klaudi entwickelte Jürgens neue Sendungen im WDR mit und es kamen für uns andere Regisseure, die Klaudis Job übernahmen, wie Fythe Schaller, Klingenfuß und Stefan Bartmann. Jürgen Triebel kam für Jürgen von der Lippe – und auch er war ein begnadeter und talentierter Musiker und Schauspieler. Seine musikalischen Talente hat er eingesetzt, um einige Medleys zu schreiben von Liedern aus vergangenen Zeiten. Eins sollten Jürgen Triebel und ich während einer gigantischen Show bei der Funkausstellung in Berlin vortragen.

Es war nach dem Sommer, in dem ich schwanger wurde. Marlis hat mich im Urlaub immer angerufen und gefragt, ob man schon etwas sehen könnte, denn sie hatte bei Tante Louise in unserer Kostümabteilung ein tolles Outfit für diesen Auftritt bestellt, nach meinen ursprünglichen Maßen geschneidert. Ich habe aber immer gesagt, dass man kaum was sehen könne – und das Kleid könnte man immer noch auslassen. Der Auftritt war im September und ich bin nach Berlin geflogen, mit 15 Kilo mehr auf die Rippen. Das Kostüm konnte nicht weiter ausgelassen werden – und da hat Tante Louise eine rosa Glitzergardine genommen von einem türkischen Textilmarkt in Berlin. Hat mir oben ein Loch reingeschnitten, durch das mein Kopf durchging, einen passenden Gürtel unter den Bauch gesetzt und das Ganze nochmal hochgeschubst. Zusätzlich hat sie mir auf den Kopf eine fürchterliche rosa Perücke gesetzt. Jürgen stand daneben, in einem Anzug aus den 30er-Jahren, mit einer viel zu kurzen Hose. Hinter der Bühne warteten wir auf unseren großen Auftritt. Gilbert Bécaud sollte nach uns auftreten und fragte auf Französisch, wer denn die beiden Idioten seien? „Qui sont les deux Fous la bas?"
Unser Medley kam super an und der riesen Saal tobte. Als wir von der Bühne runterkamen, guckte Gilbert Bécaud ganz erstaunt und sagte: „Die Deutschen haben aber einen komischen Geschmack". Da hatte der französische Vater mal Recht, denn ich habe noch nie so bescheuert ausgesehen, bei keinem einzigen Auftritt im deutschen Fernsehen.

Mit Jürgen von der Lippe habe ich in diesen vier Jahren ja oft gemeinsam gefrühstückt, wir wohnten immer in demselben Hotel. Er in seinem Pyjama und ich in meinem. Und es ist nicht so, wie Sie jetzt denken. Verwechseln Sie mich nicht mit Margarethe Schreinemakers, mit der er kurz verheiratet war.

Das Schönste waren die Slapsticks, die Sketche, die umgesetzten Filmgeschichten und kleinen Serien, die wir mit so viel Spaß gemeinsam produziert haben. Und dies in einem solchen Schnelltempo, das wäre bei Rudi Carrell undenkbar gewesen. Für ihn auch unvorstellbar, dass er als Gast in den WWF Club kam. Er wurde so oft eingeladen, ist aber nie gekommen. In keine der 400 Sendungen, er fand es zu ungeprobt.

Gala-Abend in der rosaroten Glitzergardine …

Klaudi, unser Regisseur, war grandios. Er hatte so viel Spaß, dass er uns alle mit seiner Begeisterung angesteckt hat. Er kam mit immer neuen Ideen, wie z.B. der Hochzeit von Charles und Diana. Eine ganze Sendung haben wir diese Hochzeit nachgespielt. Mit echten von Pferden gezogenen Kutschen, einem unglaublichen Aufwand, und mit zwei Doubles für Diana und Charles, die sehr echt aussahen. Jürgen spielte den Bischof von Canterbury. Frank und ich waren Prinz Philip und Königin Elizabeth. Wenn jemand sich das heute noch mal anschaut, ist es ein Stück deutscher Unterhaltung, die es so nicht mehr gibt. Filmszenen wie Bonny und Clyde oder alte Filme von Grace Kelly wurden 1A umgesetzt.

Bei vielen Auftritten von Künstlern haben wir mitgespielt, doch nicht jeder Künstler fand dies witzig. Tommy Steiner z.B. reiste direkt nach seinem Auftritt nach Südamerika, weil er dachte, er könne sich nie mehr in Deutschland zeigen. Und dies nur, weil wir seinen Titel – nach unserer Meinung – künstlerisch aufgewertet hatten. Der WWF Club hatte sich zu einer Spielwiese entwickelt, auf der man alles machen konnte, und Hüttenrauch hat uns alles machen lassen.

Im Jahr 1985 habe ich verkündet, dass ich schwanger war. Ich war damals 31 Jahre alt. So ist das bei Frauen mit 31. Da wird es unruhig. Die Uhr tickt und natürlich auch bei mir.

Jeden Tag schrieb meine Gebärmutter an mein Gehirn eine E-Mail (damals war es noch Fax): „Hallo, ich langweile mich so. Hier passiert nichts. Wir werden nicht jünger, die Zeit läuft. Mach was, mach mal ein Upload."
Ich war übrigens die erste Frau in Deutschland, die bis zum neunten Monat im Fernsehen gearbeitet hat und dies auch öffentlich zeigte. Nicht, dass dies immer so herrlich war, aber die Konkurrenz trampelte schon vor der Tür und ich hätte vielleicht meinen tollen Job verloren als Alleinerziehende, denn der Vater war schon futsch. Hütti und Marlis haben mir die Stange gehalten und solange ich mich gut fühlte, konnte ich weitermachen. Obwohl sämtliche Frauenvereine und Kinderschutz-Organisationen sich einzumischen versuchten. Bis zwei Wochen vor der Geburt.

Man hatte extra einen Tisch für mich anfertigen lassen, unter dem ich den Bauch verstecken konnte, das Gesicht blieb ja einigermaßen normal. Herr Nowotny meinte, ob es nicht Zeit wäre, dass ich endlich mal aufhörte! Das musste der gerade sagen, mit seinen 1000 Berichten aus Bonn.
In der Weihnachtssendung 1985 kam Rudolf Schock als Gast, und der bekam gleich einen Schock, als er mich sah. Während er sang, sollte ich den Weihnachtswagen mit einem darin sitzenden Weihnachtsengel ziehen. Er fragte Frank, wer ich denn wäre, und Frank konterte: „Sie ist das Engelchen, du Arschloch!"
Schock war unter Schock. Frank war immer frech, er kam ja aus Köln-Ehrenfeld und da redete man nicht um den heißen Brei herum.

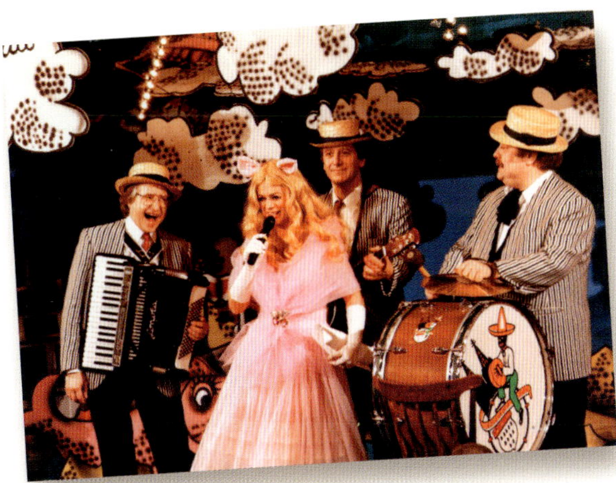

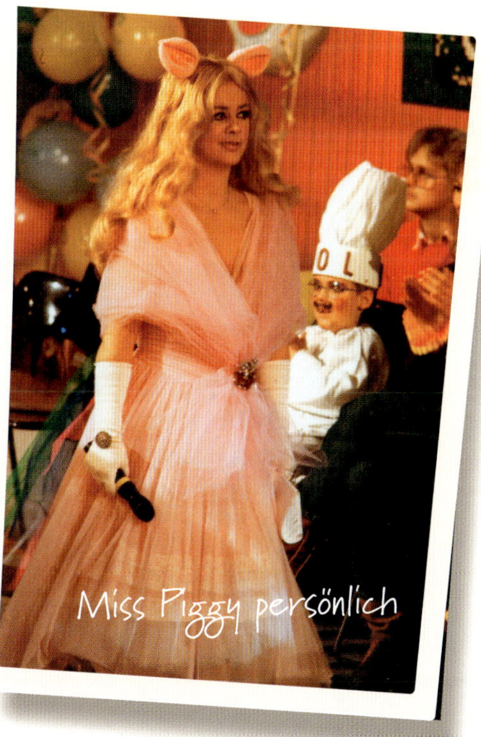

Miss Piggy persönlich

Am 11. Januar 1986 kam Kay. Ein Bombenbaby von fünf Kilo und noch etwas mehr. Er hatte ja neun Monate lang sämtliche Künstler und ihre Musik erlebt und seine Muskulatur im Bauch fleißig trainiert. Als Professor Dr. Klöck aus Köln mich sah, rief er sofort seine Frau an: „Du, Schatz, das glaubst du nicht. Ich habe hier eine Patientin, deren Bauch genauso groß ist wie der ganze Körper, das habe ich noch nie gesehen."

Das Beste, was mir im Leben passiert ist: mein Sohn Kay

Kay kam per Kaiserschnitt, ein echter „Kölsche Jung", so stand es am nächsten Tag in allen Zeitungen. Nach zwei Tagen im Krankenhaus stand schon das Kamerateam vor der Tür, obwohl ich noch halbtot war, und Kind und Kegel wurden per Live-Übertragung in die Sendung mit eingebaut. Ich hatte mal ein Foto der amerikanischen Schauspielerin Jane Seymour gesehen, auf dem sie mit einer wunderbaren Flechtarbeit in den Haaren und dem Baby posierte. Das wollte ich auch und Christa Metz, Friseurin aus Köln, kam in das Krankenhaus und hat mich im Rollstuhl in das Badezimmer geschoben, um vier Stunden lang in meinem kurzen Haar diese gleiche Flechtarbeit mit Haarteilen hinzubekommen. Es sah schrecklich aus! Eins kann ich euch sagen: „There is no business like showbusiness!"

1989 fiel die Mauer und das Vorabendprogramm musste umgestaltet werden. Das war für uns nicht günstig und bevor wir getötet wurden, haben wir selbst aufgehört. Mit einer letzten Sendung und einem Lied „Alles hat ein Ende, nur die Wurst hat zwei" haben wir uns verabschiedet. Eine fantastische Zeit und meine wirkliche Schule in der Unterhaltung ging zu Ende. Hüttenrauch sagte mir bei der letzten Sendung: „Jetzt fängt das harte Leben an. Du musst stark bleiben." Da hatte er Recht, denn es lebten reichlich mehr Haie im Haifischbecken als ich jemals gedacht hatte, in diesen beschützten Jahren beim WWF Club. Ich denke so gerne an diese Zeit zurück. Mir wurde im Leben eine Möglichkeit geboten, für die ich heute noch sehr dankbar bin.

Ich war erstmal arbeitslos und musste mir ganz schnell etwas einfallen lassen, und so kam es auch. Eines hatte ich in der Zwischenzeit im Leben gelernt: „Never give up!"

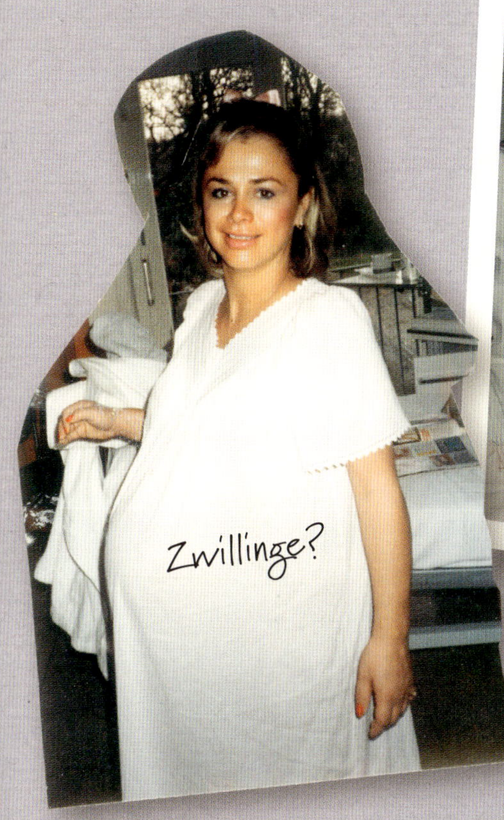

Zwillinge?

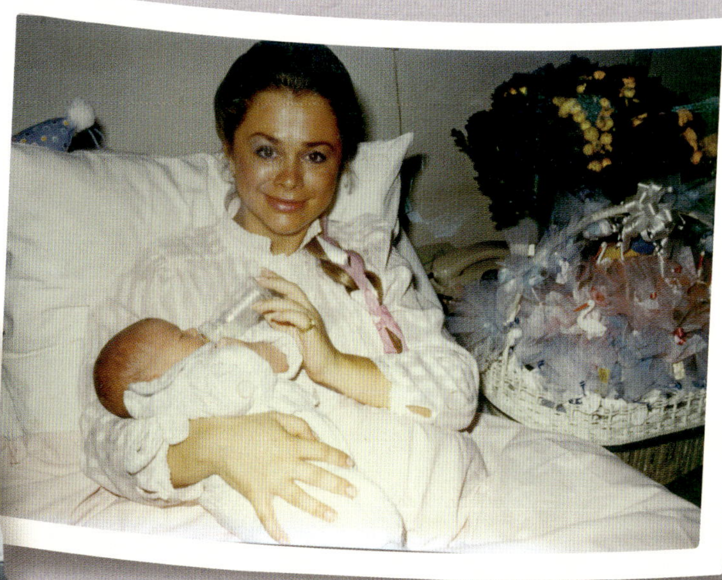

Life-Übertragung aus dem Krankenhaus

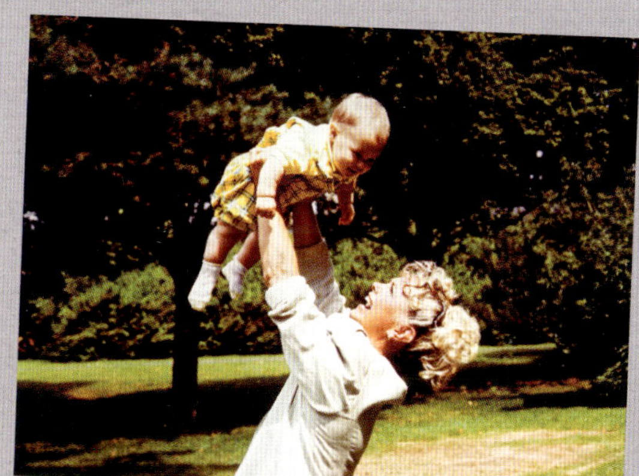

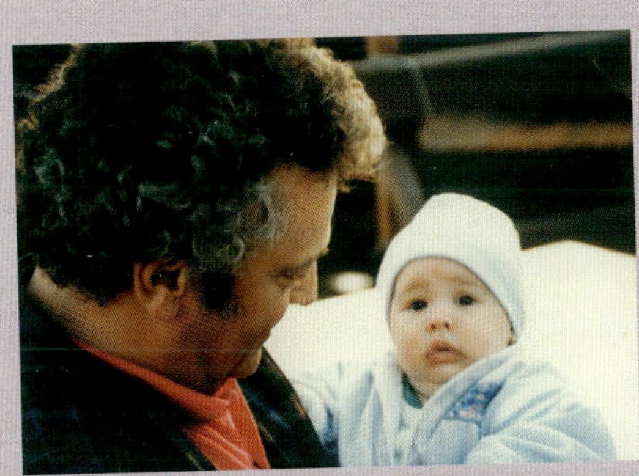

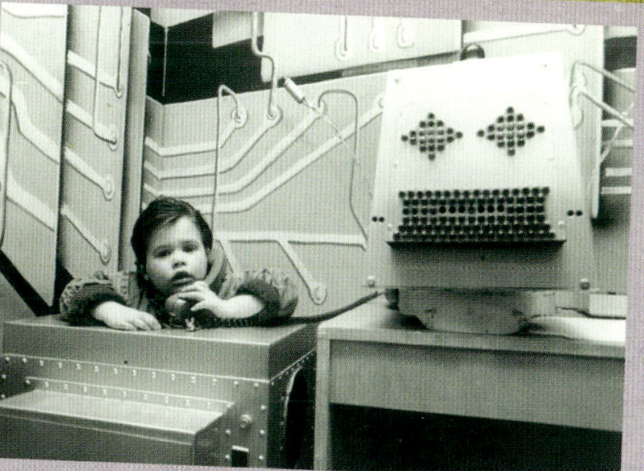

Kay im WWF Club

Kapitel 5

Mein Weg zu RTL

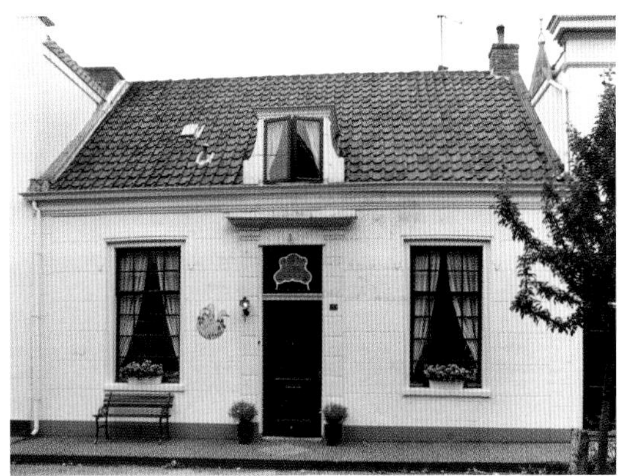

Mein Häuschen in Naarden-Vesting aus dem 19. Jahrhundert

In der Zwischenzeit wohnte ich wieder in den Niederlanden. In Naarden-Vesting hatte ich ein kleines Häuschen aus dem 17. Jahrhundert gekauft, mit viel Einsatz umgebaut und sehr schnuckelig gemacht.

In den 80er-Jahren hatte ich auch mehrere Sendungen in den Niederlanden. Eine Nachmittagsshow „Tijd voor Marijke“ (Zeit für Marijke), die jeden Mittwochnachmittag ausgestrahlt wurde und die ich von Grund auf mit einem kleinen Team aufgebaut habe. Ich arbeitete auch redaktionell fleißig mit, und der TROS Fernsehsender hat sich jede Woche über das Ergebnis gefreut. Bis dahin fingen die berühmten Holländer im deutschen Fernsehen erst in den Niederlanden an, bevor sie nach Deutschland auswanderten. Wie Rudi oder Lou van Burg („Der goldene Schuss“). Bei mir war es umgekehrt. Ich kam von Deutschland in die Niederlande. Daher hatte ich einen schweren Stand, denn die Kriegserinnerungen saßen noch tief. Auch bei der Unterhaltungsabteilung der TROS. Die sahen in mir eine Art Überläufer, wie Johannes Heesters. Nur mit dem Unterschied, dass ich nichts mit diesem Krieg zu tun hatte. Ich war noch nicht auf der Welt als er stattfand.

Trotzdem begrüßte man mich öfter mit einem Kriegsgruß. In Deutschland anfangen und nachher zurückkehren in die Heimat, war in diesen Jahren

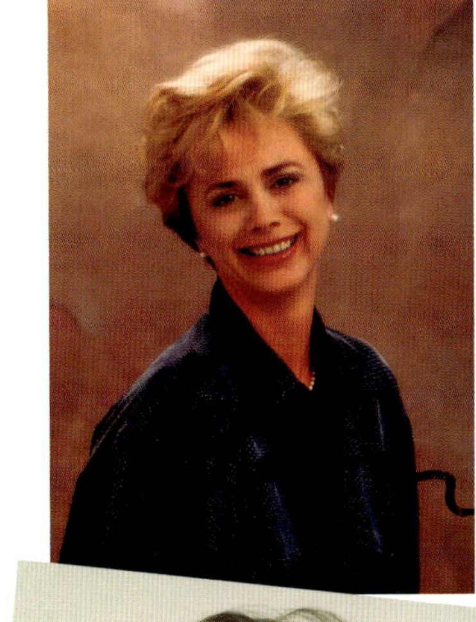

nicht gerne gesehen. Ich fand das so was von ungerecht und idiotisch. Meine ganze Jugend habe ich in den Niederlanden verbracht und war Niederländerin. Ich habe genau das gefühlt, was viele aus der Nachkriegsgeneration in Deutschland auch gespürt haben: für etwas verantwortlich gemacht zu werden, für das man nichts konnte. Das ist ein schlimmes Gefühl. Ich habe dann immer gekontert, dass ich in den 70er-Jahren im Senegal auf der Insel Gorée war (benannt nach Gorée-Overvlakkee in Zeeland). Dort, von wo aus die Niederländer in der Kolonialzeit die ersten Sklaven nach Amerika transportiert hatten.

Von mehreren Touristen wurde ich damals auch als Sklaventreiber beschimpft, da ich Niederländerin war.

Wir Niederländer haben auch unsere dunklen Seiten in den Geschichtsbüchern, für die ich natürlich diese Herren auch nicht verantwortlich machte. Da waren sie gleich still. Nach einem Jahr wurde ich zu einem redaktionellen Meeting eingeladen, um neue Ideen für das kommende Jahr zu erarbeiten. Am Tisch saß ein Mann, den ich nicht kannte. Nach drei Stunden Ideen zusammenschreiben, teilte man mir knallhart mit: Danke für Ihre Ideen, aber im nächsten Jahr haben wir einen Produzenten für die Sendung und seine Schwester macht die Moderation. Wir brauchen Sie nicht mehr. Tschüss, Frau Amado!

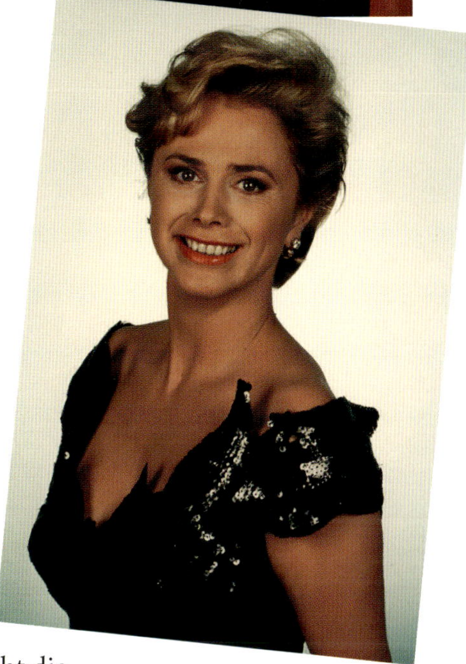

Ich war echt nicht glücklich und musste trotzdem noch eine Sendung machen. Die Sendungen waren live. Und es war das erste und einzige Mal, dass im niederländischen Fernsehen der Bildschirm schwarz blieb, da ich zu der Sendung nicht live erschien. Besser gesagt, ich erschien gar nicht.

Man nannte mich die Jeanne D'Arc des Fernsehens und jeder weiß, dass sie auf einem Scheiterhaufen verbrannt wurde. Kämpfer werden nicht immer für ihren Mut belohnt.

Dazu gehörte schon Mut, einfach weg zu bleiben und „fuck you" zu sagen. Ob das für meine niederländische Laufbahn die beste Entscheidung war, glaube ich nicht. Aber manchmal sollte man im Leben deutlich mitteilen: Mit mir so nicht! Ich hatte meinen Stolz und das war, was zählte.

Manchmal sollte man im Leben deutlich mitteilen: Mit mir so nicht!

Ein halbes Jahr bevor der WWF Club zu Ende ging, 1990, haben wir erfahren, dass Schluss ist, aber es musste Brot auf den Tisch. Kay war vier Jahre alt und ich alleinerziehend. Ich hatte einen ganzen Koffer voll mit Fernsehkonzepten und Ideen und habe Hannes Hoff angerufen.
Ich hatte um 11.00 Uhr einen Termin bei ihm. Es herrschte viel Stau auf dem Weg von den Niederlanden nach Deutschland, und ich kam 15 Minuten zu spät an. Notgedrungen parkte ich auf einem Behindertenparkplatz, was ich sonst nie machen würde. Ich rannte nach oben, wo Hannes Hoff schon wartete. Ich packte meinen Koffer aus und wollte gerade anfangen, ihm sämtliche Ideen zu präsentieren, da sagte er: „Wissen Sie, packen Sie Ihre Sachen wieder zusammen, vielleicht haben Sie noch etwas von dem verdienten Geld für ein Bahnticket übrig und fahren Sie zu sämtlichen Fernsehanstalten, vielleicht will Sie jemand dort noch haben, aber ich glaube nicht." Ich habe erstmal gedacht, das meint er nicht ernst oder es sei ein Witz. Ich hatte gerade zehn Jahre lang die erfolgreichste Sendung in NRW moderiert.
„Das kann sein, aber ich habe nichts für Sie." Das waren seine letzten Worte, er nahm sein Telefon und wollte weiterarbeiten. Ich wurde eiskalt abserviert.
Unten wartete die Polizei auf mich, da ich mein Auto ja falsch geparkt hatte. Ich sagte zu dem Polizisten: „Das passt schon, ich habe gerade anscheinend mit einem männlichen Behinderten gesprochen." Die Strafe habe ich natürlich bezahlt. Unser erstes Gespräch war mega-gut verlaufen, das Zweite mega-schlecht. Wir haben uns nie wiedergesehen.
Seinen Rat habe ich aber befolgt, denn mein nächster Weg führte mich, nach einem kleinen Umweg, zu RTL.

Im niederländischen Fernsehen liefen einige Formate, die damals in Deutschland nicht gezeigt wurden. Es fand zu dieser Zeit keine Zusammenarbeit zwischen niederländischen und deutschen Produktionsfirmen statt. Es gab eine Sendung, die mich sehr interessierte, und Kay war gerade in dem

Alter, in welchem wir gemeinsam diese Sendung in Holland geschaut haben, mit dem Erfinder und Moderator Henny Huisman.
Ich rief die Produktionsfirma Van den Ende Produkties an und fragte nach einem Termin. Nicht einmal, sondern jeden Tag habe ich angerufen. Frau van Oeveren am Ende der Leitung sagte immer, sie gäbe es weiter.
Nach einem Monat Warten und immer noch keinem Termin, habe ich selbst die Initiative ergriffen, habe mir ein Tupperware-Döschen mit Brot gepackt und einen Liter Wasser, und bin zur Produktionsfirma Van den Ende gefahren. Ich habe mich dort im Korridor positioniert und gewartet, bis jemand mit mir spricht. Um 11 Uhr war ich da, und endlich, um 17.00 Uhr, nach mehrfachem Nachfragen, sagte Frau van Oeveren, die Herren seien in wichtigen Gesprächen. Es gingen immer Türen auf und zu, aber ich blieb stur sitzen und wartete geduldig ab.

Es gab eine Sendung im niederländischen Fernsehen, die mich sehr interessierte …

Mehrfach wurde aus dem Raum gefragt, ob ich immer noch da sei.
Endlich war es soweit und gegen 17.00 Uhr wurde ich in einen Raum geführt, in dem ungefähr zwölf Männer in Anzügen saßen – wichtig, wichtig, wichtig – darunter auch Joop van den Ende. Ich fragte, ob ich einige Aufzeichnungsbänder der Sendungen, die dort produziert wurden, haben könnte, darunter auch die Mini Playback Show. Ich würde versuchen, diese in Deutschland für sie zu verkaufen. Die Herren haben erstmal gelacht und nahmen mich nicht ernst. Verkaufen? In Deutschland? Sie?
„Ja", sagte ich, „ich würde das gern versuchen".
Nach einigen Wortwechseln zwischen den Herren und Joop van den Ende, meinten sie: „Verlieren kann man dabei nichts. Wir geben Ihnen die Bänder."
Um 19.00 Uhr stand ich mit den gewünschten Bändern draußen und das war das Wichtigste. Ich hatte mein Ziel erreicht. So etwas nennt man Durchsetzungsvermögen.

Am darauffolgenden Montag hatte ich einen Termin mit Dr. Thoma von RTL, damals noch in der Aachener Straße in Köln, und eine „Zauberkugel" in meiner Tasche.

Was ich zu diesem Zeitpunkt noch nicht wusste war, dass die Herren bei Van den Ende den ganzen Tag im Meeting saßen, da sie in großen finanziellen Schwierigkeiten waren. Die Zeitungen berichteten hierüber seinerzeit in großem Umfang. Van den Ende hatte einen neuen Sender, TV 10, in den Niederlanden nicht genehmigt bekommen. Aber alle niederländischen Stars waren schon vertraglich bei ihm gebunden. Der Minister Brinkmann hatte das Vorhaben verhindert.
Am Montag fuhr ich mit meinem kleinen Peugeot 205 in Richtung Köln. Es war schönes Wetter und ich trug ein weißes Kleid. Kurz nach der Grenze bekam ich das Gefühl, dass sich irgendetwas auf meinem Sitz bewegte. Ich bin dauernd weggerutscht, bin aber weitergefahren – und erst beim Aussteigen in Köln habe ich gesehen, was es war.

Dr. Thoma hatte ein Näschen für gute Unterhaltung und war so mutig, sofort allein Entscheidungen zu treffen.

Mein kleiner Sohn hatte immer Spaß am Leerräumen meiner Tasche und hatte bei der Ausübung seines Hobbys einen roten Lippenstift auf dem Sitz zurückgelassen. Durch die Wärme war dieser rote Lippenstift über mein gesamtes Hinterteil, wie ein großer roter Fleck, verteilt. Es sah furchtbar aus, aber auch sehr komisch.
Ich ging in die Eingangshalle zur Rezeption. Meine Aktentasche immer schützend hinten gegen mein Kleid gepresst.
Der Fahrstuhl brachte mich hoch und ich wurde in das Zimmer von Dr. Thoma gebracht. Da standen schwarze Ledersessel und ich habe sofort mitgeteilt, dass er bitte einige Zeitungen auslegen solle. Ich hätte zwar nicht meine Periode, obwohl es so aussah, aber ich hätte drei Stunden auf einem roten Lippenstift verbracht.
Das Eis war gebrochen und Dr. Thoma musste herzlich lachen. Er legte Zeitungen aus und ich die Bänder ein. Damals waren das noch VHS-Bänder – und er war begeistert. Er wollte sofort wissen, wer diese Mini Playback Show produzierte und wollte sie sofort haben.

Dr. Thoma hatte ein Näschen für gute Unterhaltung und war damals so mutig, sofort allein Entscheidungen zu treffen. Heute ist das undenkbar. Da braucht man 22 Meinungen, 20 Sitzungen und 33 Kalkulationen. Meine einzige Bedingung war: Nur mit mir als Moderatorin!

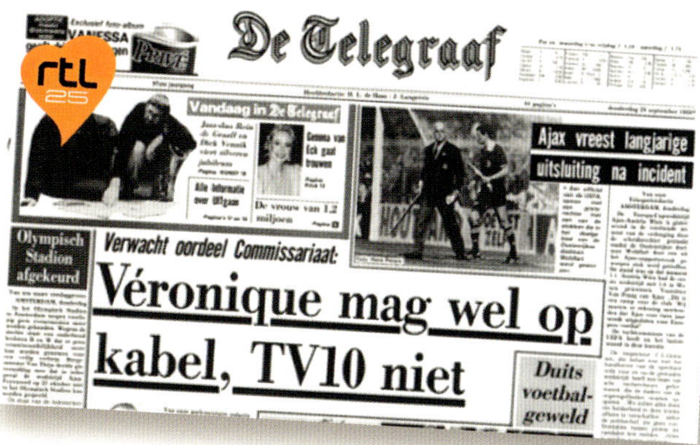

De Telegraaf

Vandaag in De Telegraaf

De vrouw van 1,2 miljoen

Ajax vreest langjarige uitsluiting na incident

Olympisch Stadion afgekeurd

Verwacht oordeel Commissariaat:

Véronique mag wel op kabel, TV10 niet

Duits voetbal-geweld

Schlagzeile „De Telegraaf“, 28. September 1989

Es wurde sofort ein Telefonat organisiert, und ich habe voller Stolz und Freude Joop van den Ende mitgeteilt: „Ich habe es verkauft!“. Und dies keine drei Tage später. Keine Tupperware und Wasser mehr, dafür wurde der rote Teppich ausgelegt. So schnell kann sich das in diesem Geschäft ändern. Wir fuhren nach Aalsmeer und wurden wie die königliche Familie empfangen. Der Deal wurde unter Dach und Fach gebracht und Verträge für viel Geld unterschrieben. Es sollten in den kommenden Jahren noch viele Verträge für viel Geld folgen. Van den Endes Probleme waren gelöst, und es war der Anfang von jahrelangen Millionendeals. Zwei Jahre später kam John de Mol dazu und daraus wurde später Endemol.
Ich habe Joop gefragt, was außer der Moderation für mich noch bliebe. Er sagte: „1000 Dank für diesen Einsatz. Ich bin ein Mann. Ein Mann – ein Wort! Dir wird es ab jetzt gut gehen. Dein Sohn kann überall auf der Welt studieren und du bekommst einen hohen Posten in unserer deutschen Produktionsfirma und wirst immer dabei sein und mitverdienen.“
Das glaubt man dann.

Ich habe den Herren aus Holland acht Jahre lang Erfolg gebracht, wurde vertraglich bei RTL untergebracht – was die Hollaender nichts kostete – und von all dem, was mir damals zugesagt wurde, habe ich nichts gesehen, ganz im Gegenteil. Nach acht Jahren erfolgreicher Mini Playback Show wurde mir noch die Sendung weggenommen. Hätte ich damals juristische Beratung gehabt, hätte ich keine Sorgen mehr in meinem Leben gehabt. Es wäre mir viel Elend erspart geblieben.
Und es wurde auch noch ganz anders dargestellt. In Joop van den Endes Biografie, geschrieben durch einen bekannten holländischen Journalisten, steht etwas ganz Interessantes geschrieben:

„Im Laufe des Jahres 1991 setzte Joop van den Ende selbst einen großen Schritt. Van den Ende nahm selbst Kontakt auf mit Dr. Helmut Thoma, denn warum sollte der deutsche kommerzielle Sender RTL nicht mit ihm zusammenarbeiten. Dr. Thoma antwortete auf seine Anfrage: ‚Komm zu mir, wenn du eine Idee hast, aber denke daran, es wird Deutsch gesprochen'."

1991 waren alle Verträge schon längst unter Dach und Fach und seit Silvester 1990 lief die Mini Playback Show erfolgreich, dank meines Einsatzes. Weiter steht in seine Biografie:
„Joop rief Rudi Carrell an und fragte ihn, ob er Interesse hätte, Anteile an der Produktion zu bekommen. ‚Du bekommst ein Viertel der Anteile umsonst und wenn du nach zwei Jahren aussteigst, bekommst du den zehnfachen Gewinn'."

Es gab einen Handshake unter Männern. Sie gründeten gemeinsam die Firma. *„Die deutsche Version der Mini Playback Show wurde ein Erfolg, moderiert von Marijke Amado, die in der Carrell-Show ‚Am laufenden Band' als Assistentin gearbeitet hatte. Der Umsatz der Firma betrug nach 2 Monaten 25 Millionen Mark. Nach einem Monat war dies schon verdoppelt."* Die einzige Sendung, die lief, war die Mini Playback Show.

So bringen die Herren es leider heute, obwohl die Wahrheit eine ganz andere war. Ich werde betitelt als eine kleine Assistentin bei Rudi. Die Herren sind selbst auf die Idee gekommen und ein Handshake zählte, wie immer, nur unter Männern.

Ein Handshake zählte, wie immer, nur unter Männern.

Mein Respekt geht aber soweit, dass ich tiefe Bewunderung habe für diese Herren und bewundere, welch ein Weltimperium sie u.a. aus diesem Anfang in Deutschland aufgebaut haben. Denn das haben sie, ein Weltimperium mit Hilfe des Börsenganges und Verkäufen. Nur ich wurde bei der Verteilung vergessen. Laut Wibo van de Linde konnte Rudi mehr Türen öffnen, obwohl ich die entscheidende Tür geöffnet hatte. Daher bekam Rudi die Anteile und ich eine leere Tüte.
Ich habe für die Herren in 1990 die ersten Büroräume ausgesucht in Köln und weiteres Personal. Ich glaubte immer noch an einen guten Ablauf.

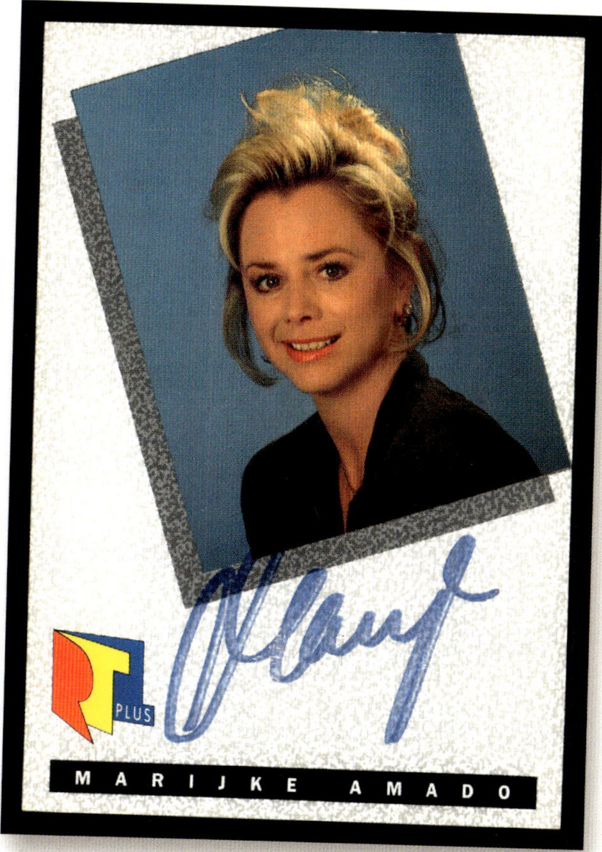

Leider zu positiv gedacht. Die Mini-Playbackshow war acht Jahre lang ein Riesenerfolg, bis ich aus der Zeitung erfahren musste, dass nicht mehr ich moderiere, sondern Blümchen.

In der Sendung „20 Jahre RTL" saß ich neben Dr. Thoma und er fragte mich, ob ich jemals Geld von den holländischen Herren bekommen hätte. Ich musste ihm leider mit einem Nein antworten.

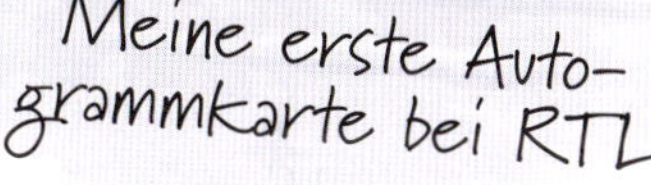
Meine erste Autogrammkarte bei RTL

Für alle ein guter Rat: Glaube nie, was dir jemand erzählt, noch mündlich zusagt. Gehe nie in diese Branche ohne Anwalt, mache alles schriftlich, glaube nicht an Märchen!
In dieser Branche ist jeder verloren, der nicht alles knallhart geschäftlich und schriftlich regelt. Und die meisten erfolgreichen Frauen meiner Generation hatten oft Männer, die diesen Teil übernahmen und regelten. Leider hatte ich in meinem Leben von dieser Sorte wenige an meiner Seite.
Jeder erlebt in seinem Leben Momente, die entscheidend für den Rest des Lebens sind, und dies war so einer. Hätte ich damals Ica Souvignier auf den Herren losgelassen, dann hätte sie ihm sicher gezeigt, wo es langgeht. Leider kam sie ein Jahr zu spät.

Das einzige Gute, was aus dieser Aktion entstand, war die erfolgreiche Sendung in den 90ern, mein deutsches Baby.

Interview mit

Christiane Ruff

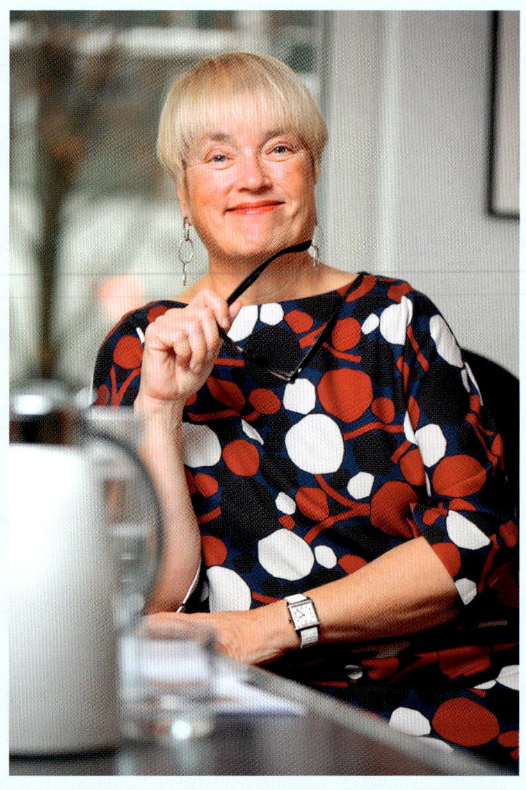

Marijke Amado: Wie war eigentlich dein beruflicher Werdegang?

Christiane Ruff: Ich habe 1988 beim Fernsehen angefangen, und zwar beim Privatfernsehen, dem Sender RTL. Dort war ich von 1988–1996, damals hieß das noch RTL plus. Angefangen habe ich als Producerin und ich hatte relativ schnell eine eigene Sendung.

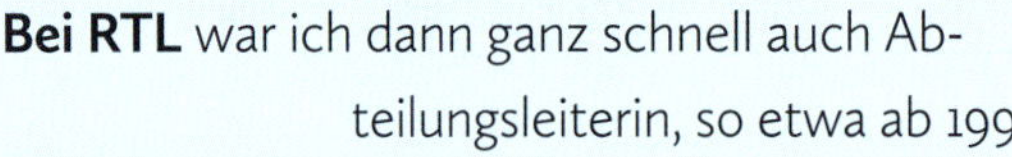

Bei RTL war ich dann ganz schnell auch Abteilungsleiterin, so etwa ab 1991.

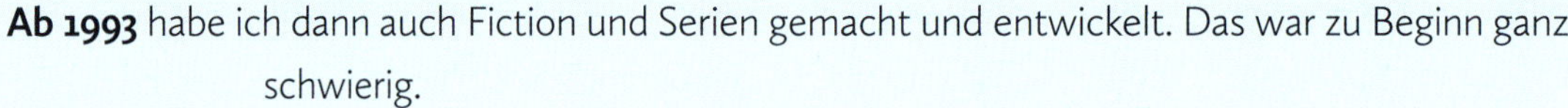

Ab 1993 habe ich dann auch Fiction und Serien gemacht und entwickelt. Das war zu Beginn ganz schwierig.

1996 habe ich dann zur Sony gewechselt, damals noch Columbia TriStar. Dort habe ich 13 Jahre lang, bis 2009, gearbeitet. Die ersten beiden Jahre als stellvertretende Geschäftsführerin, dann als Geschäftsführerin. In dieser Zeit habe ich sehr viele erfolgreiche Serien für RTL produziert: „Nicola“, „Ritas Welt“, „Die Camper“, „Atze“, „Mein Leben und ich“, habe „Ich bin Lehrer“ mit angeschoben, was ja immer noch läuft.

2009 hatte ich dann so die Schnauze voll vom Fernsehen – damals war ich 49 –, dass ich dachte, „ok, die Zielgruppe ist zu Ende, ich höre auf, ich habe keine Lust mehr …“. Ich hatte eigentlich vor, etwas ganz anderes zu machen, habe dann aber festgestellt, dass ich das, was ich da gemacht hatte, ganz gut kann. Ich war dann erst einmal als Freie unterwegs und habe für die Sony den Kinofilm „Resturlaub“ produziert, eine Verfilmung von Tommy Jaud. Dann habe ich den Film „Hummeldumm“ für die Sony entwickelt, wieder Tommy Jaud, der dann aber aus verschiedenen Gründen nicht mehr gemacht wurde, u.a., weil das Buch nicht fertig wurde …

Parallel hatte ich einen Vertrag mit der Constantin Film, auch für Kino, und habe da ganz viel entwickelt. Nach 5 Jahren als Freie habe ich dann gedacht, „jetzt reicht es mir aber mit Kino, das dauert alles viel zu lange", ich bin da sehr ungeduldig … Ich habe dann parallel schon angefangen, auch wieder Fernsehsachen zu entwickeln, immer mit dem Geld anderer Leute …

Im Sommer 2014 bin ich dann als Geschäftsführerin zur ITV (ITV Studios Deutschland), wo ich bis heute bin.

Meine Erfahrung ist, dass ich hinter den Kulissen in meiner Position – als Producer, als Executive Producer, als Geschäftsführerin – nie so ein Frauending erlebt habe, im Sinne von: „das kannst du nicht machen, weil du ja eine Frau bist …". Ich bin ja sehr selbstbewusst. Das hat auch mit meiner Erziehung zu tun, ich bin von meinen Eltern immer sehr gefördert worden, ich durfte immer alles machen und mir wurde auch immer gesagt, ich könne auch alles machen, die Welt stehe mir offen. Mit dieser Haltung bin ich immer durchs Leben gestapft. Ich habe immer gedacht, dass ich natürlich arbeiten muss, das muss ja aber jeder. Ich würde also nicht sagen, es fallen einem Dinge in den Schoß, weil man besonders schön, charmant und schlau ist, nein, man tut natürlich auch etwas dafür. Ich war immer sehr begeisterungsfähig, sehr positiv, wenn mir jemand ein Format gezeigt hat. Das heißt aber: Arbeit stand bei mir immer im Vordergrund. Ich habe immer viel gearbeitet. Ich habe aber auch gerne gearbeitet – bis zu dem Punkt 2009, an dem ich einfach das Interesse an Fernsehen verloren hatte.

Der ganze Weg, ich hatte z.B. bei Sony eine Firma, die sehr Frauen-getrieben war. In der obersten Etage, also mein oberster Chef, der sogenannte President, war zwar ein Mann. Er hatte aber ganz viele Frauen in den Führungspositionen. Meine Kollegin in Spanien, eine Frau, mein Pendant in Frankreich, eine Frau, in Mexiko, eine Frau, sogar die russische Kollegin war eine Frau. Wir hatten also sehr viele Frauen in der Geschäftsführung. Wir waren sehr unterschiedlich vom Typ her, aber es galt die Leistung. Es galt, was wir können. Ich glaube, die hatten bei Sony erkannt, dass Frauen anders führen, das würde ich bis heute behaupten. Und ich würde auch sagen, wenn du ein Unternehmen leitest, hast du als Frau einen anderen Blick. Und das meine ich jetzt wirklich positiv. Neben der Arbeit, die wir natürlich investieren, neben der Leistung, die wir in einem Konzern natürlich zeigen müssen, führen wir Frauen aber mit einem anderen Blick, was Stimmung, Vertrauen, Mitarbeiterkultur angeht. Ich glaube, das sind Themen, die Männern in der Regel nicht so wichtig sind. Das gilt aber nicht nur für die Fernseh-Branche, ich glaube, das gilt für andere Branchen auch. Die Frauen netzwerken viel mehr. Sehr oft wird ja z.B. angenommen, Frauen

seien untereinander „stutenbissig“ oder gönnen sich untereinander nichts. Falsch! Im Gegenteil: Ich erlebe es viel öfter, wenn ich in einer Runde bin mit vielen Männern, und so habe ich das damals auch bei RTL erlebt, da gab es für mich immer „Pimmel auf den Tisch, wer hat den größten, wer hat den längsten …“. Das war immer grotesk, wenn man als Frau dabeigesessen hat und immer dachte, „Jungs, packt doch die Dödel ein“. Bei Männern gibt es meiner Erfahrung nach viel mehr die Situation, dass sie sich miteinander messen, sich bewerten, Ellbogen ausfahren. Bei Frauen stelle ich fest, gibt es ein Netzwerk, gibt es ein Verständnis.
Das stelle ich auch hier bei ITV fest, was interessant ist. Als ich zu ITV gekommen bin, waren viele Leute ja schon da, Produzentinnen, etc. Und es gab wenig Männer in der Führungsebene und sehr viele Frauen, bis heute. Ich sage immer, wir müssten es eigentlich mal umdrehen und mal ein paar Männer holen. Viele meiner EPs [Executive Producer] sind Frauen. Und ich kann auch hier wieder sagen: Es ist ein Powerteam! Eine Hammertruppe an tollen EPs!

Marijke Amado: Das heißt also, hinter der Kamera hat sich unglaublich viel getan? Denn 1978, als ich bei Carrell war, war weit und breit keine Frau zu sehen. Das war alles in Männerhand.

Christiane Ruff: Das hat sich total verändert! Und man muss auch sagen, dass es heute – Gott sei Dank – mehr denn je um Leistung geht. Ich finde auch jede Form der Quotendiskussion blöd, weil ich Leute danach einstellen möchte, was sie können. Und wenn das tolle Frauen sind, dann ist das wunderbar. Wenn es tolle Männer sind, ist es auch wunderbar. Ich möchte da gar nicht über das Geschlecht nachdenken. In der Gender-Diskussion haben wir jetzt ja auch Diversity. Auch in Stellenanzeigen steht jetzt ja immer w/m/d. Du siehst, es hat sich unwahrscheinlich viel verändert.
Ich habe aber mal mit Coaches über das Thema Frauen-Coaching gesprochen. Weil ich mal kurzzeitig überlegt habe, ob ich Frauen-Coaching geben soll. Diese Coaches aus Düsseldorf sagten mir, diese Frauen, die toll sind, die klug sind, die haben über sich eine Art „gläserne Decke“, die sie nicht durchstoßen. Das erlebten sie immer wieder in Coachings. Man fragt sich, warum ist das so? Es gibt immer noch Frauen, die sich nichts zutrauen, oder sich zu wenig zutrauen und den männlichen Kollegen oder männlichen Arbeitgebern die Power überlassen. Ich sage auch hier immer zu meinen Kolleginnen: Nehmt euch die Kraft! Ihr habt sie, setzt es um, ihr könnt das! Ich müsst euch nicht verstecken! Und ich finde es schlimm, dass es immer noch Branchen gibt, in anderen vielleicht mehr als in unserer, in denen

Frauen mehr Angst haben, zurückhaltender sind. In Männerdomänen, vielleicht. Das ist ein Prozess, der dauert. Der dauert auch noch die nächsten Jahre, hie und da vielleicht auch Jahrzehnte, aber in unserer Branche hat sich das sehr verändert.

Marijke Amado: Hinter der Kamera. Vor der Kamera wird noch mit anderen Maßen gemessen.

Christiane Ruff: Da gibt es immer noch eine Gnadenlosigkeit, das weiß ich auch. Wir haben ja das Glück, hinter der Kamera nicht sichtbar zu sein, wir dirigieren ja von hinten. Die Leute vor der Kamera müssen sich mit ganz anderen Kriterien auseinandersetzen. Das habe ich beim Film noch krasser erlebt. Da gibt es in Amerika den ekelhaften Begriff „is she still fuckable", wenn es um die Besetzung einer weiblichen Hauptrolle in einem Kinofilm geht. Die sind jetzt alle sehr zurückhaltend wegen der #metoo-Debatte, aber es gab lange Zeit für Frauen über einem bestimmten Alter keine Rollen – und dann wurde es ja grotesk, das waren ja Frauen, die Ende 30 waren, die keine Rollen mehr bekommen haben, weil irgendein männlicher Produzent meinte, sie seien nicht mehr „fuckable" … Da hat sich auch viel verändert. Die Möglichkeiten für attraktive Rollen für ältere Frauen sind, wenn man sich die Kinolandschaft der letzten Jahre ansieht, viel größer geworden.

Marijke Amado: Wir haben damals ja die Mini Playback Show aufgebaut in Deutschland. Du warst ja auch dabei, als ich in meinem weißen Kleid und dem Lippenstift darauf das Format bei RTL verkauft habe. Du hattest immer ein Gespür dafür, wie man so etwas aufbaut. Und hast auch damals schon ständig etwas verbessert oder verändert. Du hattest einfach ein Gespür für Unterhaltung.

Christiane Ruff: Ja, wahrscheinlich schon. Und ich hoffe, das habe ich immer noch. Wobei sich die Zeiten auch ändern und man sich manchmal fragt, ob man noch up to date ist. Das Entscheidende ist aber auch, man muss nicht alles selbst machen. Das habe ich erst gestern noch mal im Studio gedacht. Weil gestern Finale von „Dancing on Ice" war, habe ich eine kleine Rede für die Mitarbeiter gehalten. Dort habe ich auch gesagt, dass ich ja eigentlich gar nichts gemacht habe bei dieser Sendung, außer sie mir anzusehen und mit meinen Leuten um die Quoten zu zittern – aber dass sie, das Team, die tollen Leute sind, die es machen. Aber das Entscheidende, und das gehört immer zu einer guten Führung, egal ob du als Frau die Führungsposition hast oder als Mann, du brauchst ein Team, das a) gut ist und auf das du dich verlässt und dann musst du sie b) auch laufen lassen. Ich habe immer daran geglaubt, zu delegieren. Das heißt nicht, dass ich nie etwas selbst gemacht hätte, aber es heißt, dass man seinen Leuten zutraut, dass sie ihren Job machen, und auch gut machen. Denn sonst müsste ich mit diesen Leuten ja auch nicht arbeiten. Das ist ganz wichtig. Und auch, diesen Menschen in der Zusammenarbeit auch das Gefühlt zu vermitteln, dass man sie stützt und in dem, was sie tun, auch unterstützt. Das ist entscheidend. Das, finde ich, ist aber auch geschlechterunabhängig.

Marijke Amado: Als ich 1978 angefangen habe, wir kamen ja aus der Nachkriegs-Generation, wir Frauen hatten damals unseren Mund zu halten. Dieses Selbstbewusstsein, mit dem du schon angefangen hast, habe ich im Laufe der Jahre erst einmal entwickeln müssen. Ich war Künstlerin und so entwickelt man erst die Kreativität, aber nicht unbedingt den Geschäftssinn. Du hast diesen natürlichen Geschäftssinn, der dann wahrscheinlich auch durch deinen Vater weiterentwickelt wurde.

Christiane Ruff: Absolut. Und andere Sachen entwickeln sich dann natürlich auch durchs Lernen. Als ich bei RTL angefangen habe, wusste ich ja nichts. Da wusste ich gerade, wie man einen Fernseher ein- und ausschaltet. Es war ja toll, denn du durftest alles machen, du durftest dich ausprobieren. Und auch da war es ja – gerade in den Anfängen unter Dr. Thoma – völlig in Ordnung, wenn man auch mal Blödsinn gemacht hat. Solange man eingesehen hat, dass es doof war. Wenn man aber sagte, man fand das super, es war aber totaler Quatsch, dann war es natürlich auch mal nicht so groovy ... Aber es war viel möglich und es war auch eine wahnsinnig gute Zeit, um anzufangen. Das glaube ich schon. Ich denke aber, dass auch heute noch – und das wird sich wohl auch so schnell nicht ändern – viele Frauen unter der Doppelbelastung leiden. Das ist aber ein weites Feld, das hat auch mit der Situation in Deutschland zu tun, mit der Verbreitung von Kitas etc. und der Frage, wo die Kinder aufgenommen und versorgt werden können, wenn die Mütter arbeiten. Ich glaube, das ist wirklich eine Sache, die werden Männer in dieser Form nie erleben. Die Frage: Wie kann ich meinen Job super machen, wie kann ich aber auch meinen Kindern gerecht werden. Dieses Thema ist natürlich sehr geschlechtsgebunden. Bei den jüngeren Männern ist ja heute selbstverständlich, dass sie mitarbeiten, kochen, sich mit um den Haushalt kümmern, bügeln, das ist alles gar kein Thema mehr, das wäre ja früher undenkbar gewesen.

Marijke Amado: Als ich Mutter wurde, war das undenkbar. Ich wurde ja Mutter und sofort war der Vater weg. Diese Doppeltbelastung war oft ein Spagat.

Christiane Ruff: Das gibt es natürlich auch, auch immer noch. Aber damals war es ja undenkbar, dass Männer auch so einspringen. Trotzdem empfinden Frauen, glaube ich, immer noch den Stress intensiver, zu denken, ob man allem zu jeder Zeit immer gerecht werden kann. Auf der einen Seite dem Kind bzw. den Kindern und auf der anderen Seite der Arbeit. Das ist immer ein Dauerthema, mit dem man umgehen muss. Das habe ich in dem Sinne umgangen, weil ich keine Kinder habe. Ich hatte diesen Stress also nicht. Auf der einen Seite kann man sagen „Gott sei Dank", auf der anderen Seite hat man aber eben auch keine Kinder … Das wird aber ein weibliches bzw. ein Frauen-spezifisches Thema bleiben.

Marijke Amado: Musstest du denn in deiner Laufbahn als Producerin auch mal Entscheidungen ausführen, die von Männerhand entschieden wurden, wie „die ist zu alt, die hat Falten oder die wollen wir nicht mehr, weil sie über die Grenze von 45 hinweg ist …"

Christiane Ruff: Überhaupt nicht! Wenn du dir z.B. auch mal die Besetzung in Serien anschaust, die wir gemacht haben: Mariele Millowitsch war z.B. als sie in „Nicola" damals bei uns anfing schon Mitte 40. Es ging also nie um ihr Alter, überhaupt nicht. Das war immer eine große Selbstverständlichkeit, dass ich danach geschaut habe, wer passt, wer wäre die perfekte Verkörperung für eine Rolle – und das war's.

Marijke Amado: Ich hatte an dir immer eine große Stütze. Aber als du dann RTL verlassen hattest, wurde ich damals mit 42 durch eine 17-Jährige ersetzt.

Christiane Ruff: Da hast du das sozusagen am eigenen Leib bitter erfahren müssen. Das ist nicht schön und das ist nicht gut. Aber wenn du heute z.B. siehst – und deshalb glaube ich auch, dass du da noch schwerere und schlechtere Zeiten erlebt hast – wenn du heute siehst, dass eine tolle Frau wie Frau Schrowange, die ich wirklich super finde, sich in einer unserer Sendungen „Heute in einem Jahr" entscheidet, ihre Haare in ihrer Naturfarbe stehen zu lassen – wie toll sie damit aussieht, mit ihren weißen Haaren! Was sie für ein super Typ ist! Und die Männer, die vorher immer gestänkert haben, „du musst die Haare … und du musst längere Haare …" – und sie bekommt nur positives Feedback. Das tut ihrem Typ keinen Abbruch, sie sieht dadurch nicht älter aus, sie ist sich treu geblieben – und das wäre vor zehn Jahren nicht möglich gewesen. Das hätte jeder Senderchef schlicht verboten. Und das finde ich toll! Genauso wie die große Bewegung zurzeit, dass Frauen ohne Make-up vor die Kamera gehen, sich fotografieren lassen und sagen: „So sehen wir aus". Das ist wichtig! Das sind alles wichtige und richtige Sachen. Dieser ganze Jugendwahn! Wir sind eine Gesellschaft, in der alle älter werden, die Fernsehzuschauer werden älter, die -macher werden älter, da dürfen auch die Leute vor der Kamera älter werden. Das gehört einfach dazu.

Marijke Amado: Ich hatte schon einige harte Erlebnisse, aber darin sieht man auch, dass wir da schon bahnbrechend waren. Du warst hinter der Kamera eine sehr bahnbrechende Persönlichkeit, um auch Dinge zu verändern.

Christiane Ruff: Und schau dich heute mal um, UFA Entertainment, eine riesige Firma, Leitung: Ute Biernat. Sony Pictures, meine Nachfolgerin: Astrid Quentell. ITV Studios: Christiane Ruff. Große, große Konzerne werden von Frauen geleitet. Und da sage ich, das ist vollkommen richtig, aber auch vollkommen natürlich. Weil einfach gute Leute in dem Job sind, den sie machen können – und den sie auch gut machen.
Ich habe da also wirklich nie schlechte Erfahrungen gemacht. Ich habe wirklich nie das Gefühl gehabt, ich werde zurückgesetzt, weil ich eine Frau bin. Aber hinter der Kamera ist das auch noch mal etwas anderes als vor der Kamera.

Marijke Amado: Absolut. Ich habe da schon einiges erlebt. Und auch die Frauen, die mit mir gesprochen haben, die vor der Kamera agieren, haben alle gesagt, die Männerriege urteile doch sehr schnell über Äußerlichkeiten und Alter.
Ich hoffe, dass sich diese positive Entwicklung hinter der Kamera auch für uns Frauen vor der Kamera durchsetzen wird.
Danke dir, Christiane, und viel Erfolg. Ich bin stolz auf dich, dass du für uns Frauen eine bahnbrechende Arbeit geleistet hast.

Kapitel 6

Die Mini Playback Show

Beim Verkauf der Mini Playback Show, die meine durch Dr. Thoma zugesagte Moderation beinhaltete, gab es eine weitere Bedingung: ich sollte redaktionell mitarbeiten. Da der Plan war, dass die Sendung in Köln aufgezeichnet werden sollte, musste ich Richtung Köln umziehen. Mein schnuckeliges Haus habe ich verkauft und dafür eine Eigentumswohnung in Königsdorf bei Köln erworben.

Als ich gerade noch mit meinem kleinen Sohn zwischen all den Kartons in der Wohnung saß, rief Dr. Thoma an: „Wir haben uns anders entschieden, die Sendung soll doch in den Niederlanden aufgezeichnet werden.“ Stellt euch mal vor: 15 Minuten Fahrt von meinem ehemaligen Häuschen entfernt. Da hat man Pech im Leben!

In den Niederlanden stand noch das Bühnenbild der niederländischen Sendung, das konnte zweimal benutzt werden. Keiner hat sich darüber Gedanken gemacht, dass ich schon in Köln gelandet war. Schade!

Ich konnte nicht mehr zurück, saß damit fest und blieb in Königsdorf. Königsdorf war auch schön.

Dieses Telefonat vergesse ich mein Leben lang nicht. Es passte zu dem roten Faden, als Katastrophen-Lilly unterwegs zu sein. Kay hatte ich in einem deutschen Kindergarten im Dorf untergebracht. Alles war klar und geregelt. Das war damals noch das Allerschwierigste gewesen, denn in Deutschland musste man das Kind schon bei der Geburt für einen Kindergartenplatz anmelden, damit man überhaupt einen Platz bekam. Ich habe eine Spende getätigt. Geld hilft immer. Auch bei Nonnen.

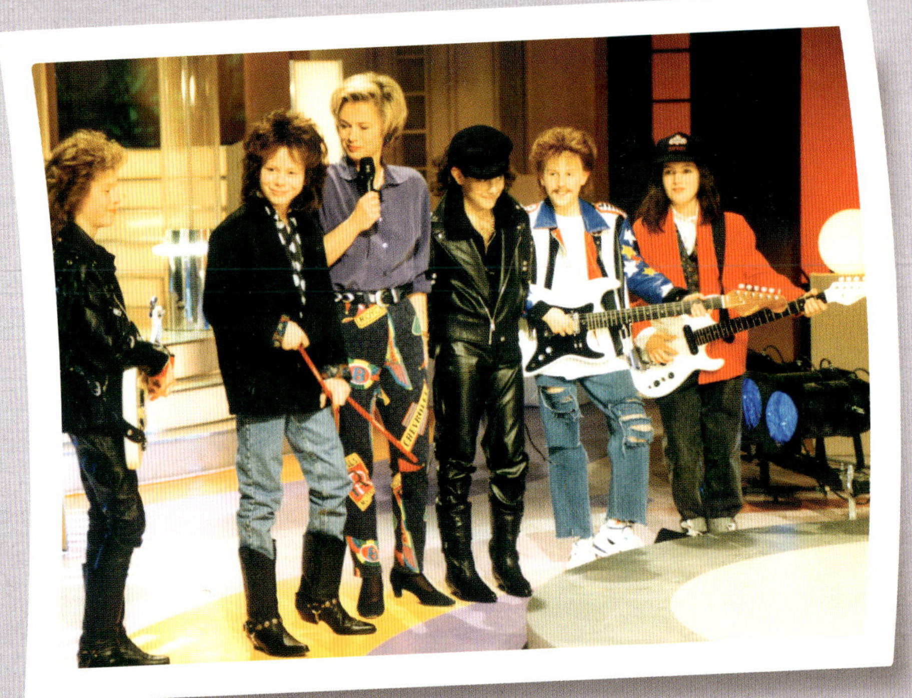

Von Scorpions über Tina Turner und Michael Jackson …

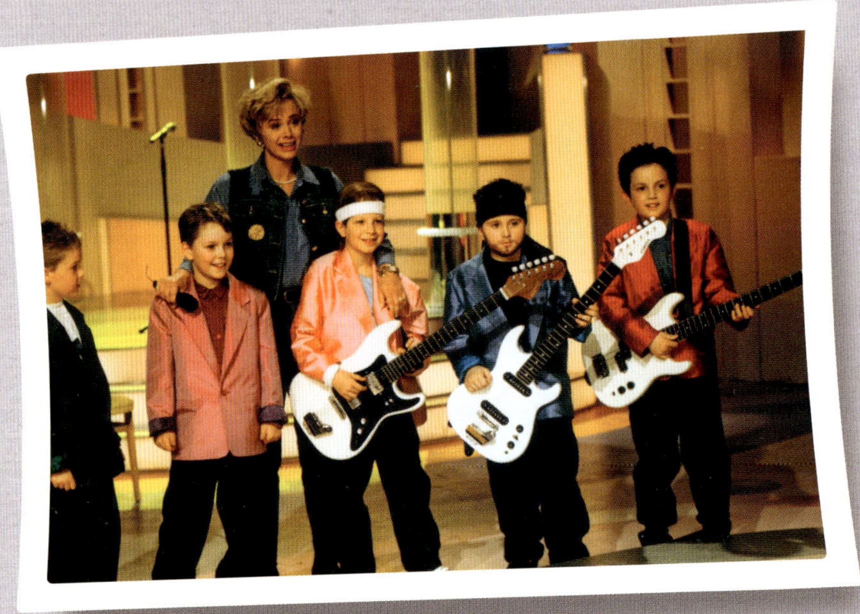

… die Kinder waren großartig und wahnsinnig talentiert

So schlimm war es eigentlich nicht, dachte ich – positiv denkend. Denn mir war ja noch eine hohe Position bei Van den Ende in Deutschland zugesagt worden. Ich musste für so einen Job sicherlich in der Nähe wohnen. Aber, lieber Leser, die Wirklichkeit sah etwas anders aus. Denn Van den Ende Deutschland wurde ausschließlich mit Männern besetzt: Wibo van de Linde, Fred Oster, Rudi Carrell als Berater und noch eine Vielzahl anderer niederländischer Männer, um die Bonanza-Familie komplett zu machen. Und es kamen welche um die Kurve, von denen manche noch nicht mal Deutsch gesprochen haben. Es war noch immer die Zeit, in der ein Schniedeldödeldudel mehr zählte.

Am 31. Dezember 1990 war es dann soweit. Nach einer langen Vorbereitungszeit mit dem Casting der Kinder und redaktionellen Vorbereitungen wurde

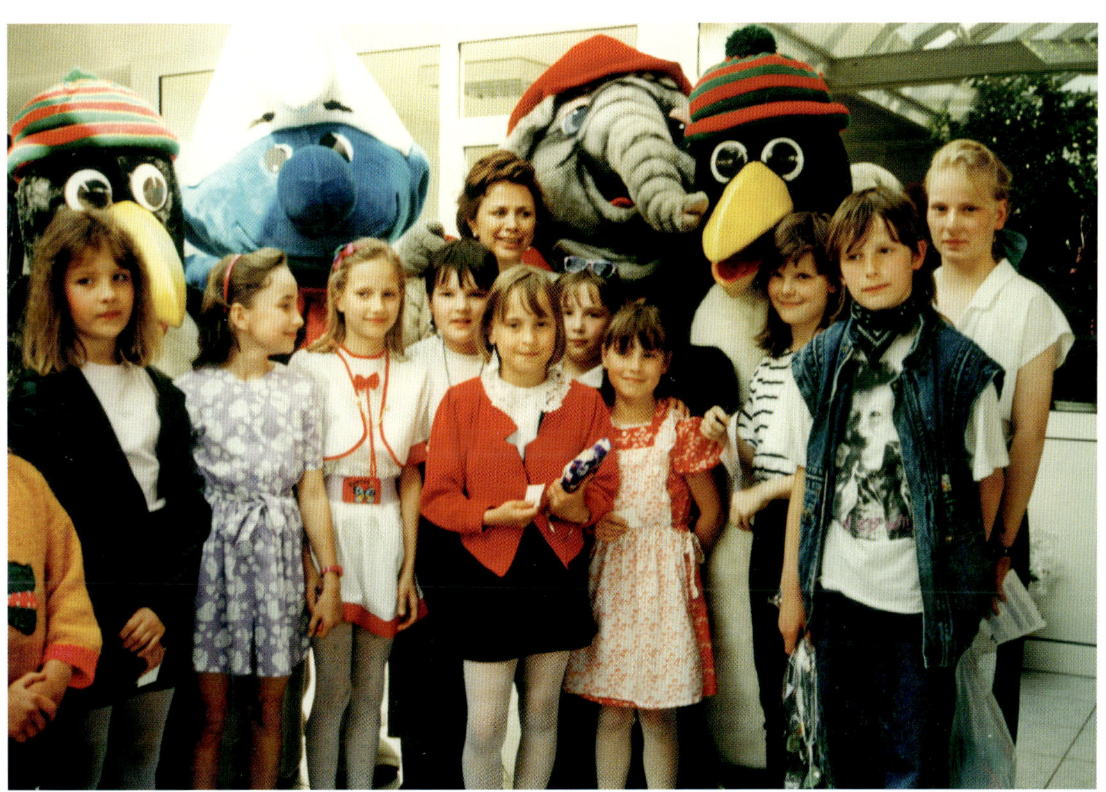

Nach einer langen Busreise erst einmal Kennenlernen

die erste Sendung in Aalsmeer aufgezeichnet und ausgestrahlt. Wir hatten sehr gute Kinder gefunden. In der ersten Sendung gab es Reza, einen kleinen Michael Jackson, der wie sein Vorbild war und noch andere sehr talentierte Kinder.
Die Wonneproppen waren superlustig, und es machte so viel Spaß, mit den Kindern zu arbeiten und zusammenzusein, dass ich mein weiteres Elend schnell vergaß. Es musste weitergehen und es sollte ein Erfolg werden. Und das wurde es auch. Ich hatte ein super Team bei RTL, das mit vollem Herzen dabei war, ohne sie hätte ich dies nicht schaffen können.

Die Kinder empfanden es als ein tolles Erlebnis und viele glaubten, sie gingen wirklich durch eine Zaubertür und dass vielleicht ein Roboter sie dort in einen Star verwandelte. Ich musste den Kindern ganz vorsichtig beibringen, dass Fernsehen oft ein Fake ist.

Alles sollte so aussehen wie bei den richtigen Stars

Beim Casting für die Sendung tauchten in den verschiedenen Städten manchmal bis zu 1500 Kinder auf, die alle mitmachen wollten. Jedes Kind hatte zu dieser Zeit den Traum, durch die Zaubertür zu gehen und sein Idol nachzumachen. Wir hatten ein Riesenlager mit Kostümen und wenn ein Kleiner z.B. Udo Jürgens nachmachen wollte, haben wir extra ein Plexiglasklavier besorgt. Alles sollte so aussehen wie bei den richtigen Stars.
Die erste Sendung wurde schon mal ein Erfolg und die Quoten stimmten.
Es war die erste Casting-Show mit Kindern in der Primetime.

Zuerst hatte ich ein Gespräch mit den Kindern in einem Mini-Lädchen. Dort konnten sie ein Kostüm aussuchen und gingen danach durch die Zaubertür, einige Jahre später durch die Zauberkugel und dann durch den Zaubertunnel. Wenn die ersten fertig waren, wurden sie umgezogen, geschminkt und mit Perücken ihren Idolen angepasst. Dann kamen die Kinder auf der anderen Seite der Zaubertür wieder heraus. Mit viel Nebel und Musik, und dann waren sie ihre Idole. Im Fernsehen sah es so aus, als ob es wirklich ein Zaubertunnel wäre und ich richtig zaubern könnte. Dies gab der Sendung etwas Märchenhaftes. Es gab eine Jury mit drei Prominenten, die Urteile

abgaben. Heute haben das alle abgekupfert, wie bei „DSDS", „The Voice" oder ähnlichen Shows. Bei mir waren alle Kinder toll, super und großartig. Es gab keine herbe Kritik, wie bei manchen anderen Shows. Es blieb ein Spaß und alle waren Gewinner.
Das Mini-Playback-Show-Lied sangen alle nach kürzester Zeit mit. Die Schule, Lehrer und Eltern saßen im Saal und klatschten fröhlich mit.
Im Laufe der Jahre wurden die Besucherzahlen immer größer. Von überallher kamen die Busse, selbst aus Berlin. Die Busse kamen von überall und die deutschen Zuschauer waren viele Stunden unterwegs, bis sie in Aalsmeer ankamen.

Es war ein großer Spaß und alle waren Gewinner

Worüber ich mich fürchterlich aufgeregt habe, waren die holländischen Blumenautomaten im Eingangsbereich des Studios. Wo die Holländer den deutschen Eltern das letzte Geld aus der Tasche gezogen haben für ein paar Popel-Blumen, die keiner mehr in Aalsmeer auf den Blumenmarkt verkaufen konnte – die aber sehr teuer waren. Das ging mir echt zu weit und ich weiß, dass Holländer gerne Geld verdienen. Hätte man dieses Geld wenigstens in einen guten Zweck gegeben …

Die meisten Kinder wollten ihren Stars und auch mir ein Blümchen überreichen. Und nach jeder Aufzeichnung wurden diese Blumenautomaten wieder fleißig gefüllt. Diese Holländer!

Zu jeder Aufzeichnung gab es 500 Zuschauer, das waren bei zwei Aufzeichnungen am Tag 1000 Besucher. Also viele Busse. An der niederländischen Grenze haben die gesagt: „Amado zeichnet wieder auf, die deutsche Invasion ist wieder da." Das Schöne war, dass Kinder, die normalerweise in der Schule nicht auffielen, auf einmal Stars in ihrer Schule waren, wenn sie bei mir mitgemacht hatten. Es gab viele Kinder aus unterschiedlichen Kulturen oder mit einem gemischten Elternpaar. Vater Türke, Mutter Deutsche oder Italienisch-Deutsch. Alle Kinder waren gleich und erhielten einen Pokal. Das Mini-Playback-Show-Lied wurde ein Hit.

Letztes Jahr flog ich einmal nach Amsterdam und in der Gepäckhalle stand eine große Gruppe 30-jähriger Deutscher. Als sie mich sahen – meine Kinder von damals – fingen alle an, laut das Mini-Playback-Show-Lied zu singen. Selbst Jan Böhmermann hat mir vor kurzem noch einen Marijke-Amado-Song gewidmet, auch er war Mini-Playback-Show-Fan, oder Florian Silbereisen, der mich mit einem riesen Strauß Rosen überraschte und damit Danke sagte, für diese schönen Momente in seiner Jugend. Ein größeres Kompliment kann es heute nicht geben. Diese Generation steht bis heute hinter mir. Viele von ihnen haben später einen kreativen Beruf gewählt und sagen: „Marijke, du hast unsere Jugend verschönert." Und ich erwidere dann: „Und ihr mein Alter."

„Tina Turner zittert, Michael Jackson, der wird blass, denn jetzt geht der Vorhang auf für unsere Superstars ..."

Ich hatte ein tolles Kinderballett von Lucia Marthas aus Amsterdam. Heute tanzen die Kleinen von damals alle am Broadway, in Musicals und überall auf der Welt. Die Tanzschule wurde damals mit Spenden und der Unterstützung des niederländischen Staates aufgebaut. Sie gab Kindern, die aus ärmlichen Verhältnissen stammten, die Möglichkeit, eine gute Tanz- und Gesangsausbildung zu erhalten.
Ich habe mit Caterina Valente versucht, so etwas auch in Deutschland aufzubauen. Doch der Landtag in Düsseldorf empfand dies als Kinderarbeit, und im Saarland ist es Caterina leider auch nicht gelungen. Die Politik damals investierte nur in talentierte Sportlerkinder (wie Boris oder Steffi), aber nicht in Musik und Tanz. In den Niederlanden ist die Schule von Lucia bis heute ein großer Erfolg.

Jede Woche gab es eine erfolgreiche Mini Playback Show mit einer riesen Einschaltquote – unser Rekord lag bei 8,6 Millionen Zuschauern – und alle waren glücklich. Die Kinder haben es geliebt.
Ich fuhr nach den ersten Erfolgsmonaten im Sommer in den Urlaub nach Südspanien. Dort hatte ich ein Häuschen gemietet. Gerade war meine Producerin von RTL zu Gast bei mir, als wir eine Nachricht über die SPD-Politikerin Ursula Schmidt erhielten, die sich über die Sendung aufregte. Sie

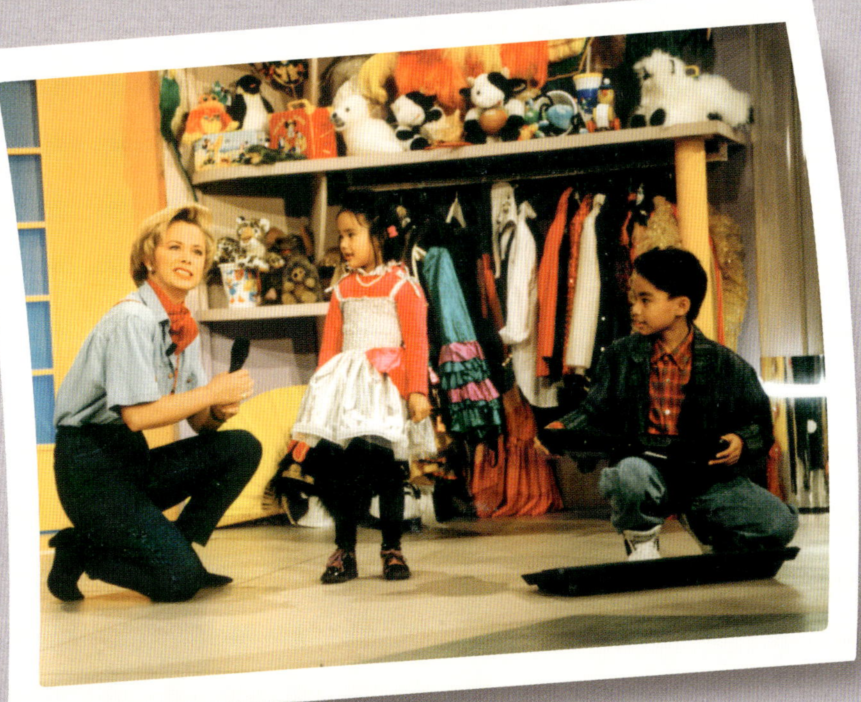

Vom Mini-Lädchen
durch die Zaubertür …

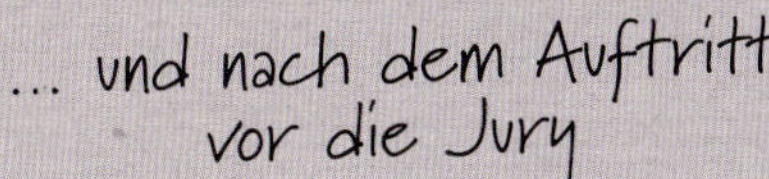

… und nach dem Auftritt
vor die Jury

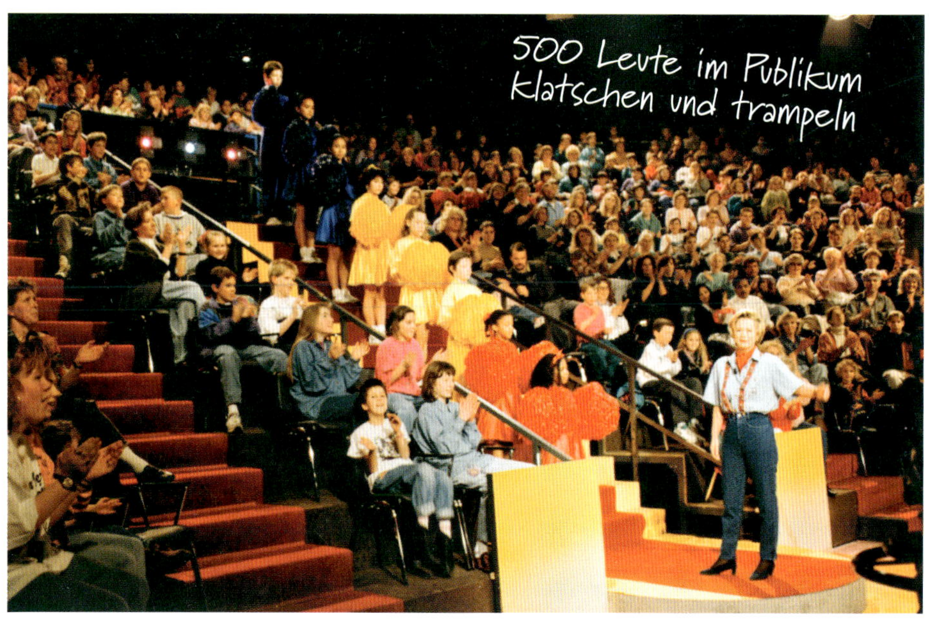

behauptete, dies sei eine Sendung, durch die Pädophile und sonstige krank veranlagte Menschen, angeregt würden, Kinder sexuell zu missbrauchen. Für mich war diese Kritik so was von abartig, unglaublich und furchtbar! Wir landeten damit in einer Schublade, in die wir gar nicht gehörten. Frau Schmidt saß damals auf den hintersten Bänken des Bundestags, und ich dachte, dies wird eine einmalige Angelegenheit – aber nein!
Wie wir wissen, wollen Politiker Aufmerksamkeit erhalten, um weiterzukommen. Sie hat selbst ein Verbot der Sendung gefordert und wollte darüber eine Abstimmung im Bundestag in Gang setzen. Ich musste mit ihr in die Sendung „Der heiße Stuhl", um über dieses Thema zu diskutieren. Die gesamte Presse hat sich voller Freude für das Thema interessiert.
Selbst Roberto Blanco, der mal bei mir in der Jury saß, wurde angegriffen. Er hätte den Mädchen unter die Röcke geschaut. Was in den Zeitungen stand, fand ich für ihn sowas von schrecklich! Die Presse schrieb ohne Scham. In seinem Buch schreibt Roberto, dass die Tage, die darauf folgten, die schwärzesten seines Lebens gewesen seien, und wer wohl so eine perfide Verleumdung in die Welt gesetzt hat. Ich weiß es bis heute nicht.

Für mich ging es so weit, dass der Kindergarten meines Sohnes ihn nicht betreuen wollte, mit einer solchen schrecklichen Mutter, die eine Pädophilen-Sendung machte. Von überall kamen die Attacken und jede Woche

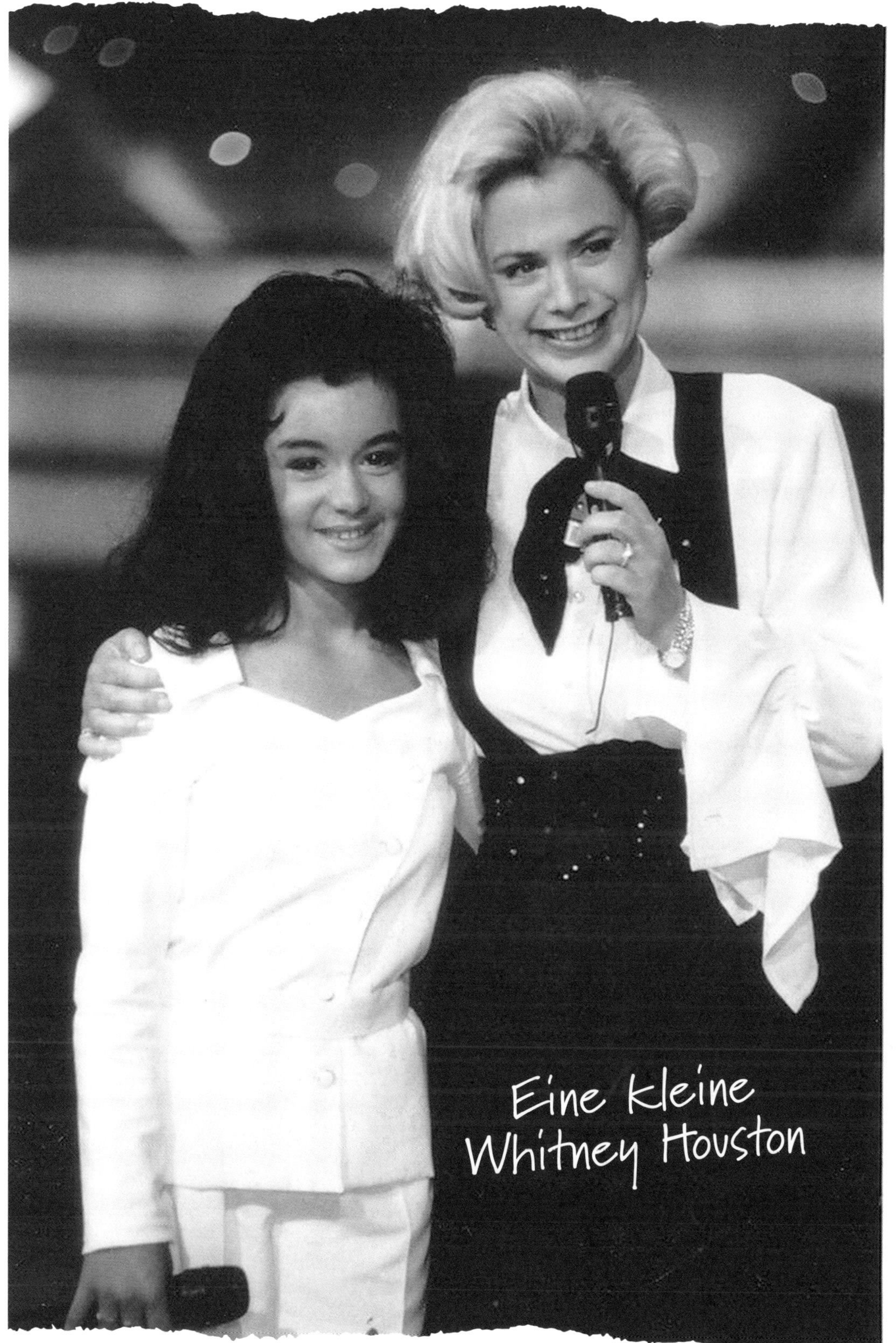
Eine kleine
Whitney Houston

wurde eine neue Meldung publiziert. Ich bekam einen Preis: Den Preis der beleidigten Zuschauer! Weil ich anscheinend Kinder zu Sexualobjekten herausputzte. Wie habe ich mich in dieser Zeit alleingelassen gefühlt. Aus den Niederlanden gab es keine Unterstützung, obwohl die Sendung dort seit Jahren erfolgreich mit einem Mann, Henny Huismann, lief. Da gab es nie Kritik.

Nur das RTL-Team und Dr. Thoma haben mich unterstützt. Ich bekam Drohbriefe und hatte zu dieser Zeit einen Bodyguard, der eine Zeit lang in unserem Haus lebte. Kay und ich sind auch mal auf einen Berg bei Innsbruck geflüchtet, wo ein RTL-Mitarbeiter eine Hütte hatte. Dort haben wir uns auf 1500 Metern zwei Monate ohne Strom und Wasser eingenistet. Kay kann sich noch heute gut an diese Zeit erinnern und fand es damals richtig spannend. Ich hatte es ihm als eine Abenteuerreise verkauft und es wurde eine Abenteuerreise. Wir beide haben uns oben auf diesem Berg so was von pudelwohl gefühlt.

Irgendwann bin ich dann Frau Schmidt besuchen gefahren. Sie wohnte noch in Aachen. Ich habe sie gefragt, warum sie dies macht. Aus etwas Schönem, einem Spiel für Kinder mit Verkleidung, das diese über alles lieben, etwas Schreckliches zu machen. Die Mini Playback Show erfülle Kinderträume, habe ich ihr mitgeteilt. Irgendwann war sie nicht

Großes Finale

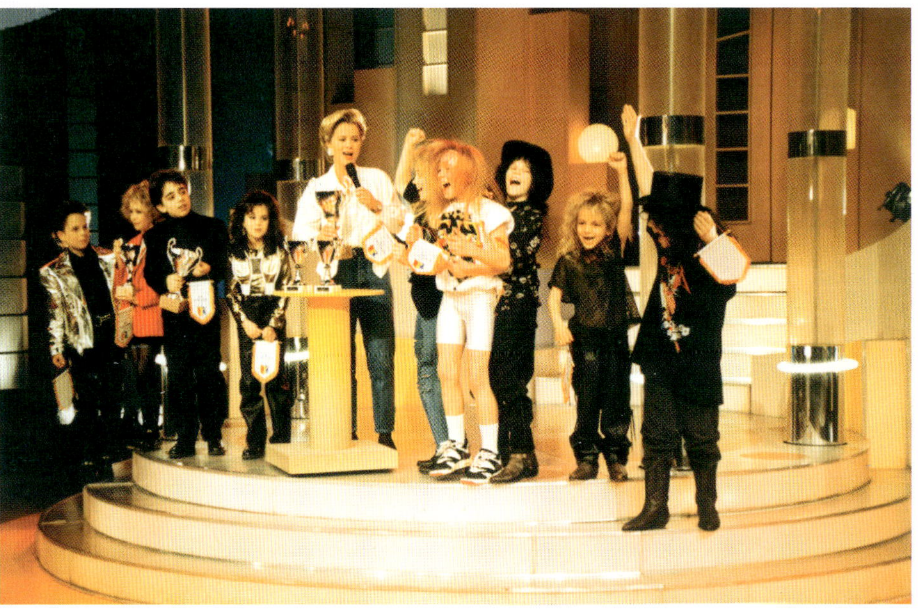

mehr einfache Abgeordnete, sondern Gesundheitsministerin.
Ich hielt einfach stand und kämpfte weiter. Viele Kinder durften sich nicht mehr anmelden, aber es blieben noch genügend übrig.
Die Aufzeichnungen der Wonneproppen fanden in Kindergärten statt – also in denen, die uns noch reinließen – oder auch in Freizeitsparks, wie dem Europapark. Dort habe ich den kleinen Max kennengelernt. Der Junge ist heute mit dem Filmchen von damals ein YouTube-Star. Er lebt immer noch im gleichen Dorf bei seiner Mutter, und seine Freundin auch. Er ist noch genauso lustig wie damals.
Ich kann mich eigentlich beinahe an alle Kinder erinnern – und an die Idole, die sie nachgemacht haben. Von Puttin' on the Ritz, Petshop Boys, Tina Turner, Madonna, Michael Jackson, Kylie Minogue, Bananarama, Caught in the Act, Janet Jackson, Bangles bis Whitney Houston waren alle Stars und Hits vorhanden.
Die Kinder waren das Schönste an der Mini Playback Show. Jeden Tag war es eine Freude, für sie zu kämpfen und mit ihnen zusammen zu sein. Weniger schön waren meine Strampelanzüge, die ich in der Sendung trug und von einer damaligen Freundin nähen ließ, da RTL am Anfang meiner Sendung noch keine Kostümabteilung hatte. Auf die Anzüge mit Reißverschluss wurden alle möglichen kinderfreundlichen Elemente genäht, wie Pilze, Kängurus, Zwerge, Tulpen, Hunde, Katzen, Sterne und sonstige märchenhafte Figuren. Ich habe die Anzüge fünf Jahre lang als Arbeitskleidung bei der Steuererklärung geltend gemacht, aber dies wurde nicht anerkannt, obwohl selbst die Richterin meinte, damit kann man privat wirklich nicht ausgehen oder einen Markt besuchen. Und vor allem nicht bei einem Abendessen erscheinen.

Im Jahr 1992 verkaufte John de Mol seine Sendung „Traumhochzeit" an RTL und seine Schwester Linda moderierte die Sendung. Es wurde ein großer Erfolg. Linda hat es auch hervorragend gemacht und die Deutschen haben es geliebt.
Bei RTL sah man es nicht gerne, dass zwei niederländische Produktionsfirmen für den Sender arbeiteten. So war Endemol geboren, das Ende von Joop van den Ende und der Mol von John de Mol mit Wibo van de Linde in der Führung.

Zu dieser Zeit durfte ich meine deutsche Maskenbildnerin nicht mehr mit nach Aalsmeer nehmen. Wibo van de Linde meinte, ein Niederländer sollte den Job übernehmen.

Es durfte nur eine blonde Niederländerin im deutschen Fernsehen Erfolg haben – also wurden meine Haare pechschwarz gefärbt

Bei unserem ersten Zusammentreffen sagte er, ich sei ein dunkler Typ, nicht blond. Innerhalb von einer Stunde war ich pechschwarz und musste so acht Sendungen aufzeichnen. Denn Wibo meinte, es dürfte ab jetzt nur eine blonde Niederländerin in Deutschland auf dem Bildschirm Erfolg haben, und das war leider nicht ich. Nach den Aufzeichnungen hat es ein deutscher Friseur wieder hinbekommen, mir meine Ursprungsfarbe wiederherzustellen.

BILD am SONNTAG, 26. März 1995 Seite 57

Fotos: Hollmann, Schick, Hummel, Reisp, Friese, Becker, Lukas, Ri-Ro-Press, Steimer

Mareijke Amados Zauberer

„Leco kann aus meinen kurzen Haaren 80 verschiedene Frisuren zaubern – das hat er schon bewiesen." Und Mareijke Amado (40) mit seinem kreativen Kopf derart beeindruckt, daß die Moderatorin Leco von Zadelhoff (27) seit drei Jahren zu jedem TV-Auftritt von Holland einfliegen läßt. Er war es auch, der ihr nach 14 Jahren als Blondine riet, wieder ihre Naturhaarfarbe zu tragen. Leco stolz: „Mareijke hat Vertrauen zu mir, läßt mir freie Hand."

Dunkle Haare von Leco – keine gute Entscheidung

Ich habe auch nach dieser Zeit immer kreativ weitergearbeitet und fühlte mich als die „Piloten-Queen". Piloten sind Sendungen, die man „als Test" entwickelt und auf den Bildschirm zu bekommen versucht, z.B. „ein Zauberschuh, der fliegen kann" (Magic Maschine), der Wünsche von gesunden und kranken Kindern erfüllt. Oder auch die Sendung „Superfan", die sechs Mal ausgestrahlt wurde, mit Nina Hagen, Peter Maffay, Vicky Leandros und ihren Fans.
Rudi war, im Gegensatz zu mir, in der Zwischenzeit Berater und Producer bei Endemol und auch der Producer dieser Sendung. Ich hatte einen schweren Stand und rückblickend war dies das Härteste, was ich an Sendungen jemals erlebt habe: ein durchgeknallter Regisseur aus den Niederlanden, Rudi und Wibo.
Die Promi Playback Show, eine Mini Playback Show für prominente Erwachsene, bekam nicht ich, sondern Rudi und nachher Linda. Joop meinte irgendwann, ich sollte lieber Nachrichten moderieren, das würde besser zu mir passen. Das lustigste was ich jemals gehört habe. Eine Niederländerin, die deutsche Nachrichten spricht,

wäre genauso undenkbar, wie ein niederländische Fußballer in der deutschen Nationalmannschaft!
Ich fühlte mich manchmal wie David gegen Goliath.

Eine meiner schönsten Sendungen war „Grandios Kurios", produziert durch die Firma Zeitsprung. Es war eine Fernsehreise durch die gerade geöffneten neuen Bundesländer. Ich besuchte einzigartige Menschen, die etwas ganz Besonderes gemacht hatten. Wie z.B. ein Pfarrer, der brennend in einen Swimmingpool sprang, oder jemand aus Leipzig, der mit Streichhölzern eine V1-Rakete nachgebaut hatte und durch London damit einen Bußgang machen wollte. Eine Ballerina vom Bolschoi-Ballett, die mit ihren 69 Jahren immer noch „Schwanensee" tanzte, oder eine Frau aus der sächsischen Schweiz, die ihren eigenen Märchenwald gebaut hatte, wirklich ein Traum. Dazwischen immer wieder Berichte über den Alltag aus der gerade geöffneten ehemaligen DDR. Heute wäre dies ein Stück deutscher Fernsehgeschichte. Ich bin in einem Cadillac durch die ganzen neuen Bundesländer gefahren, im Dirndl samt Schneckenperücke. Jeder dort hat mich damals angeschaut mit einem Blick à la „Da kommt eine mit einer totalen Meise angefahren". Ich spüre heute noch das DDR-Kopfsteinpflaster in meinem Rücken.
Es war die lustigste Produktion in meinem Leben, zusammen mit Michael Souvignier. Bei der RTL-Vorstellung landete es leider direkt im Papierkorb. Wibo van de Linde fand es gar nicht lustig, dass ich auch mit anderen deutschen Produktionsfirmen zusammenarbeitete.

Im November 1997 wurde ich von Wibo zu einem Gespräch eingeladen.
Ich sollte einen Exklusivvertrag unterschreiben bei den Holländern. Aber Dr. Thoma hatte mich schon vorgewarnt: sie planten, mich im Tiefgefrierfach landen zu lassen und ich liege gar nicht gerne in der Kälte.

Ich erfuhr aus der BILD-Zeitung, dass Blümchen die Mini Playback Show moderieren sollte

So blieb ich vertragsmäßig bei RTL. Dies leider aber nur für einige Monate. 1998 war ein Schicksalsjahr für mich. Mein Vater starb völlig unerwartet mit 74 Jahren und einige Monate später erfuhr ich aus der Bild am Sonntag, dass Blümchen (damals 17 Jahre alt) die Mini Playback Show moderieren sollte

und für mich die Zaubertür (bei ihr wurde es eine Rakete, so schnell kann es gehen) für immer geschlossen war.
Man hatte noch nicht mal genügend Eier, mir dies persönlich mitzuteilen. Wenn es sich um Männer handelt, ist es nicht selbstverständlich, dass sie Eier haben …

Manchmal muss man im Leben mit viel Geduld so lange an einem Fluss sitzen bleiben, bis die Feinde wieder flussabwärts schwimmen. Ein alter Indianerspruch! Manchmal dauert es lange und manchmal nur kurz. Das Leben bleibt eine spannende Sache.

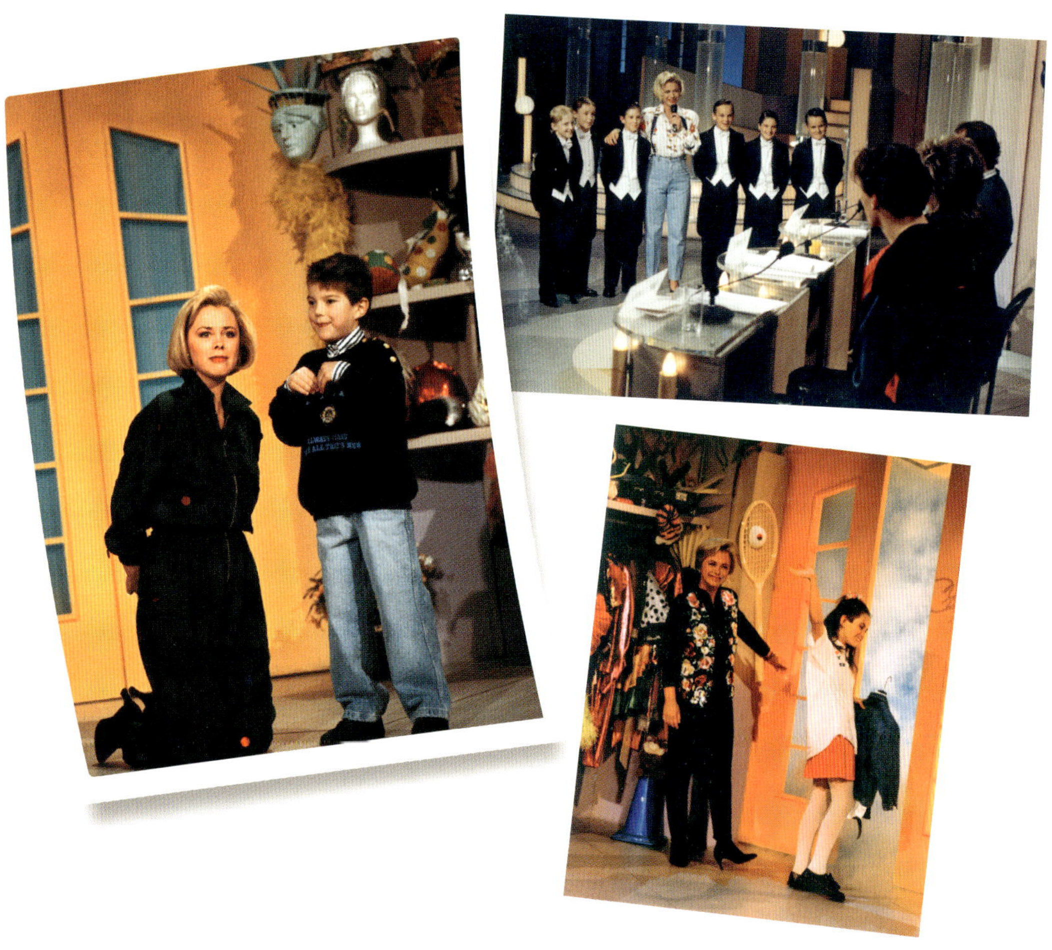

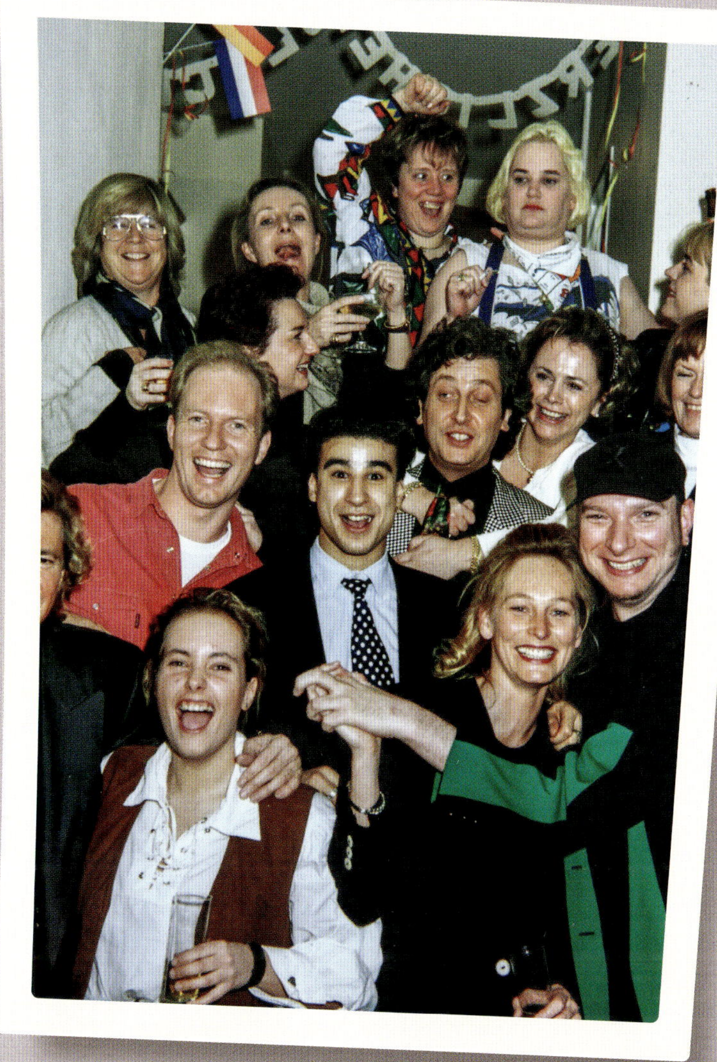

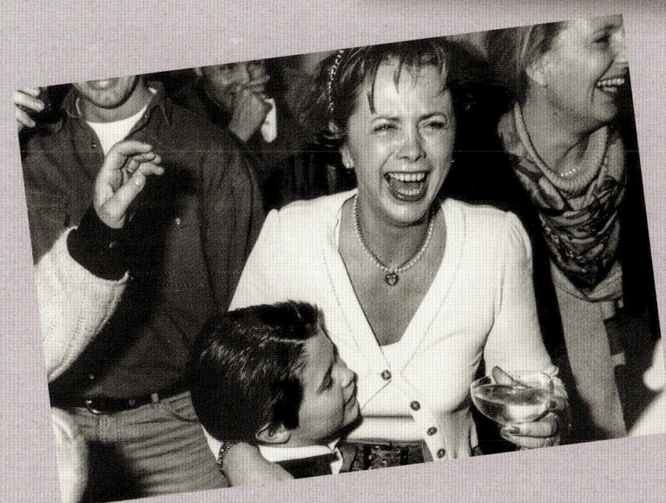

Mein 40. Geburtstag –
eine Überraschungsparty
zuhause

Interview mit

Saskia Valencia

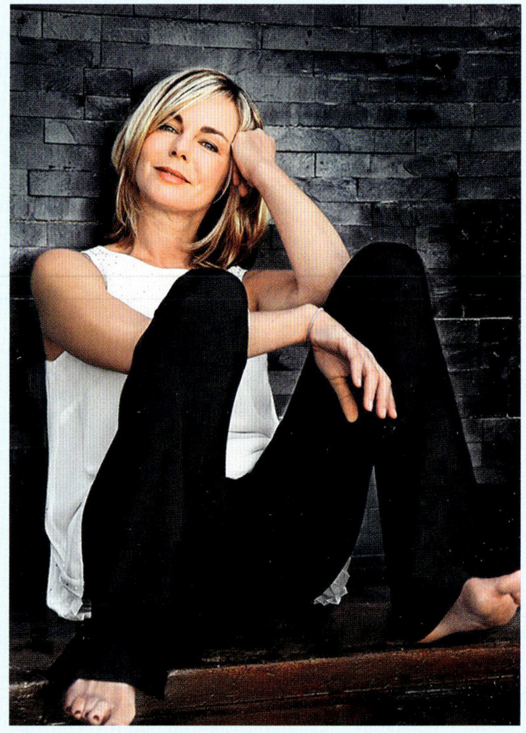

Marijke Amado: Liebe Saskia, deine Anfänge im Showbusiness waren in der Werbung. Du warst ja das Käse-Girl.

Saskia Valencia: Ja, genau. Ich war „Frau Antje bringt Käse aus Holland" und bin natürlich synchronisiert worden. Aber ich wollte schon immer etwas mit Film machen, als ich noch im Osten war. An der Schauspielschule hat man mich jedoch abgelehnt. Ich bin im Oktober 1987 in den Westen gekommen und habe geschaut, was ich so machen könnte. Ich habe mich für Philologie eingeschrieben, denn mir war es immer wichtig, einen Hochschulabschluss zu haben und das, was ich im Osten begonnen hatte – Produktionsleitung – gab es zu dieser Zeit im Westen, zumindest in Berlin, nicht. Parallel dachte ich mir, dass ich auch mein Aussehen vermarkten könnte, ich war aber unglaublich dünn und wäre eher etwas für Heidi Klum gewesen [lacht]. Ich habe dann auf eine Anzeige reagiert und den Job als Hausmodel bekommen, obwohl ich aus allen Kleidern rausfiel. Sie fanden mich aber so nett, und ich verdiente 25 Mark die Stunde! Ich habe dann auch ein paar Fotos mit einem Typen gemacht, der sich bei einer bekannten Berliner Schauspielagentur bewerben wollte. Sie haben sich dort seine Fotos angesehen und fragten ihn, wer denn das Mädchen sei und ich wurde daraufhin eingeladen. Dort erzählten sie mir, dass sie gerade eine Darstellerin für den Werbespot „Frau Antje bringt Käse aus Holland" suchten.

Marijke Amado: Mich haben sie damals nicht gefragt.

Saskia Valencia: Ich habe den Job dann bekommen und erhielt, für meine damaligen Verhältnisse, auch eine Wahnsinnsgage dafür. Das Tolle daran war, dass der Spot auch nach Österreich und in die Schweiz verkauft wurde. Ich hatte damals Haare bis zum Hintern und für diese Rolle wurden meine langen Haare nach oben gesteckt und ich bekam eine Perücke für den gigantischen Pony, darüber noch eine Perücke für die Zöpfe und darüber noch diese Mütze. Das war Abenteuer pur, zu sehen, wie das produziert wird, für mich Mädchen aus dem Osten! Dieser Spot lief dann drei Jahre wirklich super und daraus ergaben sich dann andere Werbespot-Jobs. Ich habe Wick-Hustenbonbons, Sunsweet-Trockenpflaumen und Mon Chérie gemacht. Es hieß damals noch: „Werbung macht man nicht als anständiger Schauspieler". Ich bin aber diesen Weg gegangen. Irgendwann bekam ich dann mein zweites Kind und mir war so langweilig, obwohl mir meine Agentin, Frau Drews, immer mal wieder Jobs vermitteln konnte. An einem Tag fiel mir wieder besonders stark die Decke auf den Kopf und nachdem ich meine Tochter zur Schule gebracht hatte, bin ich zur Agentur gefahren. Zufällig war dort gerade ein Casting. Eigentlich wollte ich meiner Agentin nur sagen, dass ich mich so langweile und ich nicht einfach nur mein Kind in die Schule bringen und dann mit dem Baby nach Hause fahren und Windeln wechseln kann ... ich wäre dabei eingegangen.

Marijke Amado: Du meinst, dass du dafür nicht geeignet bist?

Saskia Valencia: Ich liebe meine Kinder über alles und glaube auch, dass ich eine gute Mutter bin, aber ich wollte trotzdem die Welt erobern! Ich wollte damals noch mindestens den Nobelpreis für Literatur gewinnen! Ich kam also am besagten Tag in die Agentur und da war dann zufällig dieses Casting für „Gute Zeiten, schlechte Zeiten" und die Rolle hieß ebenfalls Saskia. Da habe ich mir gedacht, „nomen est omen" und habe das Casting gemacht. Eigentlich wollten mein Mann und ich nach Kolumbien auswandern, denn er war gerade mit dem Studium fertig und ich dachte nur „Abenteuer!", aber ich bekam die Rolle. Ich spielte dann die gute und die schöne und die reiche Saskia. Diese Rolle war eigentlich für 6 Wochen geschrieben worden, aber es waren alle so begeistert und es hat mir solchen Spaß gemacht, dass ich endlich wieder eine Aufgabe hatte und mein eigenes Geld verdienen konnte. Es war total schön und die Rolle wurde zum Kult, bis ich dann nach drei Jahren sagte, dass es mir reicht und ich mich alleine auf den Markt traue. Ich habe dort viel gelernt.

Marijke Amado: Hattest du immer eine Nase für nette Leute? Oder warst du am Anfang ähnlich naiv wie ich?

Saskia Valencia: Ja, ich hatte das Glück, dass ich in der Agentur von Uschi Drews war und dass sie einen anständigen Vertrag für mich aufgesetzt hatte. Somit wurde ich dort dann relativ schnell verhältnismäßig gut bezahlt. Ich habe schnell begriffen, welche Menschen mir etwas Gutes wollen und mir sind nur wenige begegnet, die mir Schlechtes wollten.

Marijke Amado: Dann hattest du also das Glück, dass du immer Leute um dich herumhattest, die positiv um dich gekämpft haben?

Saskia Valencia: Wir hatten zum Beispiel einen Producer, der mir immer gesagt hat: „Du hast das Gesicht für die ganz große Leinwand." Wenn du 25 Jahre bist, dann freust du dich natürlich sehr darüber, ich hatte auch eine gute Stimme, aber ich habe auch immer etwas für meine Karriere getan und habe nebenbei Schauspielunterricht genommen. Ich wollte etwas erreichen und war auch schon etwas älter. Ich durfte nicht sagen, wie alt ich wirklich war, durfte auch nicht sagen, dass ich verheiratet bin und durfte auch nicht sagen, dass ich Kinder habe. Ich sah wesentlich jünger aus, als ich war. Die anderen waren alle um die 19 und ich war zu dieser Zeit bereits 26.

Marijke Amado: Du hättest anders die Rolle nicht bekommen?

Saskia Valencia: Doch schon, aber ich war damals für viele Mädchen ein Vorbild und die wollten alle wie ich sein. Ich habe diese Produktmaschinerie schnell begriffen und habe verstanden, was ich dort darstelle. Währenddessen habe ich tolle Regisseure kennengelernt, bei denen ich spürte, dass sie in mir etwas sehen. Das hat mich dann immer beflügelt weiterzumachen. Und so hatte ich zwei Tage, nachdem ich aus „Gute Zeiten, schlechte Zeiten" ausgestiegen bin, meinen ersten Zweiteiler im ZDF.

Marijke Amado: War es denn dann das, was du immer werden wolltest?

Saskia Valencia: Ja, obwohl ich eigentlich Medizinerin werden sollte. Mein Vater ist Mediziner und irgendwie sind in meiner Familie viele Ärzte, und so war auch für mich immer klar, dass ich Medizinerin werde. Aber ich war dann in einer Theater-AG und dachte mir, das wäre doch etwas für mich und daraufhin habe ich mich an der Schauspielschule in Rostock beworben. Damals war es aber so, dass man dort „künstlerisch“ aussehen musste. Eher etwas schludriger Look und fettige Haare; ich sah aber nun ganz anders aus, fühlte mich fehl am Platz und wurde abgelehnt. Ich habe viele Jahre gedacht, dass mir auf der einen Seite mein Aussehen viele Türen geöffnet hat, auf der anderen Seite hat man mich aber auch immer auf bestimmte Rollen festgeschrieben und hat mich auf die Schönheit reduziert. Als junge Frau musste ich dagegen anarbeiten und als Frau überhaupt natürlich noch mal extra.

Marijke Amado: Also wurdest du in so eine Schublade gesteckt?

Saskia Valencia: Ja, selbst für meine Agentur war ich immer nur „Die Schöne“.

Marijke Amado: Also war dein Image: Schön, nett, liebenswert.

Saskia Valencia: Ich konnte die schöne Tote im Tatort spielen, die zuvor noch halbnackt die Treppe runterkommt und im Schwimmbad ihre Bahnen zieht und dann auf Seite drei des Drehbuchs ermordet wird.

Marijke Amado: Dein Äußeres hat dich gerettet.

Saskia Valencia: Ich war natürlich froh, den Fuß in der Tür zu haben und habe auch ganz kleine Sachen angenommen. Auch Rollen für nur zwei Tage – Hauptsache drehen und Erfahrungen sammeln. Ich bin seit März 1996 freie Schauspielerin und habe immer gut gearbeitet.

Marijke Amado: Was waren deine größten beruflichen Tiefschläge? Ich meine, so etwas passiert und gehört dazu.

Saskia Valencia: Es gab immer Rollen, von denen du wusstest, dass es damit richtig vorwärts gehen würde. Aber ich war nie gut im Klinkenputzen und war dafür irgendwie immer zu stolz, darum ist mir eine Besetzungscouch auch völlig fremd. Wenn ich einen Typen, und das waren meist Männer, die etwas zu sagen hatten, blöd fand, dann habe ich darauf gewartet, dass er auf mich zukommt und wenn nicht, dann eben nicht. Da bin ich mir immer treu geblieben.
Ich habe mich immer weiter hochgearbeitet. Ich wurde dann zum ZDF auf den

Lerchenberg bestellt und der leitende Redakteur hat mir gesagt, dass ihm meine Art gut gefallen hätte, mit der ich ein paar Sendungen „Peep“ moderiert hatte und hat mir die Sendung „Reiselust“ angeboten. Das habe ich dann 2 Jahre gemacht und habe dadurch 75 Länder dieser Erde besucht und parallel immer noch Filme bzw. Serien gedreht.

Marijke Amado: Nicht Neckermann aber das ZDF macht's möglich

Saskia Valencia: Ich habe mich natürlich wahnsinnig gefreut. Es kam wirklich immer alles zu mir! Dass eine Schauspiel-Agentin mich von einem Foto, mit dem sich ein anderer Typ entdecken lassen will, entdeckt ...

Marijke Amado: ... und dir diese Tür aufgemacht hat!

Saskia Valencia: Ja, das war meine Tür! Das ist so ein Zufall, dass sich der Kreis wieder geschlossen hat, denn da, wo ich hinwollte, bin ich ja heute! Also kann das alles nicht so verkehrt sein. Wir haben eine Bestimmung. Ich bin durch meine Kindheit in einem schönen Elternhaus und durch das Aufwachsen in der DDR als starke Person in den Westen gekommen ...
Ich habe z.B. einen starken Gerechtigkeitssinn. Ich kann die Ungleichbehandlung hier zum Beispiel schwer ertragen und versuche das dann immer auszugleichen. Ich glaube, das ist ein großer Fehler, den Arbeitgeber machen. Ich bin wahnsinnig kommunikativ, ich quatsche alle Leute an – aber da habe ich auch dazugelernt. Ich bin immer noch neugierig auf die Welt, auf alles, was passiert, und bin auch bereit, Risiken einzugehen. In meinem Privatleben habe ich so viele Rückschläge und Risiken gehabt und neben guten auch schlechte Zeiten erlebt ...

Marijke Amado: Ja? Scheidung, Trennung und wieder Trennung. Das kennen wir ja alle. Hat man dir das angesehen?

Saskia Valencia: Da hat mal ein Freund zu mir gesagt, und zwar der Andreas Elsholz bei meiner Scheidung, und solche Sätze bleiben einem ja im Kopf, er sagte: „Oh je, Saskia, jetzt Scheidung ... pass bloß auf, dass man das nicht in deinem Gesicht sieht, denn du hast so eine gute, positive Ausstrahlung, und wenn man das sieht, was du gerade durchmachst“ – denn das war nicht schön, mit Kampf um die Kinder und so – „dann ist das nicht gut für dich.“ Ich fand das zwar einerseits ein bisschen oberflächlich, weil ich dachte, scheißt der Hund auf den Beruf, das ist mir wurscht, aber …

Marijke Amado: … aber es war so. Weinen in den engsten Kreisen.

Saskia Valencia: Ja, genau, diese Geschichten durfte man eigentlich niemandem erzählen.

Marijke Amado: Dann hättest du sofort deinen Job verloren!

Saskia Valencia: Ja. Das wollte keiner wissen. Immer strahlen und gute Laune verbreiten, bloß nicht kompliziert sein!

Marijke Amado: Nee! Und seine Tränen durfte man absolut nicht zeigen.

Saskia Valencia: Nee.

Marijke Amado: Das stimmt. – Heute ja.

Saskia Valencia: Die Falten, die ich habe, und den manchmal melancholischen Blick – das bin ich und finde es auch gut so. Ich bemühe mich, immer den neugierigen Kinderblick zu haben, auch nie meine Mundwinkel hängen zu lassen. Ich grinse nicht blöd, das mache ich nicht, aber ich versuche, nicht frustriert auszusehen.

Marijke Amado: Also, nicht so eine Opferrolle einzunehmen.

Saskia Valencia: Nein, nein. Ich bin kein Opfer!

Marijke Amado: Nein, ich ja auch nicht. Ich habe in meinem Leben viele Phasen gehabt, genau wie du, die ich als Erfahrungswert angenommen habe. In diesem Buch werde ich schon auch Dinge ansprechen, vor denen man sich gar nicht richtig schützen konnte.

Saskia Valencia: Bei mir ist es so, dass, wenn ich nicht über so wahnsinnig schlimme Sachen berichten kann, es daran liegt, dass es mir nicht wichtig war, wenn mir etwas Schlimmes passiert ist. Ich glaube einfach an mich selbst und mir sind immer gute Menschen begegnet. Natürlich sind mir auch doofe begegnet, es gibt auch Momente und Kollegen, die völlig unnötig waren. Auch Kolleginnen, die stutenbissig waren. Das bin ich nicht, das war ich nie! Wie blöd, wenn nicht mal wir Frauen uns gegenseitig stärken!

Marijke Amado: Du kannst damit gut umgehen.

Saskia Valencia: Ich versuche die dann erstmal zu knacken, weil ich mich frage, woher das kommt, denn ich strahle das nicht aus. Ich war mal furchtbar traurig mit 13, 14, weil eine blöde Freundin was Doofes gemacht hat und da hat mein Vater zu mir gesagt: „Saskia, pass mal auf! Es wird immer jemanden geben, der klüger ist als du, der schöner ist als du, der besser ist als du. Aber du bist so wie du bist, total in Ordnung! Glaube an dich selbst." Ich habe also immer an mich geglaubt und gedacht, dass es auch immer weitergeht, das lehrt uns ja auch das Leben. Ich war wirklich, Marijke, mit 45 nochmal bei null. Beziehungsweise, mit 45 war ich dann ENDLICH wieder bei null.

Marijke Amado: Ich mit 50.

Saskia Valencia: So, und dann mit 47 habe ich mich von dem nächsten Mann getrennt, der der Trennungsgrund von meinem Ex-Mann war, von dem Zierl, mit dem ich 11 Jahre zusammen war. Der hat mich auch nicht unterstützt oder mir geholfen mit dem ganzen Kram. Aber seit dem Tag der Trennung bin ich angstbefreit. Ich habe komischerweise keine existenzielle Angst mehr.

Marijke Amado: Das klingt nach Weiterentwicklung.

Saskia Valencia: Ich weiß es nicht. Aber wichtig ist, dass ich allein für mein Geld verantwortlich bin und nicht nebenbei noch einen Mann supporte und eine Rolle erfülle. Das war ja damals nun auch ein Schauspieler, was dann auch zwischen uns so ein Ding war, vor allem in Bezug auf berufliche Eifersucht. Ich hatte zu der Zeit noch so ein veraltetes Rollenbild, das habe ich zwar nicht ganz so gelebt, aber es ging in die Richtung: Eine Frau supportet ihren Mann. Hebt ihn. Nach dem Motto „Helmut, du bist so ein toller Schauspieler!" Wir haben einen Film zusammen gemacht, in Thailand. Und dort sind wir auf so einen Berg gestiegen und in einen Tempel gegangen, ein Mönch hat mich gesegnet, und dann hat der Helmut zu mir gesagt: „Ich sehe das gerade so richtig vor mir, was passiert. Du wirst jetzt so richtig durchstarten, du wirst so eine Karriere machen, und bei mir ist es jetzt langsam vorbei." Und was mache ich natürlich? Also, innerlich dachte ich: „Echt? So sieht er das? Ich bin so gut, dass ich jetzt scheinbar ein Konkurrent für ihn bin?" Gesagt habe ich aber natürlich: „Helmut, nein! Du bist doch so ein toller Schauspieler! Wirklich, nein." Immer schön das eigene Licht kleiner machen, damit der Mann sich besser fühlt! Aber ich, oder wir Frauen, wurden nämlich nicht supportet. Ich war in meiner ersten Ehe die Geldverdienerin und die Tolle, Glamouröse, Kinder mal so nebenher gekriegt, Wohnung wird gekauft, Auto wird gekauft, alles toll! Aber es kostete mich unglaublich viel Kraft. Ich war am Ende dieser Zeit völlig ausgelaugt, was dann auch zur Trennung führte. Ich habe die „Reiselust" gemacht, ich habe gedreht, ich war ja nur noch am Arbeiten! Ich habe meine Kinder nicht gesehen. Ich war schon so schizophren, ich bin nach Hause gekommen, habe meine Koffer abgestellt, nachdem ich 14 Tage in der Weltgeschichte rumgegondelt bin und habe ganz schnell meine Wäsche weggeräumt, die Koffer in den Keller gebracht und bin auf den Markt gegangen, habe eingekauft und dann gekocht und gebacken und getan, damit, wenn die Kinder aus der Schule kamen, das Haus schon roch und es hieß: Mama ist wieder da! Völlig schizophren! Diese Doppelbelastung! Ich existierte eigentlich gar nicht mehr für mich. Ich war nicht mehr bei mir. Und wenn ich nicht bei mir bin, dann falle ich immer hin und hole mir Narben.

Marijke Amado: Wie fällst du hin? Einfach die Treppe runter?

Saskia Valencia: Ich vertrete mich irgendwie und falle eine Treppe runter oder auf der Straße, indem ich stolpere oder so. Ja, wahrscheinlich, weil ich meine Mitte verliere. Aber jetzt bin ich schon lange nicht mehr hingefallen. Und, ja, mit 47 dann, als ich den Zierl verließ und plötzlich nur für mich allein verantwortlich war und arbeitete, hatte ich dann einen Mann an meiner Seite, Thorsten Nindel, bei dem das ganz anders war. Der hat mich sehr gestützt, unterstützt. Zwar auch Schauspieler, aber er hat immer Sachen gesagt, wie: „Ich freu mich so für dich, dass das klappt. Das hast du super gemacht, achte darauf und hierauf, ehrlich, aber toll!" Der hat mich künstlerisch nach vorne gebracht, hat mit mir Text erarbeitet, ich habe ihm völlig vertraut. Dem lag daran, dass ich toll bin, der wollte mit einer tollen Frau zusammen sein. Eine gleichberechtigte Partnerschaft auf Augenhöhe! Der Zierl mochte nicht, dass ich fast größer war als er. Ich meine, so groß bin ich ja gar nicht, ich bin 1,74, aber wenn ich hohe Galoschen angezogen habe, dann war ich größer als er und das mochte er nicht. Ich habe auch immer schon meine Männer obenrum angefasst, wenn die gleichgroß waren, nicht wie ein kleines Mäuschen unten, weißt du? Gleichberechtigt! Ich bin aus dem Osten, ich bin mit der Gleichberechtigung großgeworden. Ich kenn' das gar nicht anders. Da habe ich mich dann auch privat darüber aufgeregt, diese Nummer, dass Frauen im Westen Kinder gekriegt haben und dann ihr Leben lang versorgt wurden. Das gab's nicht im Osten! Meine Mutter hat ihre Kinder gekriegt und war seit ihrem 22. Lebensjahr Lehrerin.

Marijke Amado: Interessant, im Osten war das damals wirklich anders als im Westen

Saskia Valencia: Ja, aber ich habe es nie richtig begriffen. Ich bin nie aus meiner Erziehung rausgetreten und habe dieses Rollenbild, das hier im Westen so stark war, angenommen. Der Zierl war ein völliger Macho! Der wollte gern, dass ich mein eigenes Geld habe, der wollte aber am liebsten, dass ich zuhause bin, für ihn die Supergeliebte bin, für ihn koche, mich um Haus und Kinder kümmere, aber im Beruf schön unauffällig bitte.

Marijke Amado: Es gab hier damals schon einige verwöhnte Männlein.

Saskia Valencia: Ja, das ist heute noch so! Ich habe das so peu à peu mitgekriegt. Du begreifst sowas ja auch nicht, wenn du selbst nicht so groß geworden bist. Meine Eltern sind völlig gleichberechtigt. Im Osten gibt es so viele Frauen, die Mathematik, Physik oder Ingenieurswissenschaften und sowas studieren, wovon die im Westen noch lange nichts gehört hatten! Da studierte eine Frau halt Literatur, oder, wenn es ganz schlimm kommt, Kunstgeschichte, wenn man nicht so richtig muss. Zum Glück hat sich das geändert und Frauen sind sich ihrer Kraft bewusst. Ich kannte das gar nicht. Ich bin aber auch nicht gewillt gewesen, von meinem gleichberechtigten Posten runterzugehen. Das wird mir heute bewusst! Vielleicht hat mir das auch viele Türen geöffnet, dass ich selbstbewusst rübergekommen bin und mich nicht klein gemacht habe.

Marijke Amado: Ja, das könnte deine Geheimwaffe gewesen sein, ohne, dass du es selbst gemerkt hast!

Saskia Valencia: Ja, ohne, dass ich das selber bemerkte, heute realisiere ich das viel mehr! Heute mache ich mich, auch Männern gegenüber, immer darüber lustig, indem ich sage, dass ich der Sohn sei, den mein Vater nie hatte.

Marijke Amado: Übrigens auch in der Fernsehbranche und Journalistik, sind Frauen aus der DDR sehr weit vorangekommen. Die haben oft ganz hohe Posten! Nehmen wir mal Frau Merkel.

Saskia Valencia: Ja, und ihr, ihr musstet euch da vielleicht auch erstmal befreien.

Marijke Amado: Wir mussten uns total befreien, ja! Ich weiß noch, mein Vater, der drehte durch, als ich sagte ich gehe in die Welt. Direkt nach der Wende habe ich eine Reise gemacht durch die neuen Bundesländer. Mit einem Cadillac, mit einer Schneckenperücke auf. Und wir haben alle möglichen besonderen Menschen gefilmt. Von der sächsischen Schweiz bis nach Dresden, Leipzig, auch in Rostock waren wir. Und da sind mir diese Kitas aufgefallen, in denen die Kinder aufgehoben waren, während die Eltern arbeiten gegangen sind. Und wenn man sich trennte, dann bekam die Frau eine Wohnung … also, das war nicht so wie hier. Das war eine total andere Welt. Es hatte auch, wie immer im Leben, seine Vor- und Nachteile, denn Freiheit hatte man nicht, dafür aber andere Freiheiten.

Saskia Valencia: Ja, das sind viele dieser sozialen Errungenschaften, wie Kinderkrippen, dass auch die Frauen arbeiten gehen konnten. Meine Mutter wollte auch immer arbeiten. Ich hatte so eine Durchhängerphase mit 35, da dachte ich: „So, okay, das kann ich, das habe ich mir jetzt bewiesen, ich kann Karriere machen. Jetzt würde ich ganz gern noch ein drittes Kind kriegen, jetzt möchte ich mal nur Mutter sein für zwei, drei Jahre." Weil das natürlich eine Grätsche in meinem Leben war, die schwer zu bewerkstelligen war – Mutter zu sein und diesen Beruf zu machen. In dem du ja eigentlich auch nur existieren kannst, wenn du irgendwelche Protegérs hattest. Und Protegérs hatte ich nicht. Mir hat damals meine Schauspiellehrerin im Westen gesagt: „Wenn du am Theater groß rauskommen willst, dann musst du eigentlich mit dem Intendanten verheiratet sein. Dann kannst du die großen Frauenrollen spielen. Die Rollen für Frauen sind nämlich immer schlechter." Ich habe zwar immer Menschen um mich herumgehabt, die mich mochten und Männer, die in der Fernsehbranche wichtig und auch an mir interessiert waren, aber ich bin diesen Schritt nie gegangen, weil die mich vielleicht auch einfach nicht interessiert haben oder weil ich das nie gewollt hätte.

Marijke Amado: Aber ich denke schon, dass du vom Typ her „Männerfleisch" hast. Verstehst du, was ich meine?

Saskia Valencia: Ja, das kann sein.

Saskia Valencia: Genau, das kennen wir alle. Ich habe keine Angst mehr, ich weiß, was ich kann und ich hechle den Jobs nicht hinterher und dadurch kommt dann vielleicht auch öfter mal etwas Neues.

Marijke Amado: Ich denke, wir lassen noch vieles auf uns zukommen, oder?

Kapitel 7

Wie die Uhr für die Frauen in den Medien tickt

Ich hatte bis dahin zwei sehr langlaufende und erfolgreiche Fernsehformate moderiert. Moderieren ist dabei eine unzureichende Beschreibung, denn heute bedeutet das Ablesen vom Telepromter mit einem Knopf im Ohr und nicht den ganzen Aufbau, Gestaltung und kreativen Input einer Sendung zu gestalten, wie sie damals produziert wurde.
Bei zehn Jahren *WWF Club* und acht Jahren *Mini Playback Show* würde man denken, dass mindestens ein Bambi oder ein sonstiger Fernsehpreis in meinem immer noch verwaisten Preisschrank gelandet sein sollte. Nein, der einzige Preis war „Der beleidigte Zuschauer“ für meine angebliche Pädophilen-Sendung. Mein Preisschrank ist heute gefüllt mit meinem kitschigen Delfter Porzellan. Auch schön.
Viele im Deutschen Fernsehen sind damit bestückt. Ich nehme es mit Humor und Witz, dass Preise einem im Leben auch nicht weiterhelfen und meistens auch wirklich sehr hässlich sind.

Im Jahr 1998 war ich mal wieder arbeitslos und so war meine Kreativität gefordert, um ein Einkommen zu generieren. Meine liebe Fernsehen-Mutter Marlis Robels kam in solchen Momenten immer wieder mit einer guten Idee um die Ecke. Wir wollten eine Schule gründen für junge Leute, die das „Fernsehmachen“ lernen wollten. Auf alle Fälle konnten wir ja unsere Erfahrung und Weisheit weitergeben. Wir nannten es „Step to Future“.

Nicht nur Moderation, sondern auch Redaktion und Kameratechnik sollte gelehrt werden. Dies übernahm Klaudi Fröhlich. Wir wollten auch selbst produzieren, denn wir hatten gemeinsam genug Ahnung, nach all den Jahren, würde ich mal so sagen.

Es sollte eine Morning-Show bei RTL produziert werden und die Gebrüder Breuer aus Hürth finanzierten es, sodass wir den Piloten machen konnten. Wir haben einen schönen Piloten hingelegt. Dafür hat Herbert Schäfer, einer der Besten in der damaligen deutschen Unterhaltung, ein eigenes Bühnenbild gebaut. Wir haben interessante und schöne Gespräche geführt mit vielen spannenden Gästen. Wir drei waren ja immer schon ein super Team. Wir haben dies RTL vorgestellt als es fertig geschnitten war, und waren der festen Überzeugung, dass man es nicht besser machen konnte. Das sah der damalige Unterhaltungschef von RTL jedoch anders und das Projekt wurde leider abgelehnt. Wir hatten alles mit Hilfe der Breuer-Brüder vorfinanziert. Das Projekt wurde somit beerdigt und das Geld war futsch.

„Step to Future" lief aber weiter gut und es meldeten sich immer weiter Jugendliche an, die in allen Sparten unterrichtet wurden.

Für den WDR sollten wir eine spirituelle Reihe entwickeln und der erste sendefähige Pilot hatte als Thema „Engel". Mit Klaudi bin ich überall hingereist, um Menschen zu treffen, die in ihrem Leben Erfahrungen mit Engeln hatten. An jedem Platz waren wir, bis hin nach Los Angeles, der Stadt der Engel. Leider hat der WDR es um acht Uhr morgens am Ersten Weihnachtstag ausgestrahlt, an dem jeder noch in Bett liegt, in der Kirche ist oder beim Weihnachtsfrühstück sitzt. Damit konnte man auch keine Einschaltquote erreichen. So konnten wir das auch vergessen. Der verantwortliche Chef-Redakteur beim WDR war plötzlich weg in Richtung Berlin und keiner wusste mehr von einer Reihe und weiteren Folgen. Es werden manchmal Entscheidungen in dieser Branche getroffen, die keiner versteht und nie verstehen wird.

Es gibt Sendungen auf dem Bildschirm, da denkt man: „Wer hat das erfunden?" Wie nackte Pimmel und Muschis auf einer Tropischen Insel und davon gibt es auch noch ein Promi-Format. In allen Ländern trifft man die gleichen Formate wieder. In den Niederlanden, in England, wie auch in Deutschland kann man sich jetzt aus drei Nackten einen aussuchen. Zu Beginn ist nur das

Unterteil sichtbar, der beste Schniedeldödeldudel oder die schönste Muschi. Nachher wird der Rest des Körpers und das Gesicht dazu gezeigt. Ich frage mich immer, wo die um Gottes Willen die Kandidaten herholen.

Man fragt sich, wie es z.B. Sylvie Meis 2018 gelungen ist, eine Strapsen-Show zu verkaufen, in der sie auch noch ihre eigene Unterwäsche indirekt promoten kann. Andere müssen sämtliche Marken abkleben. Eine Sendung, die für Mädchen und Frauen in der heutigen Zeit eher abartig als fördernd ist. Nur um als 19-Jährige als Dessous-Modell in dieser Welt anzufangen und seine fantastischen Haare auf dem Bildschirm unter Tränen abschneiden zu lassen, da sie sonst in den BH hängen. Es gibt Schöneres im Leben. Diese Sendung passt nun gar nicht mehr ins heutige Frauenbild: Überall die Hötzeklötzen zeigen zu müssen, um einen Job zu bekommen.

Dr. Thoma hat immer gesagt: „Alle möglichen Sendungen werden entwickelt und gezeigt, solange die Zuschauer es fressen und die Einschaltquoten stimmen." Ich bin guter Hoffnung, dass die Zuschauer langsam wirklich etwas anderes sehen wollen und dass Herz, Authentizität, Spontanität und Echtheit wieder ins Fernsehen zurückkehren.

Interview mit

Ruth Moschner

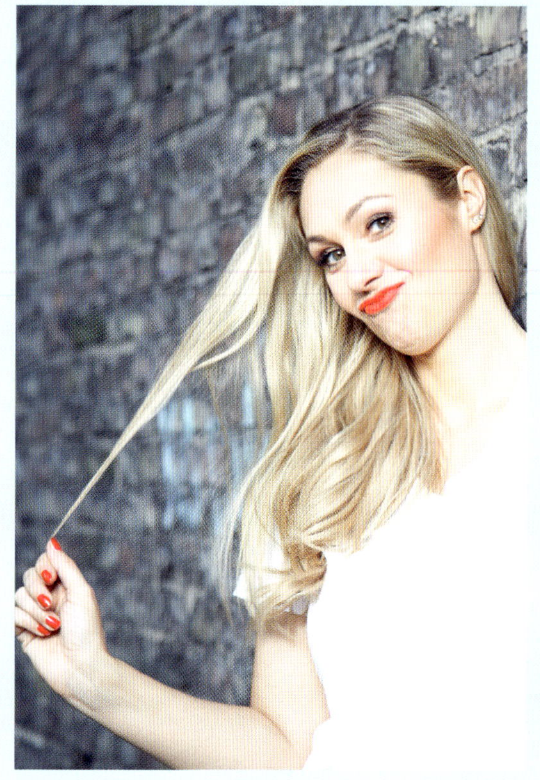

Marijke Amado: Hast du, als du mit dem Fernsehen richtig anfingst, Situationen erlebt, in denen dich „mächtigere“ Herren in irgendeiner Form bedrängt haben?

Ruth Moschner: Ja, absolut. Das fängt ja schon damit an, dass dir irgendwann einmal gesagt wird, du seist zu dick. Dabei geht es schließlich auch um ein Ausspielen von Macht, wenn belanglose Äußerlichkeiten kritisiert werden, die eigentlich niemanden etwas angehen.

Marijke Amado: Das Fernsehen macht ja auch 10 Kilo dicker!

Ruth Moschner: Fernsehtechnik ist sehr männerfreundlich. Männer sehen groß und stark aus und wir Frauen einfach bloß rund. Obwohl ich das eigentlich nicht schlecht finde. Es ist doch schön, wenn man eine Identifikationsfigur im Fernsehen hat, Figur sogar im doppelten Sinne. Jedenfalls kritisierte man meine Figur, weil es wohl an meiner Arbeit nichts auszusetzen gab. Später kam dann natürlich auch einmal das Thema Sex auf. Es fing sehr subtil an, mit schmeichelnden Sprüchen, wie „Du bist so nett und toll. Normalerweise gehe ich nicht fremd, da muss ich eine Frau schon sehr mögen, aber du wärst genau mein Typ, da würde ich eine Ausnahme machen.“ Ich fürchte, dass viele Fälle in so einer undefinierbaren Grauzone beginnen. Anfangs habe ich das auch nicht wirklich ernst genommen und dachte, der will doch nix Böses.

Marijke Amado: Und waren diese Sprüche auch mit Angeboten verbunden, dich in deiner Karriere weiter voran zu bringen?

Ruth Moschner: Nein, das nicht. Es ging eher in die andere Richtung, nämlich, mich um meinen Job zu bringen. Als der Produzent immer handgreiflicher wurde, ich ihn aus meinem Dekolleté klauben musste und ihm eine scheuerte, um meinen Standpunkt zu verdeutlichen, habe ich mich unserer Redakteurin anvertraut. Was ich allerdings erst später erfuhr: angeblich hatten die beiden was miteinander. Daher war sie wohl eher eifersüchtig und die falsche Ansprechpartnerin. Und dann fing das Mobbing an. Im Nachhinein betrachtet, würde ich es trotzdem immer wieder so machen. Und aus dieser Geschichte habe ich meine Lehren gezogen. Wenn ich am Set mitbekomme, dass einer dieser alten Grabscher die jungen Mädels belästigt, nehme ich mir diese zur Seite. Sie sollen nicht das Gefühl haben, dass so was beim Fernsehen Pflicht ist.

Marijke Amado: Du gehst so richtig dazwischen? Ist so etwas denn schon mal vorgekommen?

Ruth Moschner: Dazwischen gehen muss man da nicht. Solche Belästigungen passieren doch meist unter Ausschluss der Öffentlichkeit. Diese Grabscher sind Profis. Da kommt hier mal 'ne Einladung ins Hotelzimmer, dort 'ne Versprechung von „Ich bring dich groß raus", oder einfach nur grenzüberschreitende Berührungen ohne jeglichen Respekt. Aber am besten ohne Zeugen. Wir Frauen müssen deshalb umso mehr zusammenhalten und uns den Rücken stärken. Es gibt aber auch tolle Chefs und Chefinnen, die solche Männer dann rausschmeißen, aber halt auch Produktionen, bei denen so etwas stillschweigend akzeptiert wird. Meiner Ansicht nach macht es nie Sinn, sich durch Fummelei oder Ähnliches einen Job zu ergattern.

Marijke Amado: Ich finde es toll, dass du der jüngeren Generation zeigst, dass sie geschützt sind, wenn du bei ihnen am Set bist und dass sie sich dir anvertrauen können. Vor allem auch, dass du sofort reagieren würdest, sollte etwas in dieser Richtung vorfallen.

Ruth Moschner: Ich bin jetzt hier nicht die Keuschheitsgouvernante, aber vielleicht etwas sensibler, weil mich damals einfach keiner verstanden hat. Ich bin daran nicht zugrunde gegangen, aber es war doch sehr irritierend, dass man als Zicke dargestellt wurde, ohne etwas falsch gemacht zu haben. Ich weiß einfach, dass es heute meine Verpflichtung ist, es mit den Mädels anders zu machen, als es bei mir damals war.

Es ist eine tolle Branche, mit tollen Leuten, da müssen die moralbefreiten Idioten nicht Oberwasser bekommen.

Marijke Amado: Meinst du, es ist in diesem Haifischbecken in dem wir uns bewegen, extremer als in anderen Berufsrichtungen?

Ruth Moschner: Nein, das glaube ich nicht. Wir sind vielleicht lauter, weil wir in den Medien sind, aber ich denke, das kommt in jedem Büro vor.

Marijke Amado: Oft ist es ja auch so, dass die Frau als nur so stark angesehen wird, sei es finanziell oder in Verhandlungen, wie der Mann ist, der sie unterstützt. Oder auch umgekehrt. Hast du deine Verträge immer selbst verhandelt?

Ruth Moschner: Nein, ich kann super für andere verhandeln, darin bin ich richtig gut. Aber für mich selbst lasse ich immer andere verhandeln, übrigens vorwiegend Frauen.

Marijke Amado: Was möchtest du in den Medien noch erreichen? Was ist dein Ziel?

Ruth Moschner: Ich hatte in meiner 20-jährigen Laufbahn so viel Glück. Ich hatte die Chance an so tollen Formaten mitzuarbeiten und sogar drei davon nachhaltig mitprägen zu dürfen. Je älter man wird, desto mehr Freude möchte man an den Projekten, die man macht, haben. Ich bin ja mittlerweile auch über 40, was in der Medienbranche ja Asbach Uralt bedeutet. Trotzdem merke ich, dass die Produzenten diese Mischung aus Erfahrungswerten und Begeisterungsfähigkeit bei solchen Moderatoren schätzen. Vor zwanzig Jahren warst du mit 40 raus aus dem Geschäft. Das hat sich Gott sei Dank geändert.

Marijke Amado: Ich hatte bei der Mini Playback Show zwischenzeitlich sehr hartes Licht und habe dann nur nach unten geschaut. Wer hat bitteschön die HD-Kameras erfunden!?

Ruth Moschner: Ja, die sind absolut nicht gesichtsfreundlich. So viel Information möchte man doch gar nicht bekommen! Manchmal bin ich richtig geschockt, wenn bei einem Dreh im Hotelzimmer stundenlang das Licht eingerichtet wurde und ich das Ergebnis dann später im Fernsehen sehe. Aber das liegt womöglich auch daran, dass oft gespart oder kein extra Lichtausstatter engagiert wird.

Marijke Amado: Ich habe oft das Gefühl, dass es in der Fernsehbranche heutzutage gar nicht mehr ohne Hilfen geht, gerade wegen dieser HD-Kameras. Du sollst natürlich nicht alles glattziehen lassen, aber wenn man den Dingen seinen Lauf lässt, sieht es auch nicht schön aus.

Ruth Moschner: Das stimmt und ich verstehe die Kolleginnen auch zum Teil. Was mich nur wütend macht, sind dann diese jungen Mädchen, die sich teilweise bis zur Unkenntlichkeit zerschnibbeln lassen. Ich habe leider zu viele Menschen in meinem Bekanntenkreis, die an Krebs erkrankt sind und die wirklich mit ihrer Gesundheit zu kämpfen hatten. DAS sind Gründe für eine OP. Dann diese jungen Mädchen zu sehen, die der Natur so krass ins Handwerk pfuschen ohne eine tatsächlich Not zu haben, das macht mich wütend.

Marijke Amado: Da hast du Recht. Und wenn man sich mal wieder über seine Hängebrüste ärgert, dann sollte man sich bewusst machen, dass es Frauen gibt, die gar keine mehr haben. Und man sollte dankbar sein.

Ruth Moschner: Das stimmt. Sollte ich das Glück haben, richtig alt zu werden, wünsche ich mir natürlich Gesundheit, aber auch die Weisheit und Erkenntnis, dass Aussehen wie die gestraffte Norm nicht unbedingt das Non-Plus-Ultra ist.

Marijke Amado: Was steht denn nun bei dir an? Du hast dich vorbereitet auf den nächsten Schritt?

Ruth Moschner: Bei mir ging es, neben der Unterhaltungsbranche auch immer um Gesundheitsthemen. Gesunde Ernährung und so weiter, das hat mich schon früher interessiert, aber ich konnte mir damals kein Studium leisten. Daher habe ich mir zwischen 2014 und 2016 ein Fernstudium zur ganzheitlichen Gesundheitsberaterin gegönnt, inzwischen bin ich sogar noch Mikronährstoffcoach. Ich kann natürlich noch keine Praxis eröffnen, aber auf Zuruf komme ich doch schon dazu, Menschen zu beraten. Wenn ich Feedback bekomme, dass sich Leute um 180 Grad gedreht haben und jetzt gesündere Menschen sind, oder dass sich Beschwerden verflüchtigt haben, das macht mich glücklich.

Marijke Amado: Du bist auch ein spiritueller Mensch, oder? Du versuchst auch immer das Positive aus einer Situation zu ziehen und aus schlimmen Momenten die Lehre mitzunehmen.

Ruth Moschner: Ja, das lehrt einen ja auch das Leben. Dass man immer mehrere Blickwinkel in Betracht ziehen sollte und nicht gleich denkt, dass die Welt untergeht.

Marijke Amado: Hättest du einen Rat für Frauen, die Anfang 20 sind und in diesem Beruf arbeiten wollen? Gibt es etwas, das du damals hättest besser machen können?

Ruth Moschner: Bleibt ihr selbst. Man darf nicht in diese Gefälligkeitsschiene geraten, in der man Dinge tut, nur um erfolgreich zu sein. Mir hat man früher oft gesagt, dass ich so ein authentisches Lachen hätte. Und da fängt es bei dir an zu rattern, dann denkst du plötzlich, du musst viel mehr lachen, weil es das ist, was die Leute sehen wollen. Und dann wird es unauthentisch. Gerade heutzutage, wo es viele Reality-Formate gibt und die Leute schnell ihren Stempel aufgedrückt bekommen, darf man nicht in die Gefälligkeitsfalle tappen. Da gibt es dann die Zicke, die Dumme, die mit den großen Brüsten und so weiter, und die betroffenen Personen unterstützen das mit ihrem Verhalten, weil sie weiter gebucht werden wollen. Ich finde, man hat immer das Recht, sich zu verändern, das sollte man sogar, denn ich denke diejenigen, die sich nicht verändern, sind irgendwann die, die weg vom Fenster sind, weil die Leute ja auch nicht immer dasselbe sehen wollen.

Marijke Amado: Ja, das merkt man auch, wenn man dich im Fernsehen sieht. Man hat immer gleich das Gefühl: Das ist Ruth. Du bist authentisch und verstellst dich nicht, und ich denke, das ist auch dein Geheimnis.

Kapitel 8

Amado und Antwerpes, die Talkshow für Genießer

1999 rief der WDR an, ob ich bereit wäre, wieder zu talken. Sie hätten einen tollen Kerl für mich ausgesucht, der dies mit mir zusammen machen sollte: Regierungspräsident Franz-Josef Antwerpes. Er wäre gerade in Pension gegangen und hätte Zeit. Ich fand das damals schon superwitzig. Wir Fernseh-Frauen mussten meistens mit 45 Jahren das Feld räumen, da die ersten Falten sichtbar wurden, aber einem pensionierten Regierungspräsident mit 66 Jahren, der in seinem Leben noch nie eine Sendung moderiert hatte, hauchte man ein neues Leben ein als Talkmaster in der Primetime.

Ich kannte ihn aus der Zeitung während meiner Kölner Zeit. Seine größten Hobbys waren damals Straßenverkehr und Sicherheit. Er stand oft selbst bei Verkehrskontrollen auf der Autobahn, um mitzuerleben, wie die Autos angehalten wurden und mit einem Gefühl der Schadenfreude schrieb er die Autos und Busse auf. Natürlich immer medienwirksam mit der Kamera dabei. Einmal hat er selbst die A4 gesperrt für so eine Verkehrskontrolle. Die Autobahn A4 verläuft von Köln nach Holland. Sie raten es schon, seine Liebe zu den Niederländern war sehr groß.
Er war ein persönlicher Freund von Präsident Fidel Castro aus Kuba, der ihm eine Ehrennadel und einen Orden verliehen hatte, den Orden der Freundschaft. Was immer das auch bedeuten mag, er hatte wenigstens einen Orden. Er ist übrigens der einzige Deutsche, der diesen jemals bekommen hat, und darauf war er immer stolz.
Ich habe lange überlegt, ob ich meinen Havanezer-Hund, der ursprünglich aus Kuba stammt, Franz-Josef nennen sollte. Ich habe mich dann doch für

etwas Positiveres entschieden, nämlich „Jottum“, was im Niederländischen so viel wie „Hurra“ bedeutet.
Wahrscheinlich haben Fidel und Franz-Josef besser zueinander gepasst als wir beide. Obwohl am Anfang noch alles in Ordnung war. Wir waren zwei Gegensätze und das ist für eine Talkshow gar nicht so schlecht. Das macht das Bild lebendig.

Gegensätze machen das Bild lebendig

Ich nannte ihn liebevoll: „Der Ampel-König“. In all den Jahren in Köln habe ich mich immer totgeärgert über all die Ampeln: an jeder Ecke eine, zwei, manchmal drei oder vier, bis heute. Man hat mir immer erzählt, dass sei ein Nachlass von Franz-Josef. Bei jedem Ampelrotlicht habe ich damals schon im Auto, „Danke Franz-Josef“, gesagt, obwohl wir uns gar nicht persönlich kannten. Aber was nicht war, sollte bald kommen.
Er baute auch Wein an, mitten in Köln, und der war meist grottenschlecht. Das einzig Gute daran war, dass das Geld, welches damit verdient wurde, einem guten Zweck diente, besser als die Holländer und ihre Popel-Blumen in Automaten. Manchmal wurde die Flasche für 300 DM verkauft.
In den Kölschen Klüngel, sagte man mir, passe Franz-Josef sehr gut.

Die Talkshow hieß auch „Amado und Antwerpes, die Talkshow für Genießer“. Vor allem das letzte Wort war ziemlich schnell Vergangenheit.
Es war eine 90-minütige Live-Sendung mit interessanten Menschen, die etwas zu erzählen hatten. Oben in der Bar des Hotels Interconti, wo mit Spezialgeräten einmal im Monat die Kabel bis in den obersten Stock von außen hoch nach oben und innen gebracht wurden, sodass wir senden konnten.
Ich ging mit meinem holländischen Humor und meiner Direktheit fröhlich und positiv in die Sendung rein, und mit Bemerkungen wie „Franz-Josef, was trägst du denn heute für sexy Socken?“ oder „Ampel-König mach mal voran, die Zeit läuft ...“ machte ich mich bei ihm sehr beliebt.
Am Anfang fand er meinen Umgang mit ihm wirklich lustig. Das war er in seiner ganzen politischen Laufbahn mit „Schleimheim durch alle Gassen“ gar nicht gewöhnt. Und seine SPD-Fans auch nicht. Irgendwann meinten sie: „Lass dich nicht fertigmachen von dieser Holländerin!“ und ab diesem

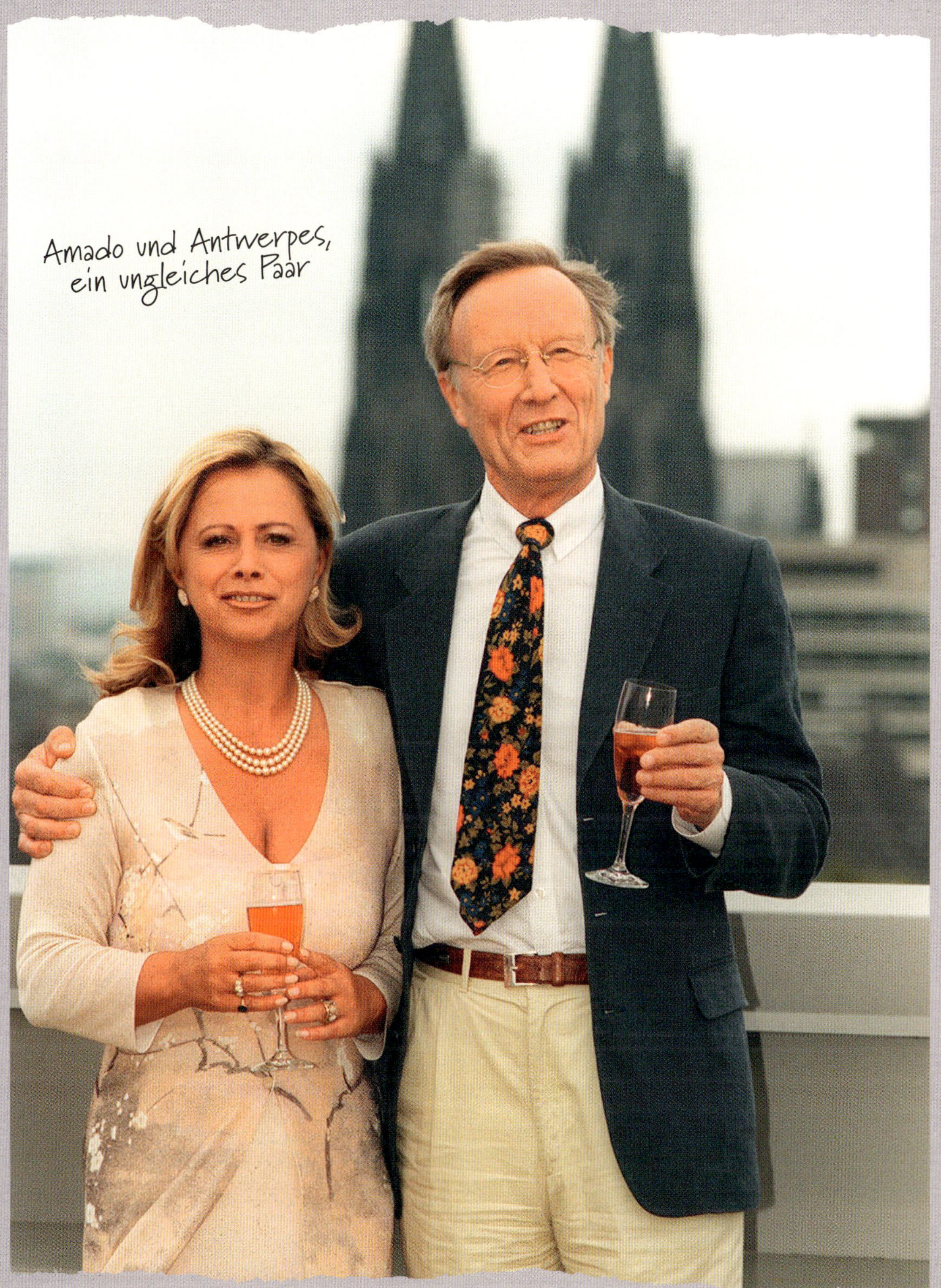

Amado und Antwerpes,
ein ungleiches Paar

Moment war der Spaß vorbei. Die Stimmung und das Spiel zwischen uns war kein Spiel mehr. Es wurde eine ernste Sache.

Wir hatten aber immer gute Gäste. An eine Sendung mit Nina Hagen kann ich mich noch gut erinnern, die voll auf Franz-Josef losging. Da hatte er zwei Frauen an diesem Abend, die sich nicht aus dem Feld schlagen ließen.
Wir hatten immer einen Koch, der etwas Leckeres zubereitete. Franz-Josef gab sich ja als der Cullinaire-Kenner aus, den Spezialisten für alles auf dem Teller und im Glas. Ich warte heute noch, neben all den Männern in den Kochformaten auf allen Sendern, wann Franz-Josef um die Kurve kommt mit einem Kochformat: „Gesunde Küche für Politiker" oder „Röggelchen und Flönz mit Franz-Josef".

Ich glaube nicht, dass er in seinem Leben viel Fernsehen geschaut hatte, denn bei einigen Gästen, wie zum Beispiel Ulla Kock am Brink, fragte er mich auf Kölsch vor der Sendung: „Wer is dat dann?". Die Fernsehwelt war ihm ziemlich fremd, und die Arbeit als Moderator noch mehr. Ich sagte ihm mal, Politik sei ein Fach, aber Fernsehmachen noch mehr.
Es gab redaktionell viel vorzubereiten für die Gespräche. Denn 90 Minuten live ist ja keine einfache Sache. Was Franz-Josef alles mit links und rechts machte, musste ich wieder auffangen. Es gab viele interessante Gäste, z.B. Montserrat Caballé und andere große Künstler. Aus der Comedy-Abteilung Leute wie z.B. Anka Zink, Politiker und Leute aus der Wirtschaft und auch Rudolph Moshammer aus München, der später ermordet wurde. Er kam gemeinsam mit seinem Yorkshire Daisy in einem Louis-Vuitton-Körbchen. Ich habe zu dieser Sendung meinen Yorkshire Stranger mitgebracht, den ich auf der Straße gefunden habe, da man ihn am Aachener Kreuz aus einem Auto geschmissen hatte. Stranger war der liebste und hässlichste Hund der Welt, und hatte so ein Louis-Vuitton-Körbchen noch nie gesehen. Worauf mein Straßenköter Stranger sich eifersüchtig in der Live-Sendung auf „Louis-Vuitton-Daisy" mit einem rosa Schleifchen setzte und Daisy mit vollem Elan während der Live-Sendung rammelte. Franz-Josef konnte darüber gar nicht lachen. Ich fand es großartig.
Nun ja, Sie merken schon, einfach war das Ganze nicht. Und es gab einen gewissen Mangel an Verständnis für guten Humor. Da hatte ich mal wieder super Glück mit dieser Kombination.

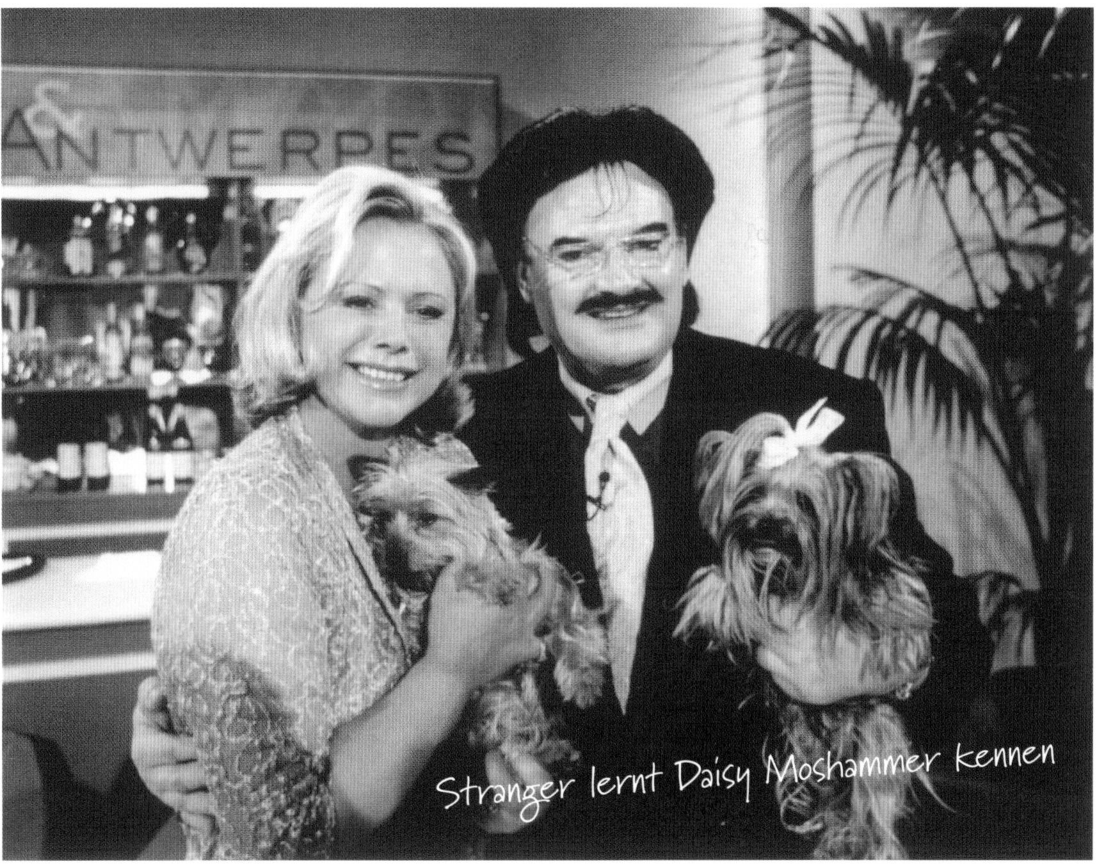

Stranger lernt Daisy Moshammer kennen

Franz-Josef war Jahrgang 1934 und natürlich aus einer Generation von Männern, die meinten, überall das Sagen haben zu müssen. Aus der Position als Regierungspräsident, in welcher man abgesichert ist und automatisch Macht und Autorität erhält, in eine Live-Sendung mit einer Frau zu wechseln, die sagt, was sie denkt, ist natürlich ein extremer Wechsel.

Das Redaktionsteam war einsame Spitze mit erfahrenen Redakteuren, die das Fach Fernsehen super beherrschten. Es war ein Genuss, mit ihnen zusammenzuarbeiten. In so ein gemachtes Bett kommt man selten.

Die Einschaltquoten waren für den WDR gar nicht so schlecht und an einem Samstagabend mit großem Konkurrenzprogramm, wie beispielsweise „Wetten, dass …?“, haben wir uns gut durchgesetzt. Leider war es nach zwei Jahren zu Ende, weil Franz-Josef kündigte. Es gäbe Familienprobleme und er könne daher keine Talkshow für Genießer mehr machen, hieß es damals.

In einem Interview mit der Rheinischen Post sagte er später, als seine Frau ihm auch davongelaufen war, dass er vor allem Dinge mache, die ihm Spaß machen, wie Radfahren, Wandern, Essen und Trinken. Anfangs hat ihm die Talkshow Spaß gemacht, aber auf Dauer sei er mit mir nicht klargekommen. Völlig verständlich, welche Frau im Jahr 2000 sollte mit ihm auch klarkommen? Und übrigens ist diese Aussage im Niederländischen zweideutig.
Diese autoritäre und herrschende Art passte nicht mehr in das Jahr 2000 und für mich schon mal gar nicht.

*Unsere Quoten waren gar nicht schlecht.
Aber leider war nach zwei Jahren Schluss.*

Er habe kurzerhand aufgehört, sagte er in diesem RP-Interview. Er war ja nicht vertraglich gebunden. Aber ihn wird es noch immer ärgern, dass ich im Garten eine Schweinesammlung habe und das größte Schwein heißt tatsächlich Franz-Josef!

Falsch, lieber Franz-Josef. Ich habe eine Schweinesammlung im Garten und manche stehen an einer schönen Stelle und andere im Dunkeln, ganz hinten, wo mein Hund pupst. Es stehen da dicke, dünne, kleine, große, hässliche und schöne Schweine. Sie sind überhaupt nicht das Größte, aber ein Kölner Original.

*Zwei Wochen nach der letzten Sendung kam
Fritz Pleitgen mit einem riesigen Blumenstrauß
zu mir nach Hause und hat sich entschuldigt.*

Für mich ging dieses Abenteuer nach zwei Jahren mit der Kündigung Franz-Josefs zu Ende und so war es also auch das Ende meiner tollen Talkshow. Ich verstehe auch nicht, warum man mir als Ersatz keinen anderen guten Kerl gegeben hat, die gab es zur diese Zeit genügend im deutschen Fernsehen. Hätte man Frank Laufenberg wieder angerufen oder zum Beispiel Dieter Nuhr, dann hätten wir das schnell verwandelt in Nuhr Amado.
Zwei Wochen nach der letzten Sendung kam Fritz Pleitgen (Intendant des WDR) mit einem riesigen Blumenstrauß zu mir nach Hause und hat sich entschuldigt. Das fand ich mal supersympathisch, nach zwei Jahren Einsatz.

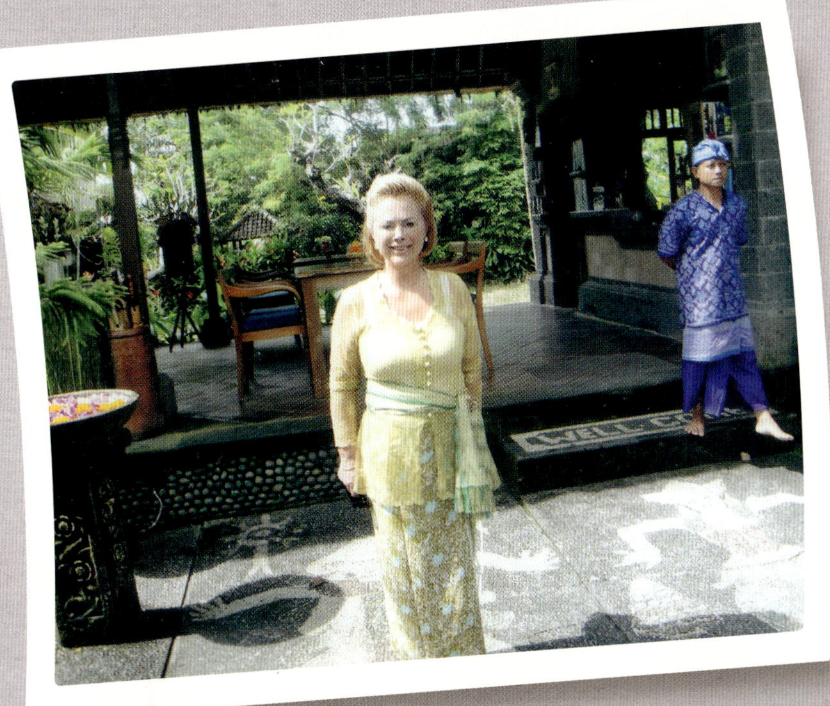

Auch ich war auf
Bali zur spirituellen
Aufarbeitung …

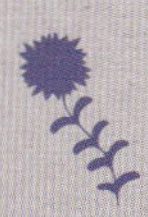

Der Intendant persönlich. Es gibt also auch noch andere Herren auf dieser Welt.

Oft werde ich in Interviews gefragt: „Wie sind Sie eigentlich mit all diese Katastrophen fertiggeworden?" Man kann, wenn man will, für 1000 Euro beim Psychiater auf der Couch sitzen. Oder, wie viele Frauen, spirituelle Reisen unternehmen: Finde dich selbst von innen, wie Brandon Bays, The Journey oder Eckhart Tolle, lebe im Hier und Jetzt. Oder Yoga-Urlaub machen, mit den Beinen nach oben.
Oder eine Reise nach Bali unternehmen. Wo man sich in sämtlichen Tempeln beweihräuchern lässt, in der Hoffnung auf eine bessere Zukunft, inklusive Ayurveda-Kur. Alles nicht schlimm, habe ich auch gemacht. Man trifft da auf 90 % Frauen, die eine Enttäuschung zu verarbeiten versuchen.
Ich habe entschieden, es weiter auf meine holländische Art zu machen: Für jede menschliche ... also männliche Enttäuschung habe ich mir ein Betonschwein gekauft. Da stehen jetzt tatsächlich dicke, fette, muskulöse und auch dünne Schweine in meinem Garten. Inzwischen sind es 39. Dann sitze ich im Winter in meinem Wintergarten mit einer herrlichen Tasse heißer Schokolade und blicke in meinen Garten und sehe die Schweinchen in der Kälte stehen, und dann geht es mir richtig gut. Oder im Sommer mache ich mal einen kleinen Rundgang und lasse das, was nicht verarbeitet ist, lecker raus.Ich kann das jedem empfehlen. Es kostet nichts. Der Besuch und Kauf auf einem Trödelmarkt, immer auf der Suche nach dem passenden Schwein, ist schon eine tolle und spannende Sache und macht richtig Spaß. Ich habe unter jedes Schwein einen Namen geschrieben, und wenn ich mal abkratze, kann man die Schweine wenden und lesen, wer ist wer.

Letztes Jahr gab es ein kleines Problem. Ein kleines Kind kam mit seinem Handy in meinen Garten und sagte: „Auf dem kleinen Schweinchen, da ganz hinten im Schatten, sitzt ein Pokemon!" Und da habe ich mich einmal verplappert und habe gerufen: „Finger weg von Franz-Josef."

Das Witzige ist, seit ich öfter in Talk-Shows verkündet habe, dass ich eine Schweinesammlung in meinem Garten habe, melden sich auch mal Herren, die Angst haben, dass sie als Schwein in meinem Garten enden. Es gab mal einen Herrn, den ich zeitweise geliebt habe, aber er ist nicht so anständig mit mir umgegangen. Er hat sich auch gemeldet und gefragt: „Stehe ich im Garten?“ Meine Antwort lautete: „Ja!“ Sofort hat er mich eingeladen. Er hätte noch was Schönes in seiner Wohnung reserviert und ob ich dieses Geschenk bitte abhole, als Wiedergutmachung. Denn er möchte nicht als Schwein in meinem Garten sein Leben beenden. Dies ist gar nicht so lange her. Vielleicht melden die anderen sich auch noch, bevor sie durch die Himmelstür müssen, wer weiß.

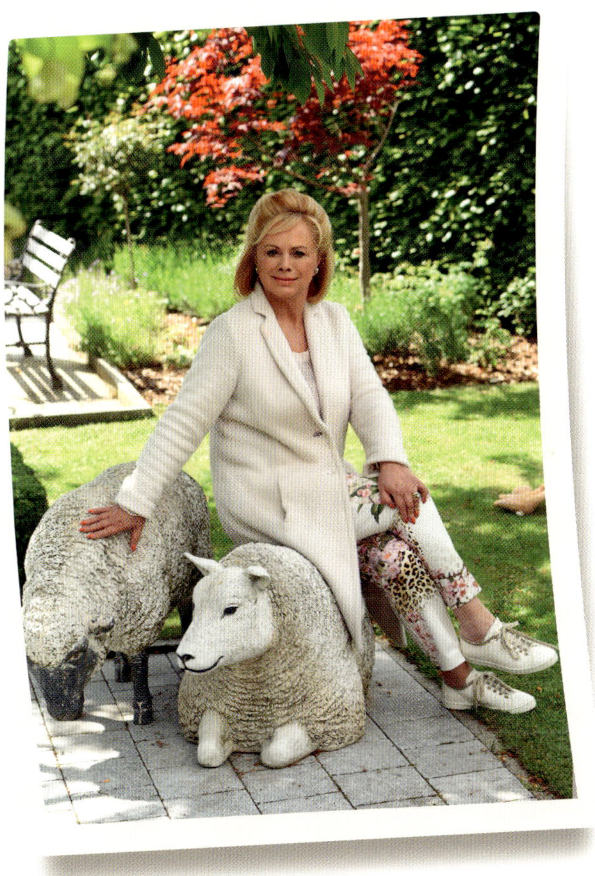

Interview mit

Britta von Lojewski

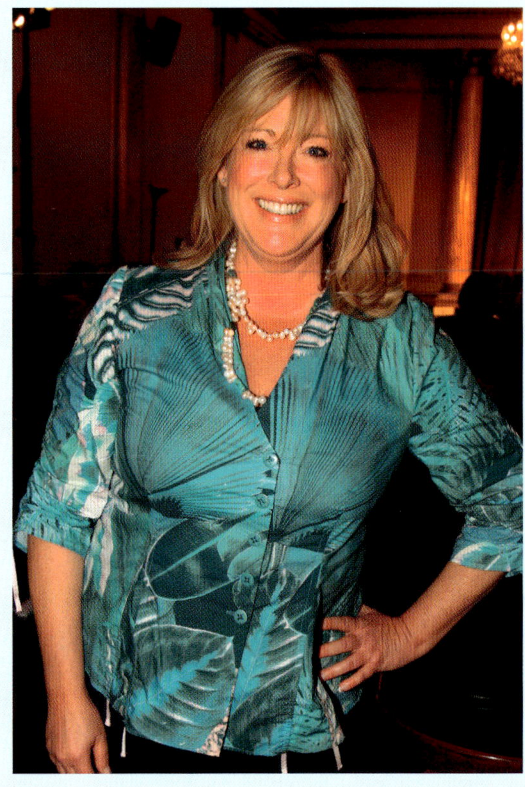

Marijke Amado: Britta, du gehörst zu den erfolgreichsten Frauen im deutschen Fernsehen. Mich interessiert, wie das damals war, als du, eine der ersten Frauen, die im Fernsehen groß gekocht hat, von einem Tag auf den anderen nicht mehr präsent warst.

Britta von Lojewski: Als ich damals angerufen und gefragt wurde, ob ich bei der Pilotfolge einer Show mitmachen wolle, in der man im Fernsehen kochte, dachte ich nur: Das kann ja gar nicht funktionieren. Fernsehen ist ein visuelles Medium, man kann nicht riechen und nicht schmecken, wie soll das also gehen? Aber ich dachte, ich probiere es mal aus. Für die erste Staffel haben wir dann 84 Sendungen am Stück aufgezeichnet und ich weiß noch, dass ich mich nach der 62. Folge in meiner Garderobe eingeschlossen habe und versucht habe, über das Fenster zu fliehen [lacht]. Ich konnte einfach nicht mehr, das war ganz schön viel Holz, wir haben, glaube ich, fünf oder sechs Sendungen am Tag gedreht, das war der Hammer. Das sieht im Fernsehen zwar immer so locker und leicht aus, aber was die wenigsten wissen ist, dass wir wirklich fünf Sendungen am Tag produziert haben und das immer drei Wochen am Stück. Die Sendung war dann auch wirklich sehr erfolgreich. Irgendwann wechselte dann der Chef und der neue Chef hatte andere Ideen. Der wollte unbedingt Tim Mälzer groß rausbringen, weil er ihn für die deutsche Version von Jamie Oliver hielt und Tim hat ja dann auch eine fantastische Karriere gemacht! Aber nach sieben Jahren Sendung war die Luft ein wenig raus und dann wird man ganz schnell abgesetzt. Damals dachte ich natürlich, ich könnte etwas anderes machen und habe dann auch einige Pilotfolgen gedreht, aber so richtig reüssiert habe ich dann nicht mehr. Ich kann dir auch nicht sagen, woran das lag. Vielleicht hatte es auch was mit dem Alter zu tun. Als ich die Sendung damals gemacht habe, war ich in den 40ern. Und man kennt das ja im Fernsehen, die Männer dürfen alt, mit grauem Haar, ohne Zähne und mit Falten weitermoderieren, weil es dann heißt, sie hätten nun eine gewisse Glaubwürdigkeit, und bei Frauen heißt es dann, man solle mal schnell zum Chirurgen gehen und sich liften lassen, denn so ginge das ja nicht mehr. Das finde ich persönlich ganz merkwürdig, weil unsere Gesellschaft schließlich immer älter wird und man für die ältere Generation auch ein Programm haben muss. Aber das scheint irgendwie nicht vorgesehen bei diesem Jugendwahn.

Marijke Amado: Rudi hat mal zu mir gesagt, dass die Fernsehmacher junge Frauen haben wollen, die sie noch formen können. Frauen ab 40 sind nicht mehr gefragt, die sind lästig, sehen aus wie ein verschrumpelter Apfel und das brauchen die Herren vom Fernsehen nicht.

Britta von Lojewski: Da hat er natürlich Recht. Junge Frauen sind steuerbar, denen kann man noch sagen, sie sollen sich so und so verhalten oder aussehen und dies und jenes sagen. Und diese Frauen machen das dann, weil sie noch unbedarft sind und sich denken, der Mann wird's schon wissen, während ältere Frauen wissen, was ihnen steht und was nicht und was sie sagen wollen und was nicht. Damals war es ja noch so, dass man seine Moderationen selbst machte, heute schreibt ja irgendjemand irgendetwas und vorne steht wer, der plappert es nach.

Marijke Amado: Ja, früher wurden wir noch nicht instrumentalisiert. Du wurdest quasi nur instrumentalisiert durch die Menge an Sendungen, die du aufzeichnen musstest.

Britta von Lojewski: Ja, gut, ein bisschen Schwund ist immer, sage ich jetzt mal. Und in meinem Fall war es eben, dass man Fernsehen kaum billiger produzieren konnte als so. Man presst die Menschen aus wie Zitronen und du selbst bist so fertig, dass du irgendwann gar nicht mehr weißt, wer da eigentlich neben dir steht und wer jetzt wer war.

Marijke Amado: Ich muss aber sagen, du warst für mich immer ein großes Vorbild. Das Fernsehen macht ja 10 kg schwerer, aber bei dir hatte das einen totalen Charme. Du hast gezeigt, dass man als Frau auch mit ein paar Kilo mehr eine tolle und sexy Ausstrahlung haben kann.

Britta von Lojewski: Man muss ja keine Größe 34 sein, um den Leuten zu gefallen. Wenn man mal auf die Straße schaut oder in die Modegeschäfte geht, ist Größe 42/44 die Größe, die am meisten verkauft wird. Und die Frauen, die sich runterhungern, fünf Liter Wasser am Tag trinken und eine halbe Erdbeere essen, sind nicht unbedingt besser drauf.

Marijke Amado: Ich habe mit Saskia Valencia gesprochen, die in Rostock aufgewachsen ist und aus dem Osten kam. Und sie meinte, dass Frauen und Männer gleichermaßen gearbeitet haben und diese Konservativität, die im Westen herrschte und herrscht, dort einfach nicht vorhanden war. Sie ist sehr erschrocken, als sie nach Westdeutschland kam und in der Fernsehbranche aktiv wurde, dass bei Frauen so auf Äußerlichkeiten geachtet wurde, ganz im Gegensatz zu den Männern.

Britta von Lojewski: Das ist leider so. Die Traumvorstellung eines Fernsehmachers ist vermutlich, dass eine Frau 30 Jahre Berufserfahrung mitbringt, intelligent ist, nach Größe 34 und nicht älter als 17 aussieht.

Marijke Amado: Stimmt, wenn wir nämlich so ausgesehen hätten wie Rudi Carrell, hätten wir nie im Fernsehen gearbeitet.

Britta von Lojewski: Genau! Männer können aussehen wie sie wollen, die können sogar dumm sein, aber wenn eine Frau sich mal vertut, dann heißt es gleich wieder: Ach, du hast mal wieder keine Ahnung. Das fand ich schon immer sehr schwierig. Gerade weil ich mich jetzt nicht als unintelligent bezeichnen würde, man konnte mir eigentlich nie ein X für ein U vormachen. Da war ich dann auch nicht mehr sonderlich modellierfähig.

Marijke Amado: Viele Leute realisieren glaube ich gar nicht, in was für einer Branche wir arbeiten und dass es ganz schnell heißen konnte: Du bist raus und du musst sehen, wo du bleibst.

Britta von Lojewski: Ja, genau deswegen sage ich immer, dass die hohen Gagen als Schmerzensgeld gesehen werden können. Man muss sich ja auch irgendwie etwas absichern, weil es morgen gleich wieder vorbei sein kann mit dem Erfolg.

Marijke Amado: Aber du hattest ja wahnsinnig Pech mit deiner Vorsorge.

Britta von Lojewski: Das stimmt. Ich dachte, ich sorge gut vor und lege mein Geld in Immobilien an. Das wurde mir auch gut aufgeschwatzt und auch die Banken haben kräftig mitgemacht. Ich dachte damals: Super, dann habe ich wenigstens eine Altersvorsorge, damit ich nicht in der Altersarmut lande. Und dann ging alles den Bach runter, die Baufirma, die die Häuser sanieren sollte, ging Pleite und ich sollte dann mal eben eine halbe Million hinterherschieben, die ich nicht hatte. Und bei den Banken ist es wie im Fernsehen, wenn du nicht gleich lieferst, bist du raus.

Marijke Amado: Ich weiß genau, was du meinst. Ich habe ja damals viele Ideen nach Deutschland gebracht und schlussendlich haben die Kerle das Kapital unter sich aufgeteilt und ich habe nichts davon bekommen. Weil ich auch so doof war, nichts schriftlich festzuhalten.

Britta von Lojewski: Du warst vermutlich genauso gutgläubig wie ich. Aber das, was du erzählst, würde man niemals mit einem Mann machen! Und das ist das Problem. Vor allem mit Frauen, die lustig sind und fröhlich und offen, denn die Menschen verwechseln das ganz häufig mit Dummheit. Die denken dann, die Frau sei total bescheuert und man könne so etwas mit ihr machen.

Marijke Amado: Ich habe da eine These. In der Geschäftswelt haben wir Frauen ein großes Manko und das ist, dass wir nicht mit in den Puff gehen. Dort werden nämlich die besten Deals abgeschlossen.

Britta von Lojewski: Das stimmt. Wenn zwei Männer in den Puff gehen, verbindet das natürlich. Das hat etwas Bündlerisches an sich. Und Frauen gehen nun mal nicht in den Puff und haben stattdessen das Problem, dass sie angegraben werden und man zu ihnen sagt, sie könnten die Show haben, wenn sie sich vorher auf den Kerl einlassen.

Marijke Amado: Ist dir das mal passiert?

Britta von Lojewski: Oh ja, das ist mir mehrmals passiert. Deshalb fand ich die #metoo-Debatte auch ein wenig absurd, weil ich dachte: Jetzt tun wir im Jahre 2018 so, als sei das etwas ganz Neues, dabei war das schon immer so. Es gibt zwei Dinge, die ich nie getan habe, ich habe mich nie auf die Besetzungscouch gelegt und ich habe nie Homestorys gemacht.

Marijke Amado: Das Problem ist auch, dass damals, wenn man etwas gesagt hat, keiner auf einen geachtet hat, oder?

Britta von Lojewski: Nein, natürlich nicht! Mich hat auch nie jemand nach meinen Befindlichkeiten gefragt. Wenn einer der Männer einen Schnupfen hatte, dann hieß es gleich: Oh Gott, der Arme, was können wir tun? Bei Frauen heißt es: Stell dich nicht so an, mach mal weiter! Ich habe teilweise unter Bedingungen moderiert, dass ich mit Bronchitis und ohne Stimme vor der Kamera stand und es dann hieß, man filme einfach auf die Tomaten, ich bräuchte nichts sagen.

Marijke Amado: Dann warst du also raus aus dem Fernsehen und bist Pleite gegangen.

Britta von Lojewski: Ja, und als wäre das alles nicht schon schlimm genug, habe ich dann auch noch Brustkrebs bekommen. Das war eine schlimme Zeit, obwohl ich immer versucht habe, positiv zu denken und das Ende zu sehen, an dem ich wieder gesund werden würde. Pleite zu gehen war zwar schrecklich, aber nichts im Gegensatz zum Krebs. Das eine bedroht nur deine Existenz, aber beim Krebs kämpfst du um dein Leben.

Marijke Amado: Haben dich denn während deiner Erkrankung liebenswerte Menschen begleitet oder hattest du das Gefühl, alles allein machen zu müssen?

Britta von Lojewski: Du musst da natürlich allein durch. Aber ich hatte das große Glück, dass ich eine handvoll wirklich sehr guter Freunde hatte und noch habe, die mich dabei großartig unterstützt haben. Und da war meine Hundedame, die mich jeden Tag dazu angehalten hat, mit ihr raus und spazieren zu gehen. Und ich hatte oft gar nicht die Zeit, über meine Krankheit nachzudenken.

Marijke Amado: Und wie sieht deine Zukunft aus? Bleibst du auf der Insel oder nur für eine gewisse Zeit?

Britta von Lojewski: Nein, ich habe mich dazu entschieden hier zu bleiben, ich merke einfach, dass mir dieses entschleunigte Leben gut tut und vor allem auch meiner Gesundheit.

Marijke Amado: Also Britta, das hört sich toll an und wenn ich dir irgendwie einmal helfen kann oder auch einfach nur so zu Besuch, komme ich gern vorbei. Ich habe nämlich gemerkt, dass man, wenn es einem gut geht, den Bus voller Leute hat und man, sobald es einem nicht mehr so toll geht, allein in seinem Bus sitzt.

Britta von Lojewski: Ja, das stimmt. Das ging bei mir sogar so weit, dass, als ich pleiteging, Kollegen in Köln die Straßenseite gewechselt haben, wenn ich kam. Ich habe mal gesagt, dass Pleite gehen in dieser Branche so ist, als hätte man eine ansteckende, tödliche Krankheit. Keiner will mehr etwas mit dir zu tun haben.

Marijke Amado: Ja, das kenne ich auch alles. Aber, und das wirst du sicher bestätigen, die Höhen des Lebens habe ich zwar genossen, aber aus den Tiefen habe ich gelernt und die haben mich zu dem gemacht, was ich heute bin.

Britta von Lojewski: Absolut. Das würde ich genauso unterschreiben wie du es sagst. Man lernt aus den nicht so sonnigen Tagen und jeder hat auch seine eigene Art, damit umzugehen. Es gibt kein Patentrezept, das muss jeder für sich selbst herausfinden. Ich glaube, dass Humor eine ganz große Chance ist, sich herauszureißen. Wenn man mit gewissem Abstand zu der Situation die Dinge betrachtet, kann man mit Humor vielleicht sogar trotzdem lachen. Humor ist, meiner Meinung nach, ein gutes Mittel gegen schlimme Zeiten. Das heißt nicht, dass man nur zuhause sitzt und sich ununterbrochen vor Lachen auf die Schenkel klopft, aber dass man seine Bredouille mit Abstand betrachten kann. Mir hat das in meinem Leben zumindest immer geholfen.

Marijke Amado: Und kommst du denn jetzt wieder gut über die Runden?

Britta von Lojewski: Es ist in Ordnung, ja. Geld ist zwar nicht alles, aber es macht vieles einfacher. Ich bin froh, wenn ich aus der Insolvenz raus bin, denn solange du insolvent bist, bist du eine Persona non grata. Und es gibt immer Leute, die abfällig meinen, man sei ja selbst schuld daran. Das stimmt natürlich, ich bin selbst schuld, aber das kann wirklich jedem passieren und ich denke, man kann sich die Arroganz in diesen Momenten sparen. Ich habe kein Verbrechen begangen, die einzige Person, die dabei Schaden genommen hat, war ich selbst. Deshalb finde ich es immer komisch, dass die Leute so tun als hättest du einen Makel, ein Stigma oder Sonstiges.

Marijke Amado: Die Welt ist manchmal ungerecht, aber ich hoffe, dass du die Zeit auf der Insel genießt und es dir bald wieder gut geht.

Britta von Lojewski: Danke dir, du Liebe.

Kapitel 9

In den Medien arbeitende alleinerziehende Frauen

In dieser gesamten Zeit habe ich, meistens alleinerziehend, versucht meinen Sohn gut zu erziehen. Wenn ich richtig darüber nachdenke, immer.
Als alleinerziehende arbeitende Mutter ist es oft ein Spagat – das kann ich Ihnen sagen. Die Mutti machte damals sowieso die ganze Arbeit, Vati war wenigstens abends zu Hause. In meinem Fall war abends nicht nur der Vati nicht da, sondern auch die Mutti bei der Arbeit.
Normalerweise gibt es dann zwei Opas und zwei Omas. Zwei davon haben sich nach der Geburt nie mehr gemeldet, und die anderen beiden wohnten fast 150 km entfernt. Ich brauchte also ständig Kindermädchen – egal ob eine Frau oder einen Mann. Du musst ihnen gegenüber aber seriös wirken. Wenn man nämlich jemandem erklären muss, dass man meist abends oder nachts nicht nach Hause kommt, trägt das nicht unbedingt zur Besserung des Images bei. Vor allem, wenn eine junge Frau abends arbeitet und über Nacht wegbleibt, dann denken die Leute die eigenartigsten Dinge.
In den Niederlanden fand ich zuerst Truus. In Deutschland wäre das eine Heidrun, Gertrud oder Trude Herr gewesen. Sie sah aus wie eine Gallionsfigur, die 60 Jahre am Bug eines Schiffes gestanden hatte, mit geplatztten Äderchen auf den Wangen, groß, eckig und blond. Aber sehr lieb. Sie sprach einen platten Niederländisch-Amsterdammer Dialekt. Und das genau in der Phase, in der mein Sohn seine ersten Worte lernte. Irgendwann kam ich nichtsahnend vom WWF Club nach Hause und da schreit mein Sohn: „Krijg de Klere …“, auf Deutsch: „Leck mich am …“. Da wurde mir klar, ein neues Kindermädchen musste her!
Es kam Niny Tiny. Die nahm am Tag zwei Streifen Antidepressiva, da ihr

Mann sie verlassen hatte. Dadurch war sie nicht die klarste im Kopf für meinen Sohn.

Dann kam Nel. Sie war eine Zwei-Meter-Frau, die gerade durch die Tür meines kleinen Häuschens in Naarden-Vesting passte. Ich hätte sie gerne nach Deutschland mitgenommen, denn sie war zuckersüß. Das wollte sie aber nicht, denn der Krieg hatte ihr viele Familienmitglieder genommen. So war ich 1990 also nicht nur mein Häuschen in Holland los, sondern auch mein tolles Kindermädchen Nel.

Und wieder musste ein neues Kindermädchen her, der ich wieder erklären musste, dass sie auch über Nacht bleiben müsste. Es folgten noch viele.
Die eine klaute meine gesamte Unterwäsche, die nächste fing sofort eine Beziehung mit dem Nachbarsjungen an, und die ersten Liebesaktionen fanden auf meinem Sofa statt, was Kay auch sehr interessant fand.
Die darauffolgende stammte aus Kanada und wollte Köln bei Nacht erleben und nahm Kay im Kinderwagen kurzerhand in alle Kneipen mit. Kay liebt heute noch Kölsch.
Dann kam eine Frau, eine richtige Gouvernante, die sich in kurzer Zeit so mit mir identifizierte, dass sie nicht mehr unterscheiden konnte, dass nicht sie Marijke war, sondern ich.
Nach den Grenzöffnungen in den 90er-Jahren kam eine Rumänin. Tüchtig wie keine Zweite. Ich bekam einen neuen Teppichboden, ohne davon zu wissen. Ich bekam eine neue Balkonbepflanzung, ohne davon zu wissen. Ich bekam eine neue Haustür, ohne davon zu wissen und ich war die Einzige, die keinen Schlüssel hatte. Aber sie sagte, sie könne toll kochen. Genau ein Gericht – Mikitsa.
Mikitsa ist ein rumänisches Gericht, bei dem nur kalorienreiche Zutaten in eine Teigrolle zusammengemanscht werden: Speck, Käse und Sahne. Bis mein Sohn dann wie eine Mikitsa aussah. Noch heute hat er eine Sahne-Allergie, der Arme.
Dann kamen zwei Frauen zum Putzen auf den Hof in Königsdorf. Ich selbst habe noch in eine Geschäftsidee investiert, um diese Frauen zu fördern, damit sie endlich arbeiten konnten und viel Geld verdienten. Die „Zauber-Feen" fuhren mit ihren Mopeds, bei denen zwei Taschen mit allen Putzmitteln dieser Welt befestigt waren, durch Köln und Umgebung und waren

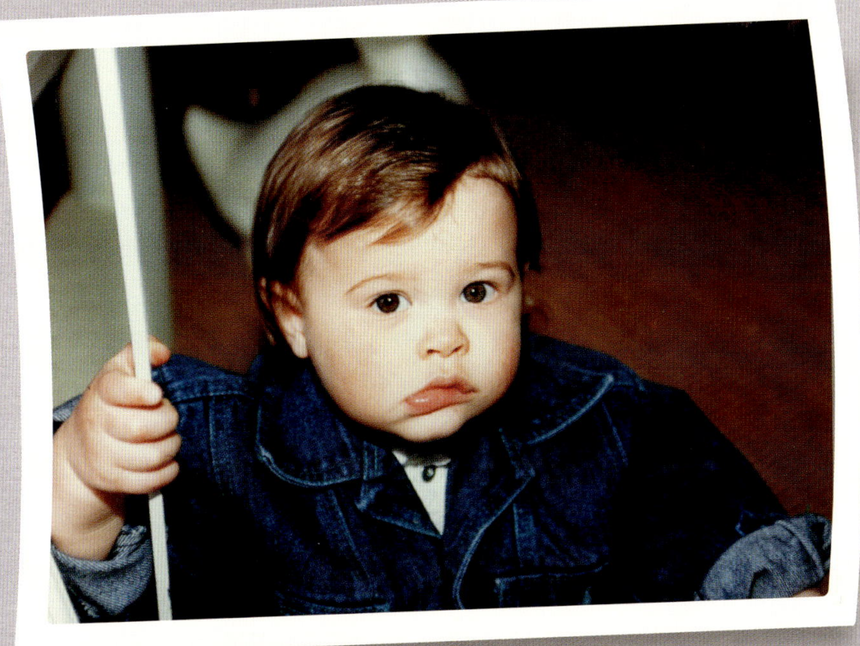

Mmmmh, Mikitsa ... !

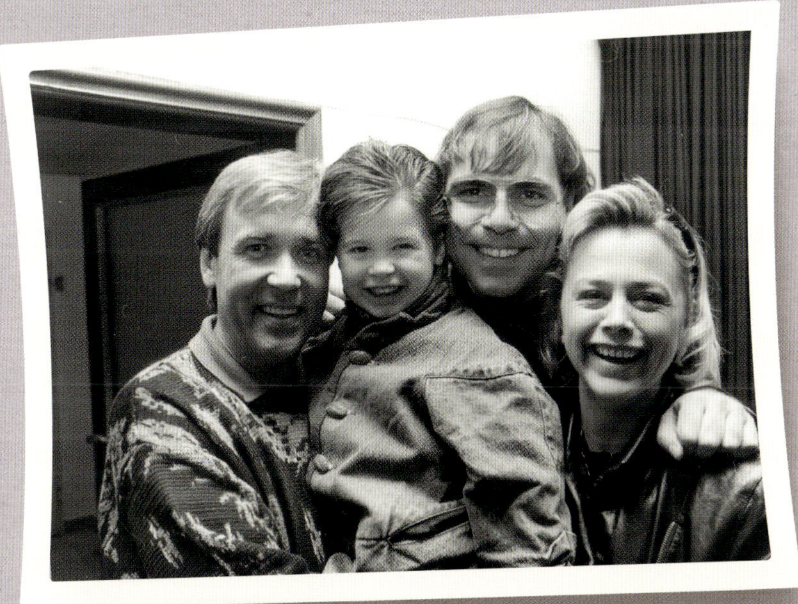

Kay war meist dabei

im Stande, innerhalb von zwei Stunden ein Haus zu säubern. Es wurde leider kein großer Erfolg. Die Geschäftsidee war echt nicht sonderlich erfolgreich und so blieb eine Frau als Kindermädchen übrig. Sie war für Kay wirklich sehr gut und blieb glücklicherweise länger als zwei Jahre.
Es folgten noch zwei Polinnen, zwei Philippinas und eine Holländerin. Mein Junge hat das alles überlebt und ist darüber erwachsen geworden. Dabei muss ich an die Massai denken. Bei denen bekommen die Jungen bis zur Pubertät nur Milch und Ochsenblut zu trinken. Wer das überlebt, ist stark. So hat mein Sohn das also alles überlebt und was im Leben auch kommen mag, was ihm auch zugemutet wurde, das Gute ist: Er hat eine super Menschenkenntnis!

Nach all den zahlreichen Kindermädchen hat Kay heute eine super Menschenkenntnis

Es ist sicher nicht einfach, eine arbeitende Alleinerziehende zu sein, aber es ist sicherlich noch schwerer, das Kind einer arbeitenden alleinerziehenden Mutter zu sein. Und vor allem einer in den Medien Tätigen, ohne feste Arbeitszeiten, immer auf der Suche nach neuen Aufgaben und ständig im Rampenlicht.

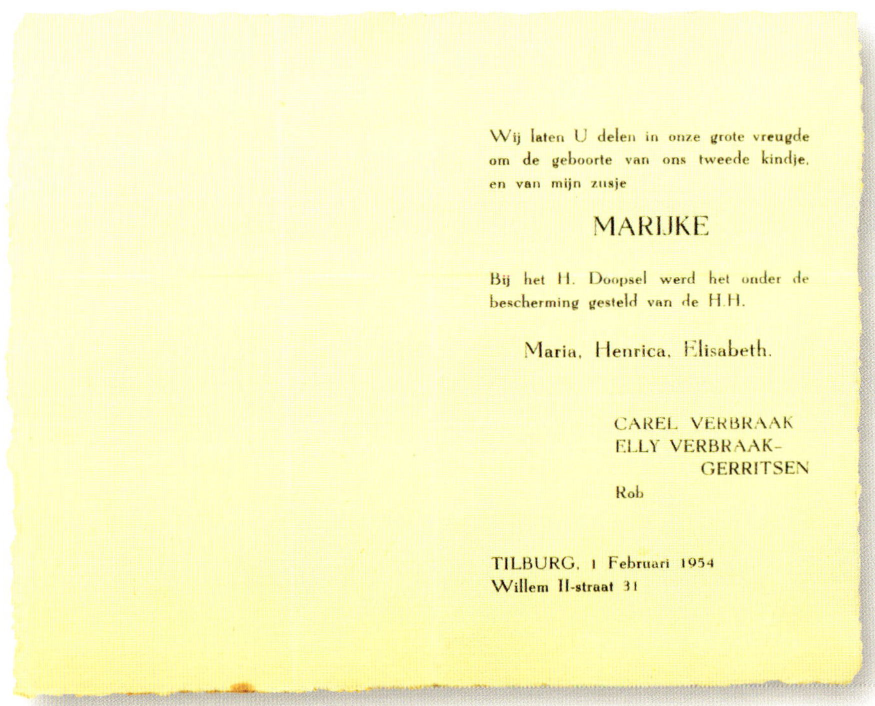

Wij laten U delen in onze grote vreugde om de geboorte van ons tweede kindje, en van mijn zusje

MARIJKE

Bij het H. Doopsel werd het onder de bescherming gesteld van de H.H.

Maria, Henrica, Elisabeth.

CAREL VERBRAAK
ELLY VERBRAAK-GERRITSEN
Rob

TILBURG, 1 Februari 1954
Willem II-straat 31

Sie kennen mich ja alle unter dem Namen Marijke Amado. Ich bin in Tilburg, Niederlande geboren. Tilburg war eine katholische Gegend. Mein Großvater verdiente an der Kirche und das haben nur ganz wenige getan. Er hatte eine Fabrik für Heiligenstatuen, in welcher er alle Heilige in Gipsarbeiten gestaltete und sie an sämtliche Kirchen in den Niederlanden verkaufte, ebenso Weihnachtskrippen und Engel. Er war ein richtiger Künstler. Im Zweiten Weltkrieg hat er mit einer kreativen Idee vielen Juden das Leben gerettet. Er gestaltete die Statuen so groß, dass Menschen in ihnen stehen konnten. Eine Seite war aufklappbar und dort konnte man einsteigen. So fertigte er viele heilige Johannesse und Petrusse und hat bei den Razzien zwischen 1940 und 1945 viele Juden gerettet, in diesen katholischen Heiligen. So können sich Religionen gegenseitig auch helfen. Auf ihn bin ich heute noch stolz, dass er den Mut hatte, dies zu tun.

Ich wurde am 1. Februar 1954 geboren als: Maria Henrica Elisabeth Verbraak. Und in der Geburtsurkunde stand der Rufname: Marijke.
Das war von allen Namen die beste Idee gewesen. Die heilige Maria war meine Oma Marie, die heilige Elisabeth meine Mutter Elly und die heilige Henrika meine Patentante Riek.
Die war heilig, nicht meine Patentante, sondern die Heilige Henrika. Die Heilige Henrika Faßbender aus Aachen. Sie war eine Nonne und blieb bei einem schweren Schiffsunglück auf der Nordsee an Bord des untergehenden Schiffes und gab ihren Platz im Rettungsboot an Frauen und Kinder ab, und ist mit dem Schiff untergegangen. Dafür wurde sie heiliggesprochen. Als Kind war ich sicher, sollte ich jemals in meinen Leben in eine solche Situation kommen, würde ich das genauso tun. So heilig ist man noch als Kind. Beinahe wäre es auf meiner letzten Antarktis Reise für Neckermann auch so gekommen. Vor meiner Entdeckung. Wäre ich dort in der Antarktis untergegangen, hätte ich mein kindliches Versprechen gehalten und hätte den Neckis den Vortritt in den Tenderbooten gelassen. Wie eine richtige Henrika das eben so macht. Glücklicherweise hat Kapitän Krüger dafür gesorgt, dass ich mein Versprechen nicht einhalten musste. Denn er hat das Schiff bei Windstärke 10 sicher in den Hafen gebracht. An ihn noch ein Dankeschön dafür!

Das Schönste ist aber mein Nachname. Da hatte ich mal richtig Glück, damit geboren zu werden, dem Namen: Verbraak. Ins Deutsche übersetzt, heißt es: „Verkotzen." Wenn man damit geboren wird, klingt das nicht nach einem großen Welterfolg im Leben. Oder es inspiriert dazu, etwas mehr zu tun als alle anderen.

Johan Cruyff würde sagen: „Jeder Vorteil hat seinen Nachteil." Stell dir mal vor: „Hier ist Marijke „Verkotzt" mit ihrer tollen Unterhaltungsshow!" Oder: „Das sind die Lottozahlen mit Marijke „Verkotzt.", „Liebe Kinder, Marijke „Verkotzt" bringt euch jetzt in den Zaubertunnel."

Glücklicherweise habe ich meistens das Beste von meinen ehemaligen Partnern übrig behalten. Von meinem ersten schweizer Partner den Namen Marijke Amado, was so viel bedeutet wie: „Die geliebte Marijke". Von meinem zweiten ein wunderbares Kind. Nur von meinem dritten habe ich nichts übrig behalten.

Im Kindergarten. Meine Mutter hat die Haare selbst geschnitten …

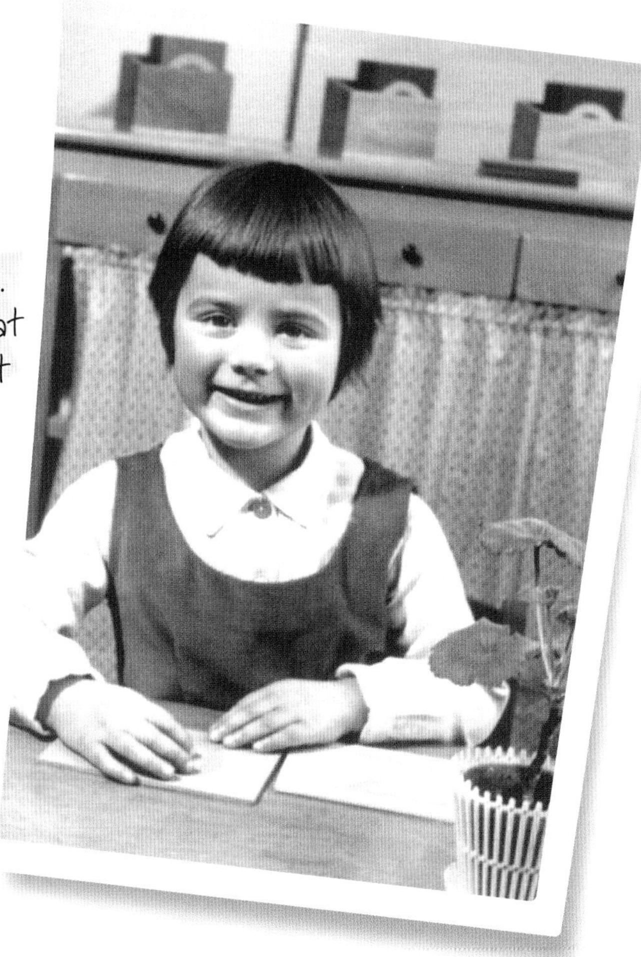

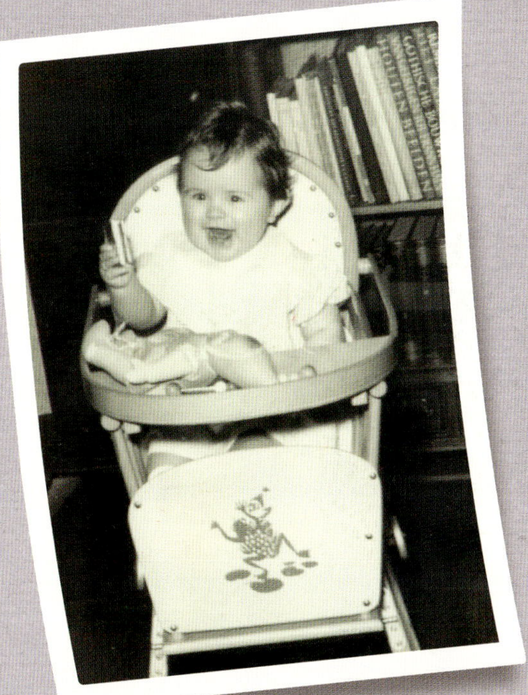

Spaß am Leben,
1 Jahr

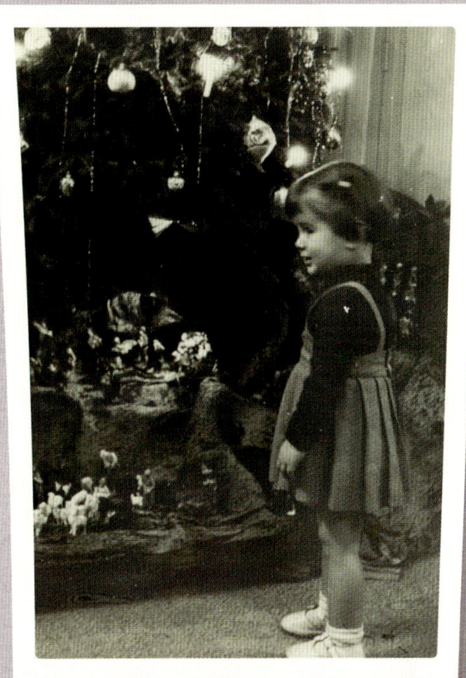

Weihnachtskrippe
von Opa,
2 Jahre

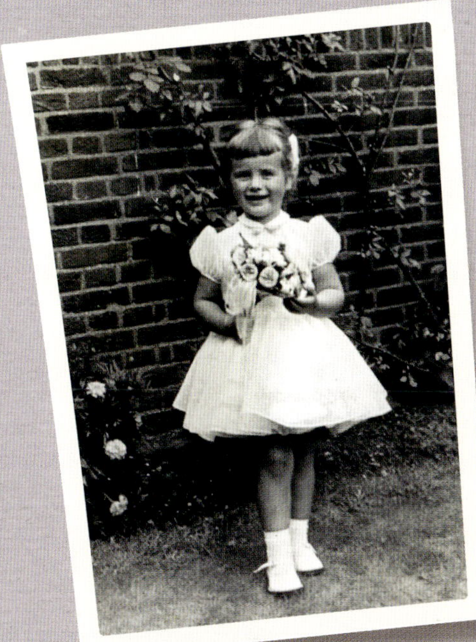

Erster Auftritt
beim Ballett,
4 Jahre

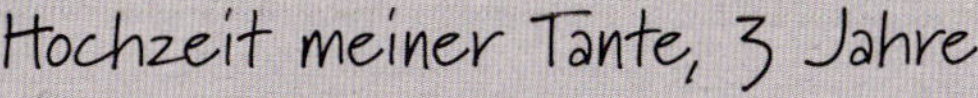

Hochzeit meiner Tante, 3 Jahre

Ich hatte frei und unbelastet gar nichts mehr übrig – Haus weg, Konto leer – und musste gerade in dieser Zeit, nach meinem dritten Partner und nach Franz-Josef, wieder neu anfangen. In einer Zeit, in der die Herren keine 50-jährige Frau mehr auf dem Bildschirm haben wollten. Ganz sicher nicht im Unterhaltungsprogramm. Denn die Zielgruppe für die Werbeindustrie lag zwischen 17 und 49 Jahren.
Ab 40 Jahren wurde man ins Abseits geschoben, da die Werbeexperten meinten, dass die Konsumentin ab 40 Jahren sich nie mehr für ein neues Waschmittel entscheiden würde und beim alten blieb. Vielleicht noch zur Zeit meiner Großmutter Marie, liebe Werbeindustrie!

Ich habe einmal einen Vortrag vor mehreren Unterhaltungs-Chefs der ARD gehalten, und meine Message war: „Frauen wollen Frauen sehen, mit denen sie sich identifizieren können! Keine gekünstelten dünnen Modepüppchen mit Schlauchbootlippen, sondern Frauen, die authentisch sind." Und dass die Frau zuhause diejenige ist, die den Knopf drückt und entscheidet, was geguckt wird. Nur nicht während eines Fußballspiels. Der Vortrag hatte aber wenig Effekt auf die, die zu entscheiden hatten.

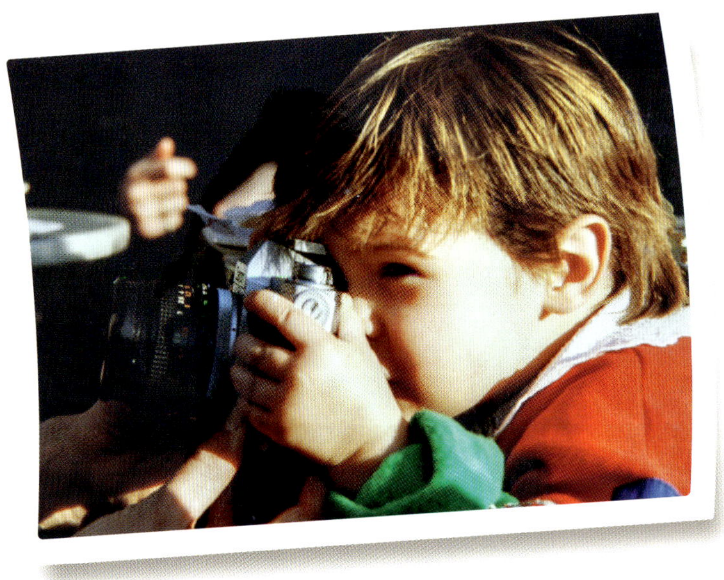

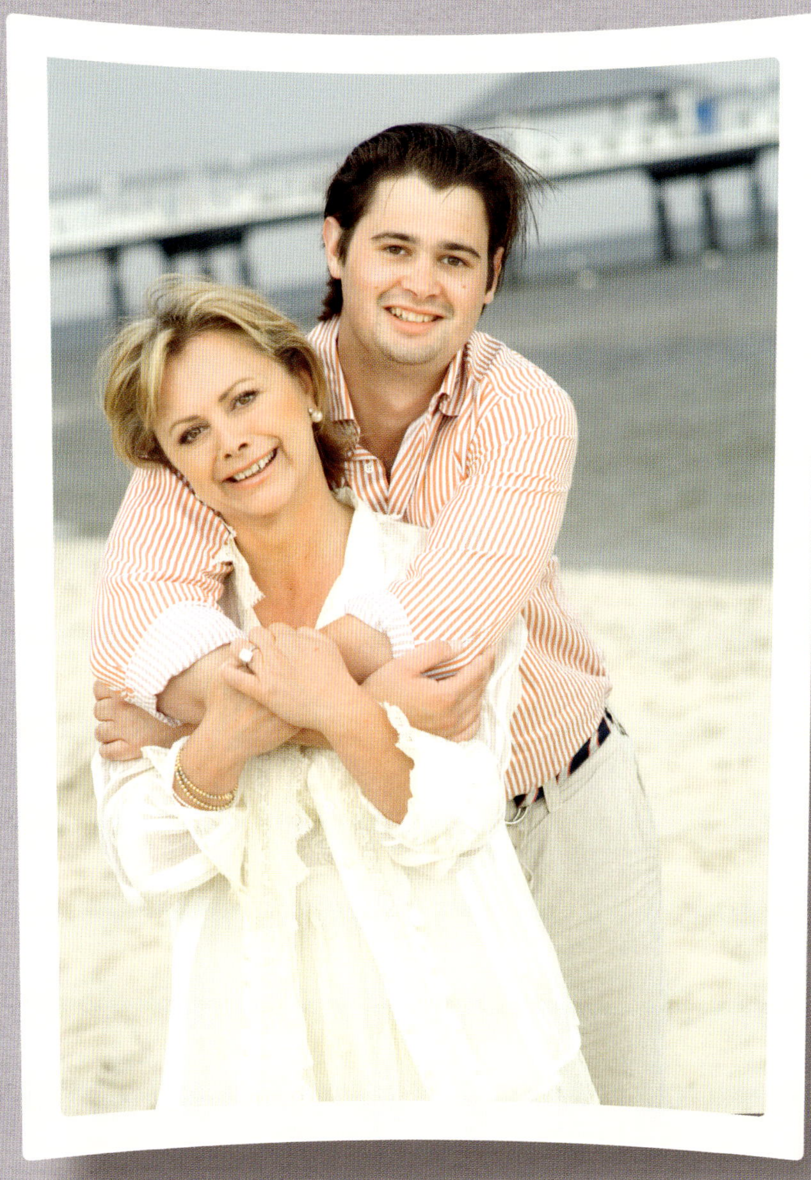

Das Team

Interview mit

Marlene Lufen

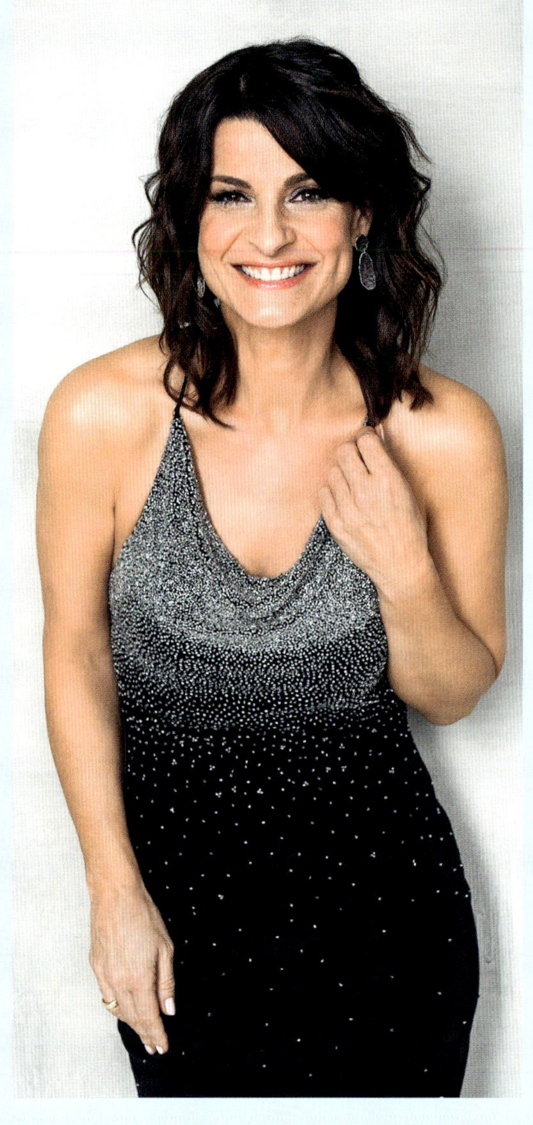

Marijke Amado: Arbeiten ist für dich, morgens Frühstücksfernsehen zu moderieren, mittags für die Kinder zu kochen und abends im Glitzerkleid im Fernsehen bei „Dancing on Ice" aufzutreten.

Marlene Lufen: Das ist die große Herausforderung, die in anderer Weise jede berufstätige Mutter kennt. Aber ich habe sie eben als Fernsehfrau genauso. Wir hatten nie ein Kindermädchen oder eine Haushälterin. Ich glaube, wenn zu viele fremde Menschen im Haus sind, verliert man die Intimität der Familie, die sehr wichtig ist. Ich möchte selbst für meine Kinder da sein, kochen, Hausaufgaben betreuen und habe glücklicherweise einen Mann, der sich genauso kümmert, wenn ich zum Arbeiten weg bin. Ab und zu kam meine Mutter aus Berlin, um sich um die Kinder zu kümmern und abends auch mal ein Babysitter, wenn wir ausgegangen sind. Mit diesem Konstrukt haben wir es gut hingekriegt. Jetzt sind die Kinder schon Teenager und kommen bestens ein oder zwei Tage ohne uns aus.
Und doch ist es auch heute noch ein Spagat. Manchmal komme ich sozusagen noch mit falschen Wimpern nach Hause, dann heißt es runter mit den Dingern und ab an den Herd und schnell Spaghetti kochen.

Genau das macht mich aber glücklich, ausgeglichen und hält mich am Boden. In meinem Job musst du mitbekommen, was Leute beschäftigt, welche Sorgen sie haben, worüber sie nachdenken oder worüber sie gerade lachen. Wenn man nur noch in einer Welt aus Promi-Events lebt, verpasst man zu viel echtes Leben. Ich könnte meinen Job dann nicht gut machen.

Marijke Amado: Ich weiß noch nicht so viel über dein Leben vor den Medien. Was hast du eigentlich vor dem Fernsehen gemacht?

Marlene Lufen: Fernsehen ist tatsächlich mein Beruf. Ich habe Publizistik und Spanisch studiert, war als Au-Pair-Mädchen in Madrid und habe dann am Ende meines Studiums im Jahr 1995 ein halbes Jahr lang bei dem US-amerikanischen Sender ABC in San Francisco ein Volontariat gemacht.

Marijke Amado: Und wie war das damals? In meinen Anfängen in den Medien – etwa 15 Jahre früher – gab es kaum Frauen hinter den Kameras, keine Regisseurinnen etc.

Marlene Lufen: Interessanterweise war in Amerika ein Verhaltenskodex gegenüber Frauen damals im Sender grad ein großes Thema. Es gab z.B. einen Kollegen mit deutschen Wurzeln, der verbal immer wieder mal übergriffig wurde und den sie schon mehrfach ermahnt hatten. Als er dann auch zu mir auf Deutsch Sprüche gemacht hat, sollte ich eine Aussage machen und übersetzen, was er zu mir sagte. Ich fand das damals irgendwie erstaunlich.

Als ich dann nach Deutschland zurückkam, habe ich ein Praktikum bei AKTE mit Ulrich Meyer gemacht und dort als freie Rechercheurin und Autorin gearbeitet. Dann im Sommer 1996, ich hatte einen Wettbewerb der ARD gewonnen, wurde ich als „Nachwuchsreporterin" zu den Olympischen Spielen nach Atlanta geschickt. Das war eine sehr aufregende Zeit, ich konnte es manchmal selbst nicht glauben. Ich habe Beiträge und ein paar Aufsager im On machen dürfen.

Und obwohl das eine tolle Erfahrung war und ich in diesen Wochen extrem viel gelernt habe, wusste ich doch danach, dass ich nicht zwingend in den Sport gehen wollte. Es war als Frau damals in Sportredaktionen, sagen wir, speziell. Es fielen eine Menge herablassende Sprüche. Natürlich gab es auch sehr viele respektvolle, nette Kollegen, aber mich hat das damals abgeschreckt. Ich dachte mir: ich bin doch nicht blöd, mich dem auszusetzen.

Marijke Amado: Also war es bei dir eher eine Sache, der du im Sport begegnet bist als generell in den Medien?

Marlene Lufen: Im Sport habe ich das als ausgeprägter wahrgenommen. Ich habe einfach mitbekommen, dass über Frauen gedacht wurde, „Die hat keine Ahnung, von Fußball schon mal sowieso nicht, aber auch grundsätzlich von Sport nicht". Ich hoffe, das hat sich inzwischen ein bisschen gewandelt. Später hat mich mal ein leitender Redakteur eines deutschen Boulevardmagazins sehr penetrant nach einem Date gefragt. Ich habe das immer wieder abgewehrt und erklärt, dass ich kein Interesse und sowieso einen Freund habe. Dann hat er mir unter vier Augen gesteckt: „Marlene, jetzt zier dich doch nicht so. Du willst doch mal was werden in der Branche".

Marijke Amado: Er hat dir also gesagt, dass du über die privaten Termine deine Karriere machen musst?

Marlene Lufen: Er wollte mir damit suggerieren: „Du machst nur Karriere, wenn du mit mir ins Bett gehst. Ich bin dein Vorgesetzter." Es war total absurd, fast wie ein Witz, ich musste sogar lachen und habe ihm etwas gesagt wie „Schönen Dank, nein, geh mal nach Hause". Ich weiß noch, ich habe danach mit meinen Eltern telefoniert und war sicher, ich wäre jetzt meinen Job los. Ich dachte, er würde jetzt Schlimmes über mich sagen, dass ich keine Ahnung habe oder Fehler machen würde. Dann bin ich am nächsten Tag zur Arbeit gekommen und habe festgestellt, dass gar nichts passierte. Offenbar war er daran gewöhnt, Abfuhren zu bekommen.

Marijke Amado: Ich habe ja noch die Zeit erlebt, in der es eine Hierarchie gab im deutschen Fernsehen, in der die Männer das Sagen hatten. Und wir Frauen – wir waren Beiwerk – wurden als die Blödesten überhaupt eingeschätzt und durften hier mal ein Gläschen bringen und dort mal in die Kamera lächeln. Und hinter der Kamera wurde man behandelt als ob man nicht mehr alle Latten am Zaun hätte.

Marlene Lufen: Oh, das kann ich mir bildlich vorstellen. Aber was hatte das bei dir für eine Auswirkung, Marijke? Ich dachte in solchen Situationen oft eher: „Was bist du für ein lächerlicher Vogel, dir werde ich es irgendwann mal zeigen".

Marijke Amado: Die ganze Zeit bei Rudi habe ich für meine eigene Entwicklung genutzt: Ich habe beobachtet, geschaut, gelernt und mein Ziel verfolgt. Ein Unterhaltungschef hat mir mitgeteilt: „Sie sind doch nicht so blond wie Sie aussehen".

Marlene Lufen: Oh, Gott! Ist das nicht schrecklich?

Marijke Amado: Ja! Aber so war die Zeit!

Marlene Lufen: Ich habe gerade mit Kolleginnen gesprochen, die vor drei Jahren noch Praktikantinnen waren und jetzt als sehr verantwortungsvolle Redakteure arbeiten. Offenbar denken noch immer einige, dass Praktikantinnen ein Pfuhl an willigen Flirtpartnerinnen seien. Nach dem Motto: mal checken, was bei der geht! Gruselig.

Marijke Amado: Ich hatte vor dem Fernsehen einen sehr verantwortungsvollen Job in der Reisewelt. Dort habe ich nie, in den ganzen fünf Jahren, etwas in dieser Form erlebt. Ich habe die ganze Welt bereist, bin dem aber niemals irgendwo begegnet. Dann kam ich in die Medien und sofort wurde man auf die Beine, die Brüste, die Äußerlichkeiten reduziert und darüber eingeschätzt – ein Gehirn sollte man als Frau damals nicht haben. So ungefähr.

Marlene Lufen: So krass habe ich es ehrlich gesagt in meinen Anfängen nicht erlebt. Heute ist es klar, dass Frauen genauso verantwortungsvoll arbeiten und dass sie ebenso klug und gut ausgebildet sind. Leider werden aber Frauen dafür auch heute noch selten mit einer Führungsposition belohnt. In den Köpfen von vielen herrscht noch immer die Auffassung: die wichtigen Entscheidungen muss ein Mann treffen.

Marijke Amado: Ich habe auch sehr gute Erfahrungen gemacht. Man kann das sicher nicht verallgemeinern.
Konntest du in den letzten Jahren auch eine positive Entwicklung für uns Frauen im deutschen Fernsehen erkennen?

Marlene Lufen: Es hat sich doch viel verändert in den letzten Jahren. Wäre ja auch schlimm, wenn nicht. Früher wurden Frauen mit Ende 30 aussortiert, während Männer bis ins Rentenalter vor der Kamera stehen durften. (Und nein, nicht alle Männer werden im Alter immer schöner!) Für diese positive Entwicklung gibt es viele Beispiele.
Meine eigene Karriere nimmt immer mehr Fahrt auf, je älter ich werde, haha.
Heute wird mir noch mehr Wertschätzung entgegengebracht. Das ist toll – und es

fühlt sich auch richtig an. Denn natürlich kann ich vieles heute, mit über 20 Jahren Berufserfahrung besser und gelassener sehen. Ich habe auch nicht das Gefühl, ich müsste mich für meine Optik oder für mein Alter irgendwie rechtfertigen. Es heißt nicht: „Hey, sie ist 48 und trotzdem noch ganz gut", sondern mein Alter ist einfach gar kein Thema.

Marijke Amado: Was glaubst du, wie lange setzt sich dieser Wandel schon durch?

Marlene Lufen: Aus dem Bauch heraus würde ich sagen, das ist verstärkt in den letzten 3-4 Jahren zu beobachten.

Marijke Amado: Genauso empfinde ich das auch.

Marlene Lufen: Das schwappt natürlich auch aus Amerika rüber. Keine Frau im amerikanischen Fernsehen ist witziger als Ellen DeGeneres, und sie ist gerade 60 geworden.

Marijke Amado: Oder Oprah Winfrey. Und auch unter den Schauspielerinnen sieht man, dass die gestandene Frau auch über 60 vorhanden ist.

Marlene Lufen: Gerade in den letzten Jahren wurden immer mehr Filme von und für Frauen produziert. Wir treten langsam aus der Beobachterrolle raus und nehmen die Dinge selbst in die Hand, das ist gut. Es ist auch wichtig, dass Frauen mehr zu sagen haben, wenn es um die gesellschaftliche Einordnung geht. Ich möchte die Welt nicht nur kommentiert wissen von intellektuellen Zynikern. Manchmal weiß eine Hausfrau viel deutlicher, wo gesellschaftliche Probleme liegen. Erinnerst du dich, die Putzfrau Susanne Neumann hat damals Sigmar Gabriel auf den Kopf zugesagt, was falsch läuft in der SPD und in unserem Land. Danach ist sie regelrecht berühmt geworden. (Sie war eine sehr kluge und sehr starke Person. Leider ist sie vor kurzem verstorben.)

Marijke Amado: Meine Generation, die jetzt also in den 60ern ist, hat diesen Wandel unbewusst oder bewusst sicher vorangetrieben.

Marlene Lufen: Ganz sicher habt ihr das. Wir Jüngeren profitieren heute davon, dass Frauen in Kauf nahmen, als unbequem oder emanzenhaft zu gelten, um unsere heutigen Rechte zu erkämpfen!

Marijke Amado: Also meine Erfahrung ist, dass die Männer in meinem Alter, also vielleicht ab 60, noch ganz anders denken als Männer, die z.B. 40 oder 45 sind – oder sogar erst 30.

Marlene Lufen: Bei vielen ist das sicher richtig.

Marijke Amado: Da hat also eine sehr starke Entwicklung stattgefunden. Auch im Respekt den Frauen gegenüber und auch den arbeitenden Müttern gegenüber.

Marlene Lufen: Definitiv. Vereinzelt haben manche noch das Gefühl, wenn eine Frau ein Stück aufgestiegen ist, könne sie „jetzt aber wirklich langsam zufrieden sein". Dass es aber ein Gewinn für ein Unternehmen ist, weibliche Mitarbeiter genauso zu fördern wie männliche, das ist noch nicht bei allen Vorgesetzten angekommen.

Marijke Amado: Du machst deinen Job ja sehr engagiert, mit viel Liebe, du bist gut vorbereitet und sehr professionell. Da ist es doch ungerecht, wenn einem das einfach genommen wird – durch solche Prinzipien. Du hast in den letzten Jahren eine tolle Karriere gemacht, das ist sehr schön. Und jetzt mit einer weiblichen Produzentin, Christiane Ruff.

Marlene Lufen: Sie ist eine sehr beeindruckende Frau und hat irre viel Ahnung von unserem Geschäft. Christiane Ruff produziert ja u.a. „Dancing On Ice", die Show, die ich gerade moderiert habe. Da konnte ich erleben, mit welcher Kenntnis und Intuition, aber eben auch mit welcher Einfühlsamkeit sie so ein Projekt leitet.

Marijke Amado: Und sie hat wirklich Ahnung! Ich habe sie noch in ihrer Anfangszeit miterlebt, damals als wir noch im Team waren auch mit Dr. Thoma, aber sie hat so schnell aufgenommen und so ein gutes Gespür dafür, was Unterhaltung ist, wie man Sendungen am schönsten gestaltet ... Das hat sie unheimlich schnell gelernt und war auch immer mit Verbesserungen beschäftigt, eine bessere Programm-Macherin können wir uns Frauen nicht wünschen!

Marlene Lufen: Du hast sehr recht. Und weil das so ist, produziert ihre Firma sehr viele erfolgreiche Fernsehformate – den Dschungel auf RTL zum Beispiel auch.

Marijke Amado: Hast du auch das Gefühl, seit deinen Anfängen bis heute an einer ganz neuen Welt mitgearbeitet zu haben? Und auch daran, dieses Thema ans Tageslicht zu rücken, um andere auf die Problematik aufmerksam zu machen?

Marlene Lufen: Ja, in jungen Jahren habe ich einfach versucht, mich nicht einschüchtern zu lassen und dazuzulernen. Mir wurde am Anfang auch „naja, Mäuschen" suggeriert. Da war dann immer der große starke Mann an meiner Seite, auch im Job, der meinte, die wichtigen, großen Sachen, die müsse nun mal er machen. Dagegen konnte ich anfangs nichts tun, ich habe aber auch damals schon gedacht: „Das eine oder andere könnte ich besser als er. Aber gut, das werde ich schon irgendwann zeigen können." Man musste Geduld haben. Ich habe versucht, mich immer weiterzuentwickeln. Ich habe auch meine Lücken gesehen. Was ich noch nicht konnte, war mir bewusst, das wollte ich lernen. Mit Anfang 20 hat man noch weniger Lebenserfahrung und sicher auch weniger Allgemeinbildung. Das wusste ich richtig einzuschätzen. Aber ich habe immer darauf vertraut, dass meine Chancen noch kommen!

Marijke Amado: Das ist sehr wichtig, was du gerade sagst!

Marlene Lufen: Meine Karriere ist sehr langsam, aber stetig gewachsen. Ich habe bei einer Sendung angefangen, die damals kaum jemand wahrgenommen hat. Das Frühstücksfernsehen lief völlig unter dem Radar, auf jeden Fall unter Medienschaffenden. Ich konnte alles ausprobieren und durfte Fehler machen, hat erstmal keinen interessiert. Mein Redaktionsleiter stand sehr hinter mir. So konnte ich in Ruhe mehr Selbstbewusstsein vor der Kamera entwickeln. Bis zum heutigen Tag fordere ich mich immer wieder mit neuen Aufgaben heraus. Denn ich habe irgendwann erkannt, immer dann, wenn man meint, man kann was aus dem Ärmel schütteln ohne sich groß anzustrengen, wird es schlecht.

Marijke Amado: Also hast du auch immer redaktionell mitgearbeitet.

Marlene Lufen: Ich habe ständig Ideen. Im Urlaub kam mir zum Beispiel plötzlich der Gedanke, innerhalb des Frühstücksfernsehens ein kleines Talk-Format zu kreieren. Daraus wurden meine „27 Fragen und 'ne kleine Überraschung" – eine kleine Insel innerhalb der Sendung, bei der ich mit besonderen Gästen quer durchs Studio laufe und allerlei Kram mache, zwischendurch Kaffee koche, uns ein Brot schmiere oder Bier zapfe und dabei 27 Fragen am Stück stelle. Eine Art Freiflug, der bei den Gästen was ganz tolles bewirkt: Sie lassen sich komplett auf mich ein und antworten viel freier und echter. So sind die spannendsten und unterhaltsamsten Interviews entstanden. Kurz danach bekam ich übrigens das Angebot, die Talkshow „Dinnerparty“ zu moderieren.

Ich kann das also nur jedem empfehlen: Ergreift die Initiative! Wenn euch Grenzen aufgezeigt werden, ihr aber wisst, ihr könnt mehr, dann nehmt es selbst in die Hand und steht hinter euch.

Natürlich ist man nicht jeden Tag gleich stark. Manchmal ist man spontaner, manchmal ist man witziger und manchmal eben nicht. Ich versuche heute vor allem, ich selbst zu sein. Alles Aufgesetzte nervt mich bei anderen und umso mehr bei mir selbst. Also weglassen und echt sein. Das ist immer ein guter Plan!

Kapitel 10

Die Königsfamilien

Seit meiner Jugend liebe ich alles, was königlich ist. Als junges Mädchen hatte ich eine Weltkarte in meinem Zimmer hängen und immer, wenn jemand aus der Adelsszene heiratete, wie z.B. Paola und Albert von Belgien, verschob ich die Flaggen, wie in diesem Fall die italienische Flagge nach Brüssel. Oder als König Bhumibol von Thailand seine Sirikit heiratete, gab es zwei Flaggen. Als Grace Kelly aus Amerika und Rainier von Monaco sich das Jawort gaben, setzte ich eine amerikanische Flagge neben die von Monaco. Ich schrieb Briefe an die damalige Prinzessin Beatrix, ob ich ihr Schloss Drakesteyn mal sehen könne. Sie hat sehr freundlich zurückgeschrieben, dass sie diesen Wunsch leider nicht erfüllen könne. Damals in den 60er-Jahren an Julianas Königinnentag, wollte ich immer nach Soestdijk, ihrem Wohnpalast, um in der vordersten Reihe mit meiner niederländischen Flagge zu winken. Ich las alles über die unterschiedlichen Königsfamilien und wusste ganz schnell, dass die gesamte Riege und die meisten ursprünglich aus Deutschland kam, u.a. aus dem Geschlecht der Coburg-Gothas. Der Fürst von Coburg-Gotha hatte viele Kinder mit einer „Puffnel“, und diese Frau war richtig clever. Als Bedingung für ihre Liebesdienste sollten ihre Kinder und sie einen Titel erhalten – und den bekamen sie auch: „Von Battenberg“. Sie setzte all ihre Kinder in eine Kutsche und „verkaufte“ sie an Königin Victoria von England bis hin zum russischen Zarenhaus. Aus Battenberg wurde in England Mountbatten, und selbst Philip von Griechenland, der Ehemann der jetzigen englischen Königin Elizabeth, entstammt aus dem Geschlecht der Battenbergs.

Immer las ich alle Klatschblätter, angefangen von „Der Frau in der goldenen Rutschbahn“ bis zur spanischen „Hola.“ Zuhause und nicht beim Zahnarzt,

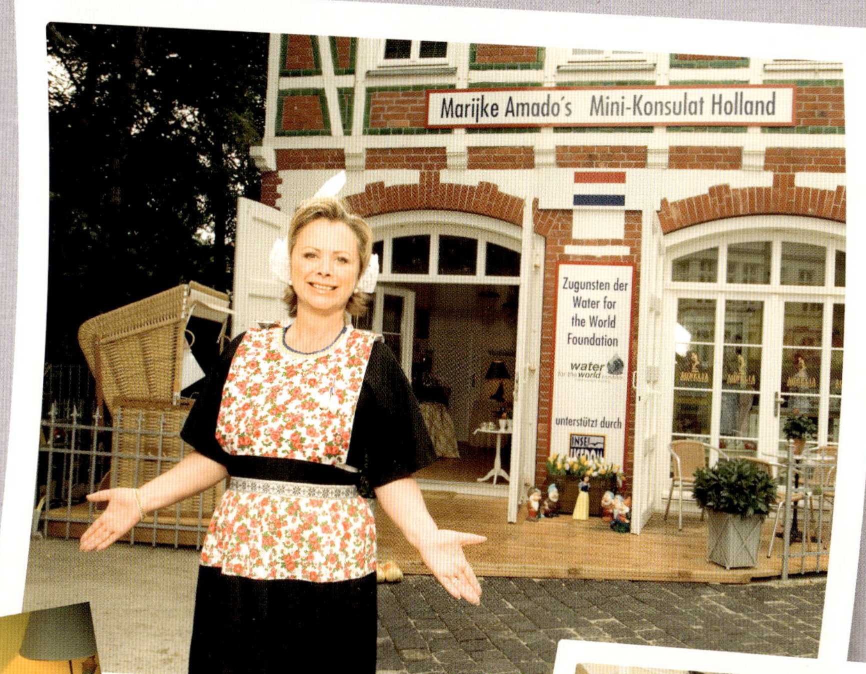

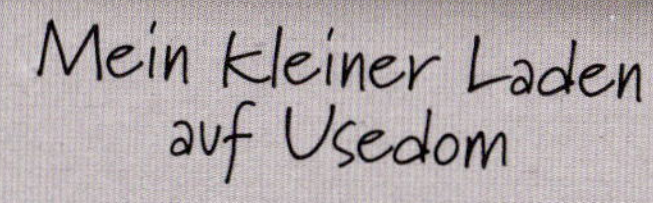
Mein kleiner Laden auf Usedom

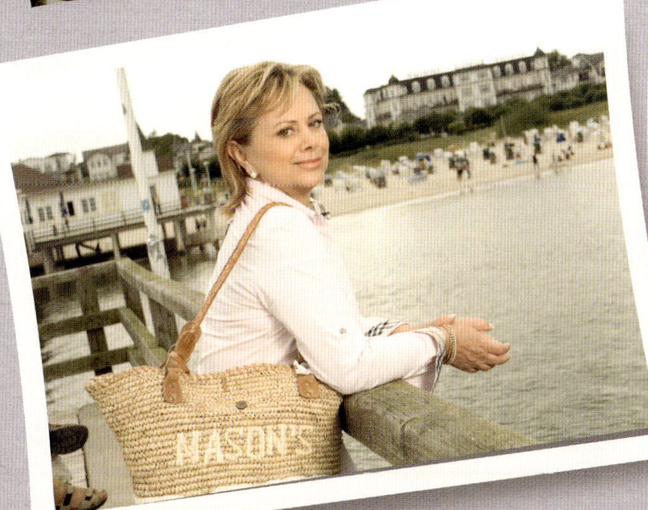

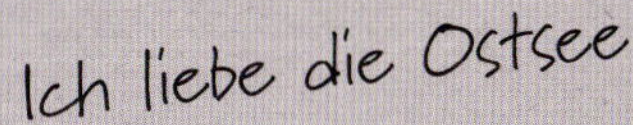
Ich liebe die Ostsee

wie alle behaupteten, die sich nicht auskannten. Ich war immer informiert. Fragt mich heute noch irgendwas über irgendein Könighaus und deren Nachwuchs, ich habe immer die richtige Antwort. Material genug, um mein Wissen im Fernsehen zu teilen. Erst in meiner Klatschecke im WWF Club, die aber schnell von Jürgen von der Lippe abgestellt wurde. Später beim ZDF und der ARD.
Ab 2000 war eine Menge los im niederländischen Könighaus. Zuerst verlobte sich Maxima und heiratete ihren Willem-Alexander, und die ARD wollte mich als Expertin. Ich sah mich als Nachfolgerin von Rolf Seelmann-Eggebert, der bei der Hochzeit 2002 auch schon 65 war. Er ist Deutschlands Adelsexperte Nummer Eins. Ich glaube, er hat bis heute alle royalen Beiträge noch fest im Griff.

Ich sah mich schon als Nachfolgerin Rolf Seelmann-Eggeberts …

Aber als Nebenexperte zu arbeiten, war auch was Schönes. An dem Tag habe ich alles, was ich über die beiden wusste, auf meine Art rübergebracht, mit dem Erfolg, dass ich nachfolgend bei sämtlichen Beerdigungen und weiteren Hochzeiten anwesend war und kommentierte.
Wenigstens für die Niederländer, obwohl sie mich auch ruhig für die Schweden, Engländer, Norweger, Belgier, Luxemburger und Dänen hätten anfragen können. Da ist mein Wissen genauso groß.
Im Jahr 2002 starb Prinz Claus der Niederlande und 2004 Bernhard zur Lippe-Biesterfeld, Prinz der Niederlande, und im gleichen Jahr Prinzessin Juliana, meine frühere Königin,, und es gab die Hochzeit von Prinzessin Mabel und Johan Friso.
So feierte mein Adelswissen zwischen 2002 und 2004 eine „Hoch-Zeit“, aufgrund dieser sämtlichen Geschehnisse.
Das ZDF wollte einmal den Königinnentag mit Beatrix übertragen. Sie dachten, dass an einem solchen Tag sämtliche Fürstenhäuser eingeladen würden. Sie fragten mich, wer da so alles kommt: Carl Gustav und Sylvia von Schweden, Mette Marit, Haakon oder Juan Carlos und Sophia von Spanien? Da musste ich sie leider enttäuschen. „Nein“, sagte ich, „da kommen Jan, Piet, Klaas und Truus. Das ist ein Bürgerfest, aber man lernt das Käseland einmal richtig kennen.

„Gute Idee“, meinte man, „das machen wir.“. Und so stand ich mit einem Kamerateam auf dem Dach eines Fischerhäuschens in Scheveningen.
Ich hatte von einem damaligen Lebensgefährten, dem, vom dem sonst nichts übrig blieb, einen Ring mit seinem Wappen bekommen. Das Wappen war überall, auf seinen Visitenkarten, Briefbögen und Socken. Stolz trug ich jeden Tag diesen Ring, auch an diesem.
Es war sehr windig und ich stand also auf dem Dach in Scheveningen, und da kam Königin Beatrix mit ihrer Taftfrisur, die auch bei Windstärke 7 gehalten hat. Die Flaggen von Scheveningen wehten. Ich winkte mit meinem geschenkten Siegelring in Richtung unserer Königin und erzählte den deutschen Zuschauern etwas über unser Königshaus. Die Flaggen von Scheveningen wehten weiter. Und da sah ich auf einmal erstaunt, dass auf meinem Ring das Wappen von Scheveningen abgebildet war. All die Jahre hatte ich ein Wappen mit sechs Heringen getragen, das gar nicht ihm gehörte, sondern Eigentum der Stadt Scheveningen war. Ein entscheidender Moment im meinem Leben.

Die Zuschauer in Deutschland haben mein Erstaunen live miterlebt und waren in dieser Stunde der Wahrheit dabei. Ich danke dem ZDF und meiner damaligen Königin noch heute für diesen Moment der Aufklärung. Auch er steht heute im Garten!

Ich warte bis heute vergebens, dass Rolf Seelmann-Eggebert seine Adelskrone ins Feuer schmeißt. Aber in der Zwischenzeit haben Sie sicherlich verstanden, dass das Alter bei Männern im Fernsehen weniger problematisch sein kann.

Interview mit

Frauke Ludowig

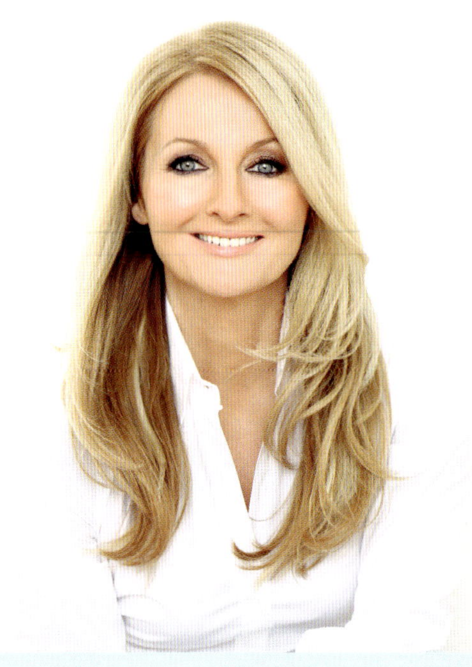

Marijke Amado: Liebe Frauke, du bist eine der wenigen Frauen, die noch nicht aufgrund eines gewissen Alters die Koffer packen musste. Die meisten werden im Alter zwischen 40 und 45 Jahren geschasst. Wie hast du das geschafft?

Frauke Ludowig: Ich habe mich nie über mein Aussehen oder über rote Teppiche definiert – auch wenn das viele von mir glauben. Ich definiere mich vor allem über mein Fachwissen und über mein Interesse an der Branche. Ich sehe mich nicht als Bestandteil der Promiwelt. Insofern hat man mich nie ausgetauscht und gesagt: „Da könnte jetzt auch jemand stehen, die jünger und schöner ist". Man nimmt mir das ab und ich weiß aus meinen Medienforschungsergebnissen, dass die Menschen mich für glaubwürdig halten. Das ist in unserem Beruf, vor allem wenn es darum geht, dass man Informationen weitergibt, sehr wichtig. Auch bin ich in meinem Job immer fair und habe nie an irgendwelchen Sesseln gesägt. Im Gegenteil. Ich bin eine große Frauenfreundin, das wissen alle, die mit mir gearbeitet haben. Ich fördere Frauen in meinem Umfeld und habe mir zum Beispiel als meine Stellvertreterin eine Frau ausgesucht, die jung und hübsch ist. Ich glaube, man kann im Fernsehen tatsächlich auch älter werden, die Zeiten sind vorbei, in denen man durch irgendwelche Models ersetzt wurde.

Marijke Amado: In den 70er- und 80er-Jahren war es anders als heute. Sicher in der Unterhaltung.

Frauke Ludowig: Das hat sich tatsächlich geändert und ich habe das Gefühl, dass sich noch immer sehr viel tut. Es gibt zwar mittlerweile viele Frauen im Business, aber noch immer sind viel zu wenige Frauen in Führungsebenen. Ich bin ja nicht nur Moderatorin, sondern auch Redaktionsleiterin und kümmere mich da um vieles, was die Leute so gar nicht ahnen. Es ist also ein Trugschluss, wenn jemand sagt: „Ach, so ein Promimagazin könnte ich auch moderieren, dann lasse ich mir tagsüber die Nägel lackieren und abends stehe ich vor der Kamera“, so ist es nicht. Die Hauptarbeit besteht ja nicht darin, in einem schönen Kleid und fertig gestylt vor der Kamera zu stehen, die meiste Arbeit findet dahinter statt.

Marijke Amado: Du hast einen Mann und zwei Kinder. Ich habe damals meinen Sohn alleine erzogen und musste dann immer eine Haushälterin oder Kindermädchen engagieren, weil ich arbeiten musste. War das für dich stressig, als die Kinder noch klein waren oder hast du das locker kombinieren können?

Frauke Ludowig: Ich hatte auch immer eine Frau, die mich im Haushalt unterstützt hat und finde das richtig so, warum auch nicht? Ich hatte immer Lust zu arbeiten und meine Kinder finden das gut. Als Mutter von zwei Töchtern möchte ich ihnen beibringen, dass auch Frauen arbeiten und eine moderne Rolle spielen. Ich möchte meine Mädchen auch nicht zum Heimchen am Herd erziehen und möchte nicht, dass sie nur das Anhängsel eines Mannes sind.

Marijke Amado: Siehst du dich als Bahnbrecherin in deinem Bereich?

Frauke Ludowig: Das würde ich so nicht sagen, ich habe immer mein Ding gemacht und gehe meinen Weg, aber ich würde nicht sagen, dass es bei mir bahnbrechend war. Meine Mutter hat ja auch immer gearbeitet und war keine Hausfrau bzw. nur die Frau an der Seite eines Mannes. Meine Eltern haben immer gesagt: „Sei fleißig, dann wird aus dir etwas“ und nach diesem Credo lebe ich auch heute noch.

Marijke Amado: Was hat sich aus deiner Sicht im Fernsehen am stärksten in den letzten 30 Jahren verändert?

Frauke Ludowig: Es ist ganz vieles anders geworden. Früher gab es die große Samstagabendshow, so etwas gibt es heute in dieser Form nicht mehr. Auch saß man früher mit der Familie vor dem Fernseher, das ist alles anders geworden. Andere Dinge haben sich hingegen nicht verändert. Früher wie heute gab es nur wenige große Entertainer, und die waren alle männlich, damals waren das vor allem Peter Frankenfeld, Rudi Carrell oder Peter Alexander und auch heute gibt es kaum weibliche Entertainer.

Marijke Amado: Es gibt sie schon, aber sie sind nicht sichtbar. Wie siehst du denn das Medium Fernsehen in der Zukunft?

Frauke Ludowig: Ich glaube, dass Fernsehen weiterhin seine Bedeutung behalten wird, obwohl viele sagen, dass es das bald nicht mehr geben wird. Das glaube ich überhaupt nicht. Ich sehe nach wie vor, wie groß die Faszination ist, wenn man erzählt, dass man beim Fernsehen ist.

Marijke Amado: Meinst du, dass die Jugend dem Medium auch treu bleibt?

Frauke Ludowig: Vielleicht schauen sie anders, eher gezielter. Früher hat man auf bestimmte Sendungen gewartet, das wird dann bestimmt nicht mehr so sein, aber ich glaube, dass sie weiterhin zuschauen werden.

Marijke Amado: Wie lange planst du eigentlich noch dabei zu sein?

Frauke Ludowig: Ich plane so etwas nicht. Ich mache das so lange, wie es mir Spaß macht und natürlich so lange man mich sehen möchte. So etwas wird natürlich beobachtet und durch Marktforschung untermauert.

Marijke Amado: Du bist also glücklich?

Frauke Ludowig: Ja, ich bin sehr glücklich und ich hoffe, dass ich das auch ausstrahle. Ich kann mich nicht beklagen und genieße es sehr, dass ich eine so lange Laufbahn haben darf, denn das ist ja nicht selbstverständlich. Wenn du als Frau einmal aus dem Business raus bist, dann kommst du auch nicht mehr rein.

Marijke Amado: Ja, das ist sicher schwierig. Ich glaube aber, dass man sich auch da durchkämpfen und auch in anderen Bereichen Fuß fassen kann. Aber bei großen Produktionsfirmen befindet man sich immer auf einem Schachbrett, auf dem man sehr schnell aus dem Spiel ausscheiden kannst.

Frauke Ludowig: Ja, man muss immer am Ball bleiben. Ich bin ja auch sehr aktiv in den sozialen Medien. Als Instagram aufkam, wollte ich das sofort auch machen. Ich habe dort meinen eigenen Kanal und erstelle jeden Tag einen Backstagebericht meiner Sendung. Am Anfang hat man mich dafür ausgelacht, aber mir macht das Spaß und ich habe mittlerweile viele Follower. Da ergeben sich ganz neue Möglichkeiten.

Marijke Amado: Das habe ich von vielen Frauen gehört. Wenn man sich in der neuen Medienlandschaft entwickelt und am Ball bleibt, gibt es auch viele Möglichkeiten, um sich weiterzuentwickeln. Hast du dir das alles selbst beigebracht?

Frauke Ludowig: Ja, komplett. Aber das ist ja auch relativ einfach und es schauen auch immer mehr Menschen in unserem Alter rein und machen mit. Ein spannendes Feld.

Marijke Amado: Was würdest du jemandem raten, der jetzt 20 Jahre alt ist und gerne in diese Medienlandschaft eintreten möchte. Was hast du für Tipps?

Frauke Ludowig: Ich finde, dass es am wichtigsten ist, dass man fleißig und diszipliniert ist. Es ist ein harter Job und es ist eben nicht so, dass man nur mal eben sein Gesicht in die Kamera hält. Man muss hart arbeiten und auch bereit sein, an Wochenenden zu arbeiten und auch dann, wenn alle anderen Urlaub haben. Wer Gas gibt, der kann auch etwas werden.

Marijke Amado: Du bist ja eine Frau, die sowohl bei Männern als auch bei Frauen gut ankommt. Das gelingt nicht jeder Frau.

Frauke Ludowig: Ich glaube, dass auch das mit der Authentizität zusammenhängt. Die Menschen merken, dass man sich nicht verstellt. Frauen, die sich verstellen und eher auf Püppchen machen, sind Frauen, die vielleicht von Männern toll gefunden werden, aber dann eben nicht von anderen Frauen. Ich bin einfach wie ich bin.

Marijke Amado: Was hältst du von der #metoo-Debatte?

Frauke Ludowig: Ich finde es richtig und wichtig, die Debatte anzustoßen, aber mir ist so etwas nie passiert. Ich glaube, dass meine Ausstrahlung sagt: „Wenn mich jemand dumm anmacht, dann drehe ich mich um und gehe."

Marijke Amado: Du kannst stolz auf dich sein, was du bis jetzt erreicht hast.

Kapitel 11

Tanzen, kochen, shoppen, backen, einrichten

Kannst du kochen, tanzen, shoppen, einrichten, backen und hast du dazu noch einen „grünen Daumen“ – oder bist du „Blond am Freitag“?
Im Jahr 2001 gab es im ZDF eine Sendung mit Ralph Morgenstern: „Blond am Freitag“. Nur mit weiblichen Gästen, erfolgreichen Frauen aus der Fernsehwelt. Ralph, im Jacket mit exotischen Motiven, hat uns jede Woche eingeladen und mit uns die Aus- und Reinfälle der Woche diskutiert. Ich war von Anfang an dabei und es war ein Spaß, gemeinsam mit Barbara Schöneberger, Hella von Sinnen, Gabi Decker, Manon Straché, Anka Zink, Susanne Fröhlich und einigen anderen. Es war erstaunlich schrill und es wurde hemmungslos getratscht und gequatscht. Für das damalige ZDF-Programm war es wirklich etwas Neues und jede Woche haben wir Herren wie Dieter Bohlen, Klaus Jürgen Wussow oder sonstige, die gerade aktuell waren, durch den Kakao gezogen. Es gab auch immer die Rubrik: „Die blonden Männer der Woche.“ Da hat sich kein Mann gefreut, wenn er dabei war. Wir haben alles sagen können, was wir dachten und haben uns köstlich amüsiert. Im deutschen Fernsehen wirklich eine Neuheit, dass Frauen sagen konnten, was sie dachten.
Am Anfang war es eine spontane Kiste und keiner hat sich ernsthaft vorbereitet. Es ging um Schlagfertigkeit und Spaß an der Sache. Nachher bekamen wir zeitliche Vorgaben zu den Themen und dann hat man gemerkt, dass viele sich Geschichten zu den Themen ausgedacht haben.
Trotzdem war die Sendung ein Lichtblick für uns Frauen in Deutschland.
Anfangs lief die Sendung am Sonntagabend und hieß daher „Blond am Sonntag“. Später wurde sie auf den Freitagabend verlegt. Aus Sonntag wurde Freitag, blond blieb blond. Nur leider zu einer Uhrzeit, zu der eine normale

Frau unseres Alters nicht mehr in einer Kneipe steht, nach Mitternacht. Nach den letzten Nachrichten.

Es war erstaunlich schrill und es wurde hemmungslos getratscht und gequatscht

An der Ausstrahlungszeit hat man gemerkt, dass, wenn Frauen sagen, was sie denken und manchmal auch richtig hemmungslos waren, dies nicht zu einer gängigen Uhrzeit gezeigt werden sollte. Trotzdem lief die Sendung von 2001 bis 2007 und für mich war es ein Genuss und eine Freude, dabei zu sein. Für uns Frauen wäre es respektvoller gewesen – schließlich waren alle große und erfolgreiche Einzelkämpferinnen in der Unterhaltungsbranche – wenn wir zu einer Uhrzeit mit einer größeren Reichweite und mehr Zuschauern gesendet worden wären und nicht, wenn halb Deutschland schon unter der Bettdecke liegt, weil sie am Montagmorgen um 6 Uhr raus müssen.
Im Jahr 2007 wurde die Sendung eingestellt und es gab nachher nie wieder ein solches Format, in welchem sich Frauen so unterhalten haben: schrill und hemmungslos. Die Entschuldigung, die es für das Fehlen solcher Formate meistens von Männern gibt: „Es gibt leider kaum Frauen mit Humor". Der größte Quark, den ich immer höre.

Natürlich habe ich im Laufe der Jahre in diesem Fach auch tolle Männer kennengelernt. Ich erinnere mich noch an Harry Belafonte. Er war der einzige Mann in meinem Leben, mit dem ich essen war und den ganzen Abend nichts gesagt habe, besser, nichts rausgebracht habe. Für mich eher eine Ausnahme. Ich habe nur geguckt, denn dieser Mann sah so toll aus und in seinen Augen konnte man baden gehen. Ich sah mich schon baden in „Island in the sun".

Es gibt auch Männer, die man nie vergisst. Roy Black war so einer für mich. Ich habe mit ihm gemeinsam im „Schloss am Wörthersee" gespielt und kannte ihn natürlich schon aus den WWF-Club-Zeiten. Ich nahm Kay mit nach Innsbruck, da ich gerade kein Kindermädchen für ihn hatte. Roy konnte ihn gut leiden und ging immer mit ihm spazieren. Sie sahen sich sehr ähnlich, aber es ist nicht das, was Sie jetzt denken.
Keiner hat gemerkt, dass er ein Problem hatte. Nur im WWF Club hatte ich

es bemerkt und er hat mir auch gesagt, dass er eigentlich etwas ganz anderes singen wollte als diese „Schleimheim-Nummern“ wie „Ganz in Weiß mit einem Blumenstrauß“. Sein Image war eine Qual für ihn, wobei seine Fans, vor allem die weiblichen, es geliebt haben. Bei uns war er immer entspannt und man hat nicht bemerkt, dass ihm sein Leben schwer fiel. Einzig, seinen Schmerz hat er mit Alkohol weggetrunken. Da war er sicher nicht der Einzige im Showgeschäft. Ich war total überrascht und traurig, als er so ganz allein starb. Morgens hatten wir noch zusammen gedreht. Aber die Tragödien, die klopfen nicht leise an und fragen höflich: „Passt es gerade?“. Die kommen einfach aus heiterem Himmel. Du denkst, du bist auf dem Höhepunkt und schon geht es bergab.
Auch Paul McCartney war für mich ein Lichtblick in der Männerwelt. Mein ganzes Kinderzimmer war früher mit seinem Abbild bestückt. Ich bin als 13-Jährige in eine Amsterdamer Gracht gesprungen, in der Hoffnung, dass er mich sieht, da er gerade auf Tour in Amsterdam war. Später habe ich ihn in einer Sendung wiedergesehen und er war wirklich eine tolle Nummer. Ich dachte: „Jetzt oder nie, Amado!“. Leider kam mir die Frau mit einem Bein dazwischen, die er später geheiratet hat.

Auch Hansi Hinterseer hat mich mal angerufen. Diese Volksmusik-Ikone, aber auch ein echtes … also in den Niederlanden sagen wir: „Lecker hapje.“ Auf Deutsch so viel wie „Ein leckeres Schnittchen“. Eine echte Kante, mit allem an der richtigen Stelle. Er trug ja immer eine Lederhose, so mit Klappe, Tag der offenen Tür oder besser gesagt, Klappe zu.
Er rief an und fragte, ob ich was mit ihm machen wolle. Ich sagte: „Klar, alles!“.

Es gibt auch Männer, die man nie vergisst

Er fragte: „Gehst du mit mir wandern im Gebirge?“
„Gut“, sagte ich, wandern führt ja auch irgendwo hin.
„Da wäre da noch ein Filmteam“, meinte er.
Ok, wandert ein Filmteam halt mit. Soweit alles klar, ich fuhr nach Kitzbühl. Wovon aber bis dahin niemand gesprochen hatte, waren 20.000 Pilger. 20.000 Hinterseer-Fans, die dem heiligen Hansi in die Berge folgten und das jedes Jahr.

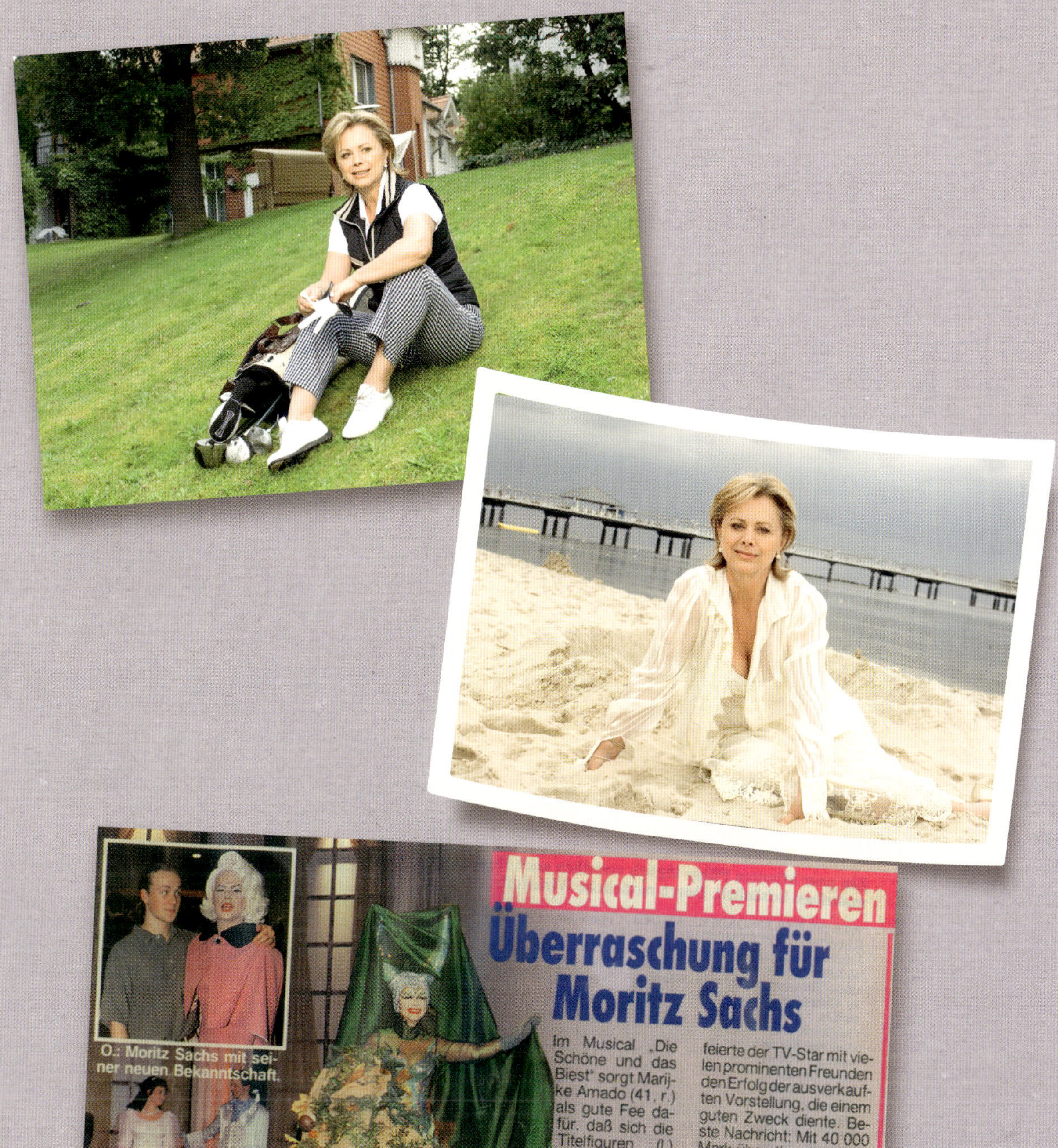

Musical-Premieren

Überraschung für Moritz Sachs

Im Musical „Die Schöne und das Biest" sorgt Marijke Amado (41, r.) als gute Fee dafür, daß sich die Titelfiguren (l.) am Ende kriegen. Bei der diesjährigen Premiere in den Kölner Sartory-Sälen verblüffte die niederländische Moderatorin mit großartigen Gesangseinlagen.

Nach der Vorstellung feierte der TV-Star mit vielen prominenten Freunden den Erfolg der ausverkauften Vorstellung, die einem guten Zweck diente. Beste Nachricht: Mit 40 000 Mark überstieg der Erlös, der einem senegalesischen Kinderkrankenhaus zugute kommt, alle Erwartungen. Größte Überraschung: Die hübsche junge Dame, die „Lindenstraßen"-Star Moritz Sachs (17) an diesem Abend kennengelernt hatte, entpuppte sich als Herr.

O.: Moritz Sachs mit seiner neuen Bekanntschaft.

Marijke Amado als Zauberfee.

Eine Hauptrolle in dem Musical „Die Schöne und das Biest"

Ich ging also mit diesen 20.000 Fans nach oben auf den Berg. Dort gab es einen See, da stieg Hansi in ein Bötchen und ist über den Bergsee geschippert. Wie „Jesus Christ Hansi Hinterseer Superstar".
Und Hansi sang das Lied: „Hände zum Himmel, Hände zur Hölle." Alle 20.000 Fans am Ufer auch. Alle haben nasse Füße bekommen.
Am nächsten Tag hatte ich mehr Zeit mit ihm allein und er ist wirklich so ein Naturbursche, dass der tatsächlich mit Hirschen sprechen kann. Selbst in der Brunftzeit. Sie kamen von allen Seiten auf ihn zu und das war sehr beeindruckend, so als ob sie ihn schon Jahre kannten.
Selten begegnet man Menschen, die fast am gleichen Tag, im gleichen Jahr und zur selben Uhrzeit wie man selbst geboren wurden. Nur mit dem Unterschied, Hansi in einer armseligen Berghütte und ich in einer Statuenfabrik in Tilburg, fast am gleichen Tag, im gleichen Jahr, zur gleichen Zeit.

Damals bei RTL waren Harry Wijnvoord und ich die ersten Niederländer. Deshalb dachten viele, wir hätten was miteinander. Das war für viele klar, weil wie beide aus den Niederlanden kamen. Nach dieser Logik, haben Angela Merkel und Joachim Gauck auch was miteinander, weil sie aus demselben Bundesland stammen, oder der Eisbär und der Pinguin auch, weil sie beide am Pol leben.

Stefan Waggershausen fand ich auch einen tollen Kerl und zu WWF-Club-Zeiten habe ich immer gehofft, er würde mal ein Duett mit mir machen, also im Singsang, meine ich. Nur leider hatte er dafür Alice aus Italien ausgewählt.

Dann gab es noch Alain Delon. Von ihm war ich auch tief beeindruckt, aber Rosalie van Breemen, dieses Model aus Holland auch.

Bei allen Fernsehproduktionen gibt es nur in schwarz gekleidete Männer. Man sieht nie eine fröhliche rote oder gelbe Hosen. Alle tragen das gleiche Schwarz wie auf einer Beerdigung. Schwarz ist die Farbe der Fernsehmänner, hinter und vor der Kamera. Da ich aber Farben liebe, waren für mich nur wenige dabei. Ich habe es dann irgendwann aufgegeben richtig zu gucken und übrigens sagte mein Vater immer: „Never dip your pen in the company's ink …".

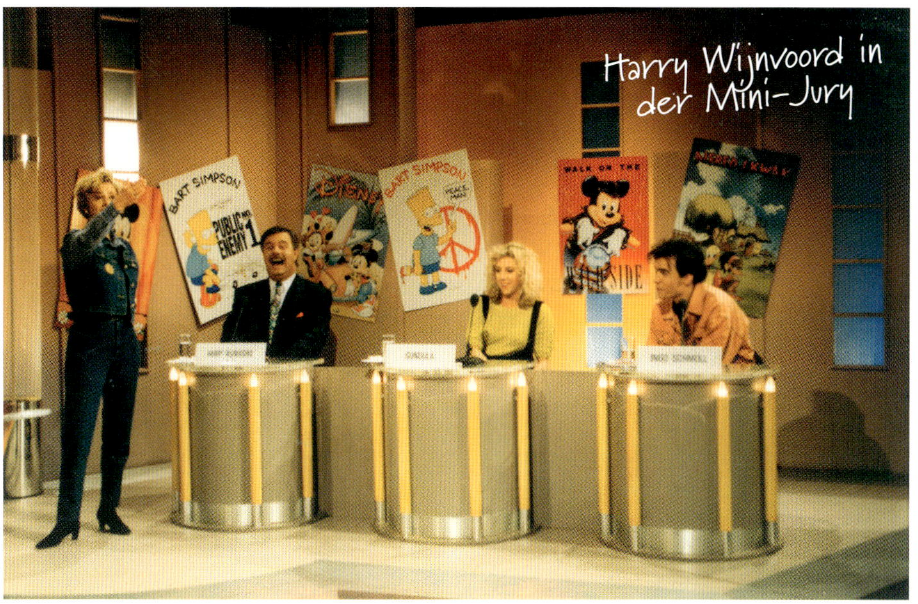

Harry Wijnvoord in der Mini-Jury

Schwarz sah es für mich auch bei „Let's dance" 2013 aus. Man hatte mich gefragt, ob ich daran teilnehmen wolle. Ich hatte die deutsche Version noch nicht gesehen. In England und in den Niederlanden gab es damals bei der Sendung kaum Leistungsdruck und man lernte friedlich tanzen. Es gab in keinem dieser Länder einen Mister Llambi. Ich bekam Stefano Terazzino als Profitänzer zugewiesen. Einen sehr netten Italiener, der genauso groß ist wie ich. Wir übten einige Wochen in Ahrendshoop, da haben Freunde ein Hotel und wir konnten ungestört trainieren.

Als erster Tanz war der Langsame Walzer dran und ich glaube, wir haben den 300 Mal geübt. Da war alles paletti. Wir trainierten von morgens 9 Uhr bis 8 Uhr abends und ich habe dabei schon gemerkt, dass mein Körper ab und zu streikte, und ich dachte: „Amado, wärst du mal besser ein Jahr vorher in eine Sportschule gegangen."
Ab und an saßen die ersten Knochen quer und der arme Stefano, der hätte lieber eine 23-Jährige gehabt als mich. Der musste mich drehen, wenden und hochheben und das war Schwerstarbeit.
Wir fuhren nach Köln zur Aufzeichnung mit der festen Überzeugung, wir hätten alles im Griff.
Dort sahen wir die Konkurrenz, u.a. Paul Jahnke, Sila Şahin, Manuel Cortez, Manuela Wisbeck, Gülcan Kamps und Balian Buschbaum und andere.

Man merkte sofort, mit welcher Seriosität und Professionalität manche an dieses Projekt herangingen. Die Konkurrenz war hart. Llambi gab mir noch eine Vier, für ihn ganz liebenswert. Glücklicherweise war Gülcan und nicht ich in der ersten Runde raus und weiter ging es mit dem Quickstepp. Ein nervös sägender Tanz mit Hüpfen, Hüpfen und nochmals Hüpfen. Auch das ging, dank der ganzen Nacht üben. Man hat mich morgens mit allen Farben des Regenbogens zugepflastert, damit meine Knochen noch durchhielten. Die Profitänzer wollten gewinnen. Logisch, bei jeder Folge gab es mehr Geld. Es war die Staffel, in der Melissa Ortiz-Gomez auf Christian Polanc losging – die schon lange zusammen waren – als sie erfuhr, dass Silvie Meis ihr bei Christian dazwischenfunkte. Nicht er, sondern Melissa musste sofort das Feld räumen, was ich sehr ungerecht fand. Man hat ihr buchstäblich den Mund und die Beine zugeschnürt und sie im deutschen Fernsehen nie wieder gesehen.

In England und in den Niederlanden gab es damals kaum Leistungsdruck in der Sendung und man lernte friedlich tanzen

Der zweite Tanz ging ziemlich in die Hose. Stefano hatte sich Mühe gegeben, etwas sehr Schwieriges zu kreieren. Quickstepp auf dem Mini-Playback-Show-Song. Er hat mich ein paar Mal, wie eine holländische Windmühle, quer über den Kopf gedreht. Llambi gab uns eine Drei. Nach all den Mühen hatten meine Knochen schon aufgegeben. Sie hatten sich sehr deutlich gemeldet und mitgeteilt: „Du kannst uns mal.“

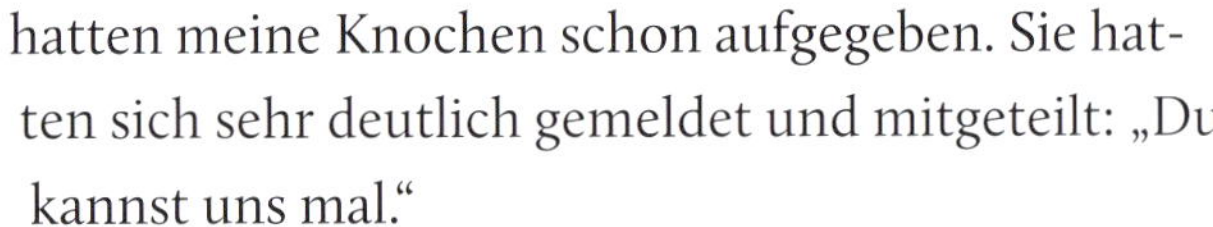

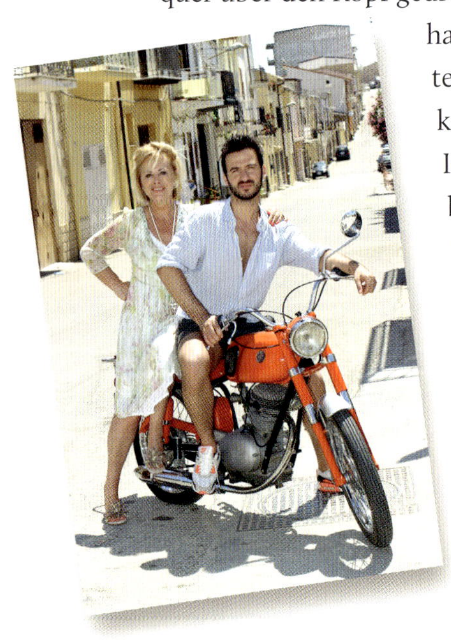

Ich musste zum Arzt und der stellte mehrere Stressbrüche fest. Trotzdem wollte ich in die dritte Runde. So bescheuert ist man, wenn man im Sog ist, immer weitermachen zu wollen. Beim Tango musste ich aber das Feld räumen, die Knochen haben definitiv gestreikt.

Zwei Monate habe ich zuhause gesessen und musste auf dem Hintern die Treppe hoch und hatte an beiden Beinen ein Gerüst. Und ich konnte die Sendung nur noch von der Couch aus zu Ende sehen.

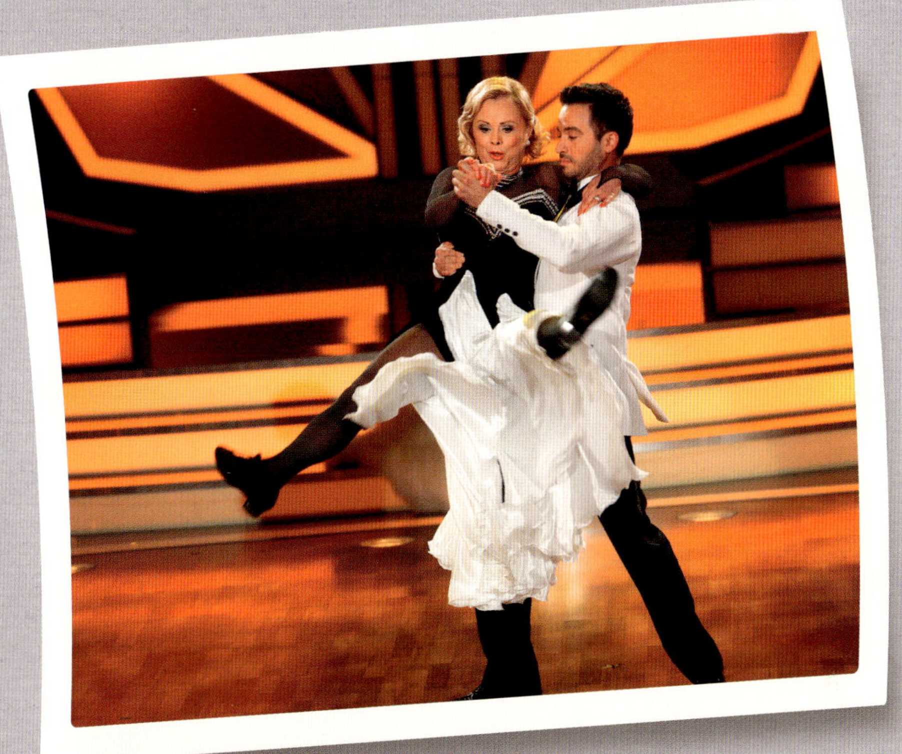

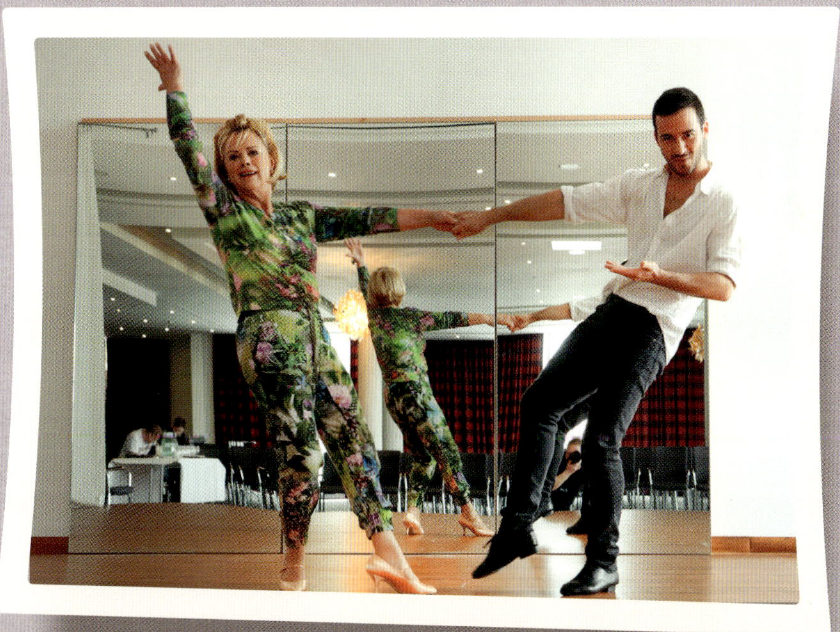

Stefano und ich beim Tango –
und beim Üben in Ahrenshoop

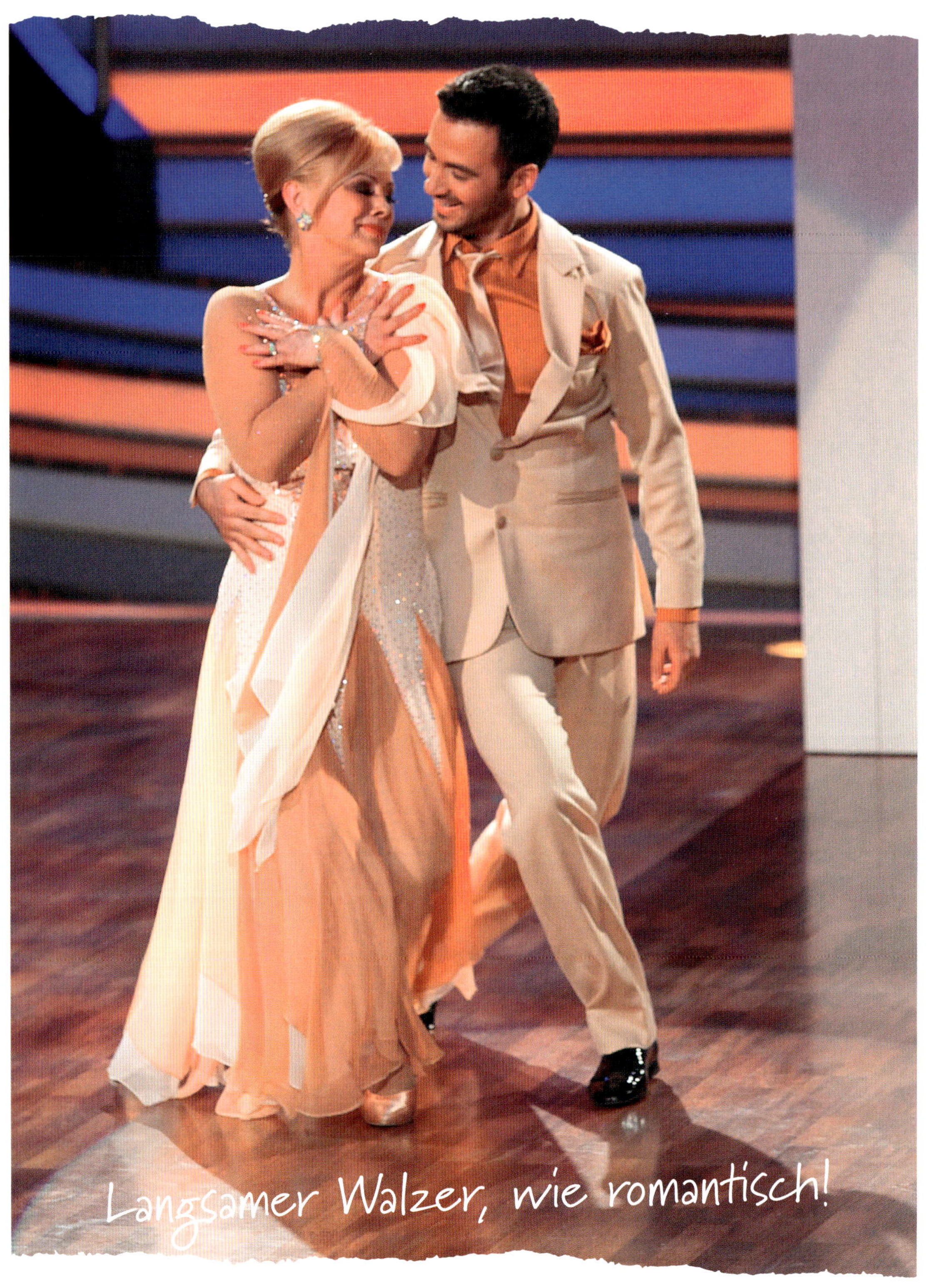
Langsamer Walzer, wie romantisch!

Stefano hat mich im Sommer in seine Tanzschule auf Sizilien eingeladen, um das Tanzen noch mal nachzuholen. Beim Abschied dieser Sendung habe ich verkündet, dass wir demnächst gemeinsam mit seiner Mutter in den Urlaub fahren würden. Die gesamte deutsche Presse hat geschrieben, dass wir ein Verhältnis hätten, worüber ich herzhaft gelacht habe. Endlich lag ich im Trend, zwischen Heidi Klum und Madonna, ältere Frau mit jungem Mann. So simpel ist es, in die Frontlinie der Boulevardpresse zu kommen. Sylvie Meis ist da der absolute Superprofi. Gibt es ein neues Projekt, gibt es einen neuen Mann und zufällig ist immer medienwirksam eine Kamera dabei. Auch wenn man dafür einen kleinen Abstecher nach Miami oder Paris macht. Stefano hat man in Deutschland bei „Let's dance" nie mehr gesehen, was nicht an mir lag und auch nicht an seinem Können. Er ist jetzt aber in Polen ein großer Tanzheld.

Voll im Tanzfieber

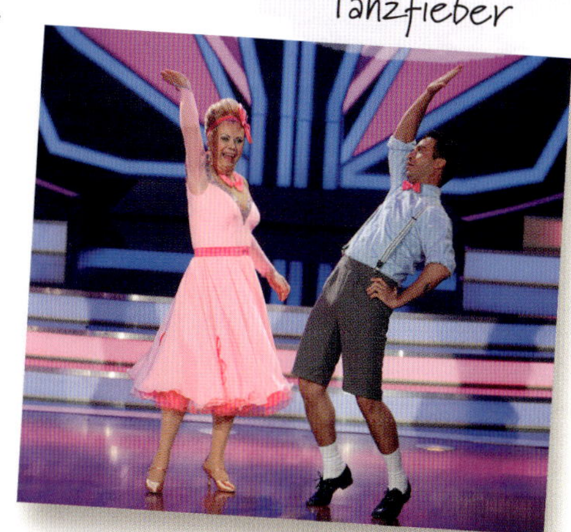

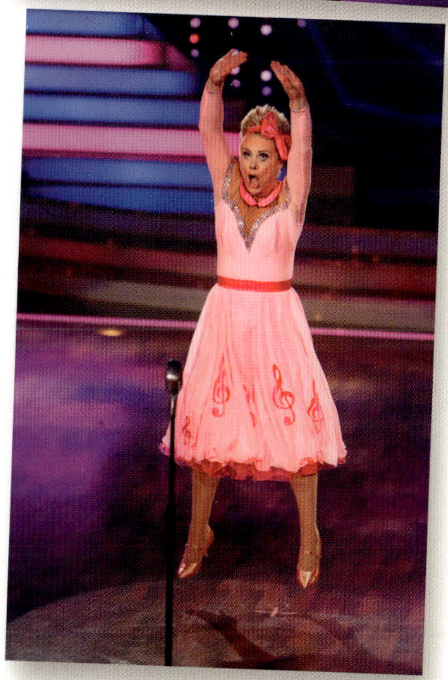

Es gab noch eine Geschichte rund um „Let's dance". Ich wurde mal zu einer Buchpräsentation in Köln eingeladen. Wir saßen gemütlich an einem Tisch mit Menschen, die ich teilweise nicht kannte. Alle hatten Handys dabei und irgendwann fragte mich eine junge Dame, was ich von dem Rausschmiss von Sylvie Meis hielte. Ich habe ihr meine ehrliche Meinung gegeben. Man saß ja gemütlich beim Mittagessen.
Kurz danach sagte diese Dame, dass sie Journalistin bei der Bild sei, und neben dem, was ich schon erzählt hatte, stellte sie noch viele andere Fragen. Viele nennen sich heute Journalist, verdienen wenig und müssen etwas finden, mit dem

sie etwas verdienen können. Am nächsten Tag stand in der Bild-Zeitung: „Amado greift Swarovski an."

Mein Tipp: Sagen Sie nie mehr etwas in der Öffentlichkeit, auch bei keinem privaten Essen. Alles wird aufgezeichnet und jeder hat sein Handy dabei. Und bevor man es bemerkt, steht es als Headline in einer Zeitung und alle übernehmen es.

Achtung Mikro: In Zeiten von Handy & Co. wird alles aufgezeichnet und bevor man es sich versieht, steht es in der Zeitung ...

Es gab noch viele Fernsehformate, an denen ich in den letzten Jahren beteiligt war. Ich glaube, ich war in allen Kochshows von „Küchenschlacht" bis „Lafer, Lichter, lecker" und allen anderen vom „Promi Dinner" bis zum „Promibacken". Wenn man gewusst hätte, wie ich früher gekocht und gebacken habe, wären diese Sendungen an mir vorbeigegangen. Ich habe durch das Fernsehen kochen und backen gelernt und das ist auch „eine Leistung". Dafür danke ich Johann Lafer, Alfred Biolek und Enie van de Meiklokjes. In einem zwölftägigen intensiven Coaching lernte ich, wie man eine Torte macht und etwas abwiegt. Lustigerweise bei Eddy Rieger, dem früheren WWF-Club-Törtchen-Lieferanten. Ich habe alles gelernt über Brandteig, Blätterteig, Biskuitteig und Plunderteig, vom Gugelhupf bis Croque en Bouche. Wie ich mit einem Spritzbeutel umzugehen habe und wie ich Windbeutel und Eclairs mache. Und das war eine Aufgabe, denn Holländer backen nicht, Holländer frittieren.

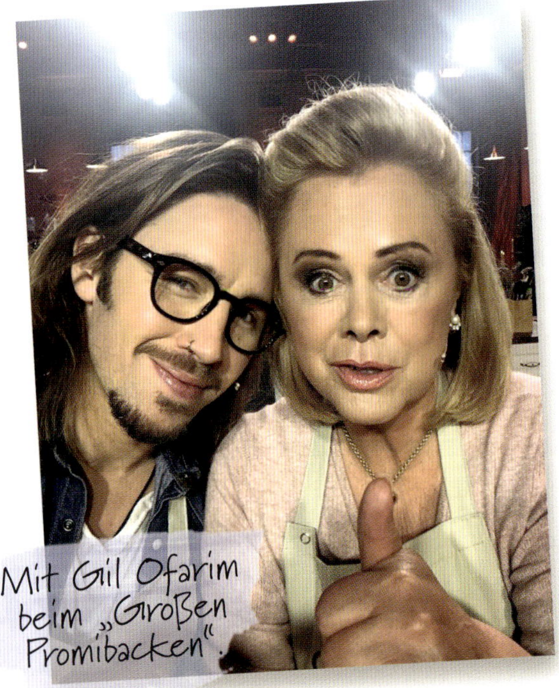

Mit Gil Ofarim beim „Großen Promibacken".

Ich habe Speisen und Torten hingelegt, die mich selbst zum Staunen brachten und meinen Sohn noch mehr. Unter Leistungsdruck kommt man zu Höchstleistungen.

Während dieses Back-Coachings im Vorfeld der Sendung habe ich auch noch etwas Lustiges erlebt: Eine junge Praktikantin der Berliner Produktionsfirma, die sich in Köln nicht gut auskannte, buchte mir für das Coaching ein Hotelzimmer. Nach einem langen Tag Training fuhr ich endlich abends ins Hotel, es war schon etwa 21 Uhr. Ich hatte von diesem Hotel noch nie gehört und auch der Name war mir völlig fremd. Der Eingang war eine ganz normale Haustür. Das Hotel befand sich, wie an der Tür angeschrieben stand, im dritten Stock. Es sah etwas popelig aus und ich habe noch gedacht, dass dem Sender aber langsam wirklich das Geld ausginge. Im dritten Stock wurde mir dann die Tür durch eine Dame geöffnet, die mich gleich mit den Worten empfing, es sei ihr ja schon etwas komisch vorgekommen, dass ich, Marijke Amado, ein Zimmer gebucht hätte.
Es war im Juli 2018 und wir hatten gerade diese Hitzewelle, auch an diesem Tag. Es wurde aber noch heißer! Die Dame führte mich in ein Zimmer und ich dachte noch, ob ich hier überhaupt richtig sei ... Im Zimmer befand sich ein Bett aus Leder. Schwarzes Leder in Herzform mit ein paar komischen Gardinen in Leopardenmuster und einem kleinen Balkon.
Die Dame wünschte mir eine gute Nacht und ich fragte sie noch, wo denn das Frühstück serviert werde. Sie antwortete, es gäbe leider kein Frühstück. Bevor ich überhaupt reagieren konnte, war sie weg und ich saß bei 30 Grad in einem Stundenhotel auf der Neusserstraße in Köln auf einem herzförmigen Lederbett.
Ich habe Ihnen doch vorher schon erzählt, dass Katastrophen-Lilly immer unterwegs ist ... Auf dem herzförmigen Lederbett sitzend habe ich die Produktionsfirma angerufen, aber leider waren alle schon Zuhause und Handynummern hatte ich nicht. Es blieb mir also nichts anderes übrig, als die Nacht in diesen Stunden-Puff zu verbringen.
Gegen 2 Uhr Nachts wurde ich wach, meine Nachbarin war gerade in einem lauten Liebesakt mit zwei Herren. Die Zwischenwand wurde beinahe durch überdurchschnittlich gelenkige Kastensprünge ihrer Begleiter vernichtet und hat es gerade noch durchstanden.
Nach einer unruhigen Nacht wurde ich um 8 Uhr morgens von einem schon vorher bestellten Taxi abgeholt. Der Taxifahrer, der mich aus meiner Fernsehzeit kannte, guckte mich an und sagte: „Ach, Frau Amado, Sie sind es? Das tut mir aber leid, Sie sind aber ganz schön runtergekommen." Ich habe ihn nur angeschaut und laut gelacht.

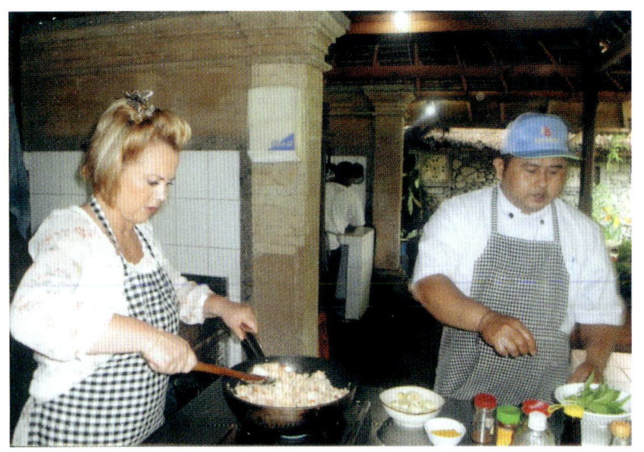

So fing mein zweiter Tag in der Backstube an. Und als ich dann auch noch an diesen frühen Morgen lernen musste, wie ich mit einer Sahne-Spritztüte umgehen muss, war der Tag komplett. Die Produktionsfirma hat sich tausendmal bei mir entschuldigt für diese Erfahrung.

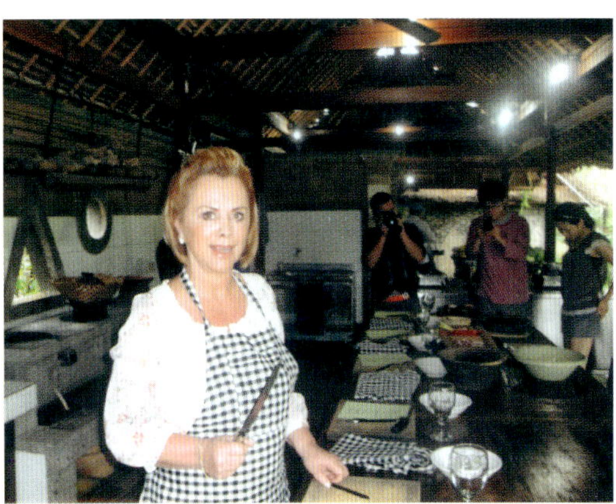

Immer schön rühren ...

Dennoch habe ich in dieser Woche in Köln bei Eddy Rieger, dem Tortenlieferant des WWF Clubs, wunderbar backen gelernt. Da ich vorher noch nie eine Torte in den Ofen geschoben hatte, war es ein Wunder, dass ich es trotzdem in die dritte Runde geschafft habe. Von Sahnetörtchen, über Naked Cakes, Oliebollen oder drei doppelten Marzipantürmen bestückt mit Marzipan und Zuckerguss gehöre ich heute zu den besten Konditoren in meinem Dorf. So kann es gehen im Fernsehen.

Ich war in allen Talkshows, von „Lanz" bis zum „Kölner Treff". In allen Quizsendungen, allen Wettkämpfen Niederlande-Deutschland. Bei „Shopping Queen" habe ich der Welt gezeigt, wie schnell Niederländer einkaufen. Ein Geschäft, ein Kleid, ein Paar Schuhe, ein Ring, ein Kettchen und ab ging es zum Pommes Essen. Als die Schnellste, die es gab bei „Shopping Queen" mit zwei Stunden, inklusive Haare und Make-up, wurde ich Shopping Queen.

„Promi Big Brother" war auch so eine Erfahrung. Irgendwann sagt man ja zu einem solchen Konzept. Und es war eine Erfahrung, mit David Hasselhoff und Pamela Anderson in einem Haus und einem Schlafraum zu liegen. Es gibt Schlimmeres als morgens wach zu werden und in die Augen von „I've been looking for freedom" zu schauen.

Glücklicherweise gab es bei der ersten Staffel noch keinen Keller, sonst wäre ich zuhause geblieben. Es war ein Sammelbecken von besonderen aber auch sehr eigenartigen Menschen, mit denen ich 14 Tage biwakierte, inklusive meines Hundes Jottum. Da haben sich in Deutschland wieder einige gemeldet, dass dies Tierquälerei sei. Erstmal kann mein Hund nicht ohne mich und geht überall mit und zweitens hatte er dort das schönste Leben. Oliver Pocher ging jeden Tag dreimal mit ihm durch Berlin spazieren. Er hatte ein viel besseres Leben als wir im Schlafraum mit schnarchenden, furzenden Mitmenschen nach einer Woche Kohlsuppe. Jottum und ich haben es bis zum Finale geschafft. Jenny Elvers war gerade vom Alkohol weg und zwei YouTube-Stars waren die größten Faulpelze. Sie haben nichts gemacht außer rumzuliegen und zu stänkern, selbst vor einem Staubsauger machten sie keinen Halt. Irgendwann vergisst man, dass die Kameras einen 24 Stunden am Tag beobachten und man kann mal ausrasten.
Und dann gab es noch Manuel Charr, einen Boxer. Den haben wir alle mal gern gehabt mit seinen Spezialwünschen. Der bekam jeden Tag Steaks und Spezialgemüse, weil er in einem sogenannten Boxtraining war und er wollte auch noch, dass wir Frauen es für ihn zubereiten sollten, während wir nur Kohlsuppe bekamen. Er hing im Schlafraum eine Flagge auf, von der ich erst ein Jahr später verstanden habe, was sie eigentlich bedeutet.

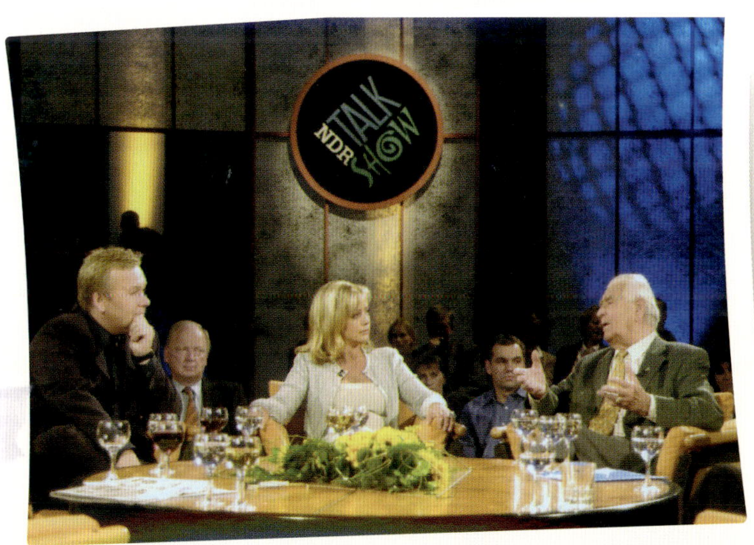

NDR Talk Show

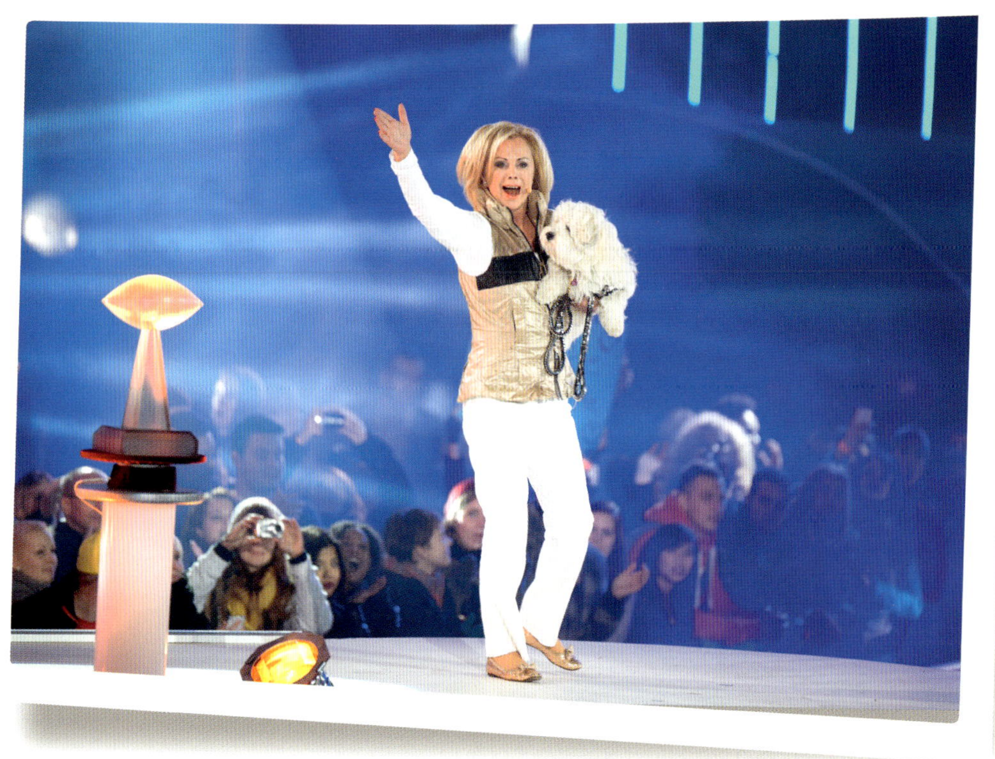

„Promi Big Brother"-Finale mit Jottum

Wir Frauen haben ihn dann wegen seiner Aussagen über Frauen rausgewählt. Bei unserem Auszug standen draußen nur Männer eines Clans aus Berlin, die sich über den Rausschmiss ihres Machofreundes durch uns Frauen nicht gefreut haben.

Es war eine Erfahrung, dieses „Promi Big Brother"-Haus. 24 Stunden Kamera und man kann nicht flüchten. Beim Einzug haben die mich einen ganzen Abend draußen im Abendkleidchen sitzen lassen, sodass ich die schlimmste Erkältung meines Lebens bekam. Beim letzten Spiel habe ich einen halben Herzinfarkt bekommen, live vor der Kamera. Man schickte mich auf ein Laufband, das immer schneller wurde und ich musste immer schneller rennen, um Würfel wegzuschieben. Ein sehr passendes Spiel für eine Frau mit 60 Jahren. Ich bin dann irgendwann neben dem Band umgekippt und war schon beinah oben. Ich hab erst gedacht, das wäre ein letzter Gruß aus Holland, bevor ich definitiv die Welt verlasse. Endemol produziert Big Brother. Das hab ich glücklicherweise auch alles überlebt.

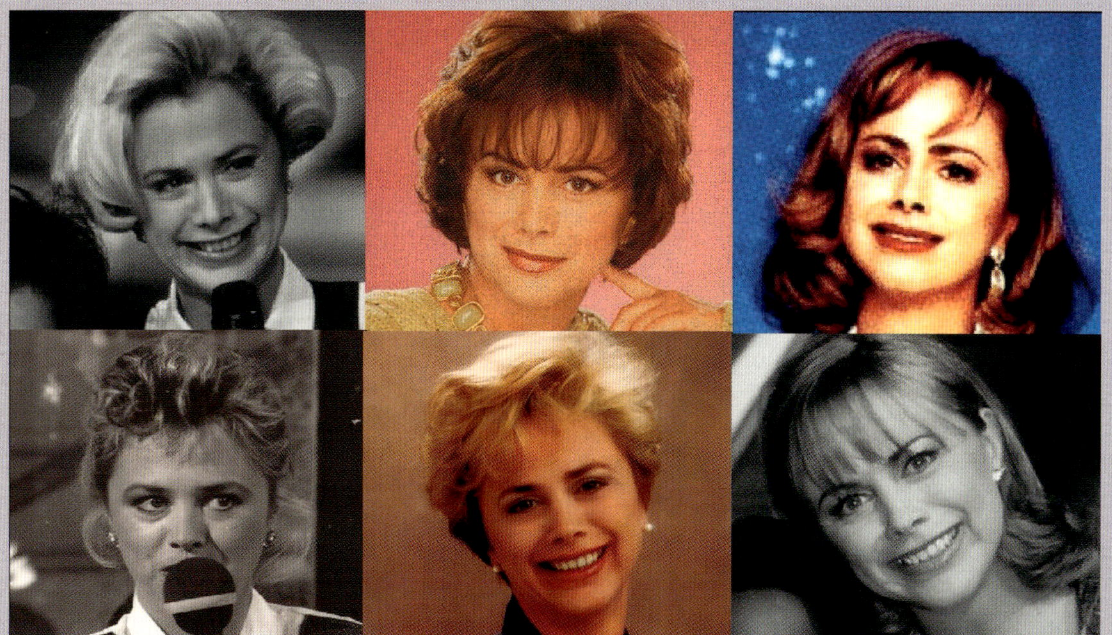

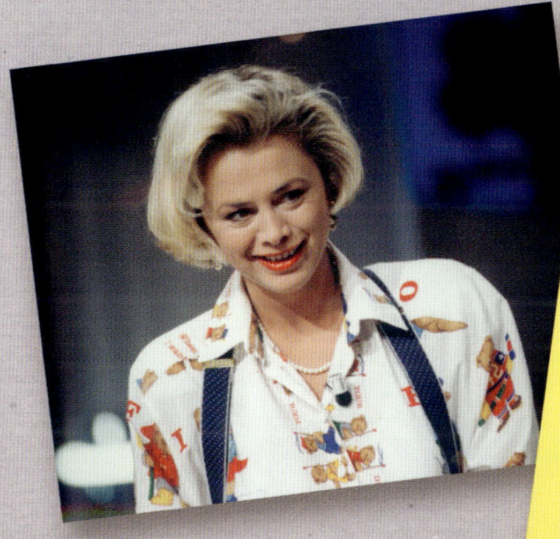

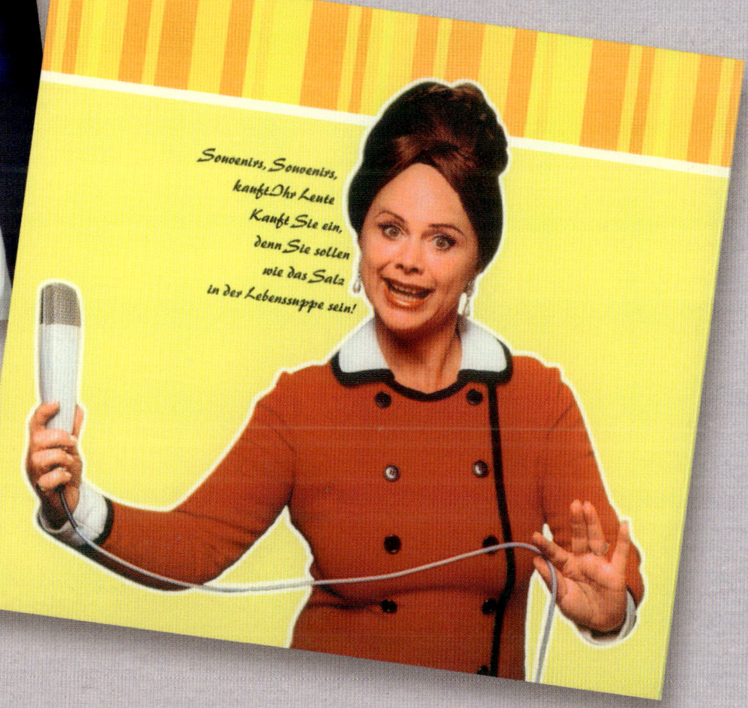

Das Leben besteht aus einer endlosen Folge falscher Frisuren …

Manchmal frage ich mich, warum mache ich das alles im Leben, was habe ich richtig gemacht und was habe ich falsch gemacht?
Erstens: Dieses Fach zieht einen immer wieder an, es bleibt eine ewige Liebe und Herausforderung.
Zweitens: Dass man immer noch die Hoffnung trägt, sein richtiges und erfahrenes Können zu zeigen. Obwohl selbst ein Manager mir mitteilte, dass Frauen in meinem Alter besser Golf spielen oder ein Weinchen trinken sollten.

Was Frauen auf jeden Fall falsch machen, ist die Auswahl der richtigen Frisur. Was habe ich nicht alles auf dem Kopf getragen: Ich war Mireille Mathieu, mit so einem eingerahmten Gesicht, ich war Jennifer Aniston, blond und lockig, ich war rot wie Katja Epstein, punkig wie Nena und Roxette oder Joan Collins aus dem Denver Clan.
Vor langer Zeit habe ich mir mal Haarteile reinarbeiten lassen. Ich hatte auf einmal eine fulminante Haarpracht. Mit der musste ich nach Mallorca auf ein Event und es hat mich gewundert, dass jeder am Tisch mich anstarrte. Bis ich an mir runter geguckt habe und sah, dass die Hälfte meiner eingeflochtenen Haarteile in der Tomatensuppe lagen. Wenn man jetzt mal ehrlich ist, besteht das Leben aus einer endlosen Folge falscher Frisuren.

Ich war in allen Talkshows, allen Quizsendungen, allen Wettkämpfen Niederlande-Deutschland …

Jeder hat das miterlebt, dazu braucht man kein Showbusiness. Man braucht nur in sein eigenes Fotoalbum zu schauen. Es dauert halt eine gewisse Zeit bei uns Frauen, bis man sich nicht mehr reinreden lässt. Durch keinen Friseur der Welt. Man muss im Leben eine Menge Frisuren ausprobieren, bis man die richtige Frisur für sich selbst gefunden hat. Endlich bin ich soweit, keiner schnürt mich mehr ein. Und die Klappe sollen endlich mal andere halten. Gerade darum sollte man Frauen ab 45 noch mal zu Wort kommen lassen, ohne Begrenzungen oder Eingrenzungen, ohne Scham und mit viel Lebenserfahrung. Das wird Unterhaltung vom Feinsten und eine Lehre für alle, die danach kommen. Wir sind nun mal „Generation Bahnbrechend“. Wir haben nichts mehr zu verlieren. „Alles sackt langsam runter, nur das Zahnfleisch nicht.“

Interview mit

Natascha Ochsenknecht

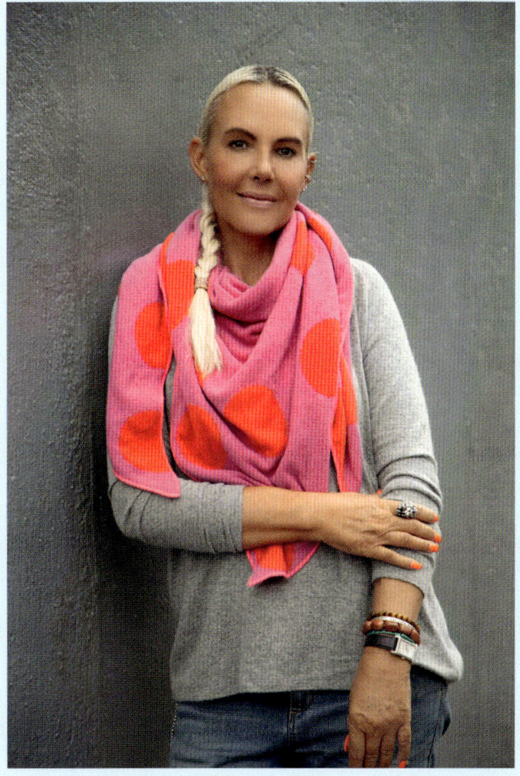

Marijke Amado: Wie siehst du deine Rolle in den Medien?

Natascha Ochsenknecht: Ich bin eigentlich erst durch meinen Ex-Mann in die Medien gekommen und das ist ein ganz anderer Einstieg, als bei anderen. Es ist natürlich spannend, wenn man erst später beruflich in die Medien einsteigt, weil man das Ganze anders reflektiert.

Marijke Amado: Du bist ja, wo immer man dich sieht, ein Vorreiter für Offenheit und Klarheit.

Natascha Ochsenknecht: Danke, das höre ich öfter, aber das halte ich auch für wichtig. Vor allem, da in den Medien so vieles vorgetäuscht wird.

Marijke Amado: Und wie empfindest du die Themen Ehrlichkeit und Aufrichtigkeit in der Fernsehbranche?

Natascha Ochsenknecht: Ich merke immer recht gut, wer es ehrlich mit mir meint und wer nur von mir mitgezogen werden will. Oft melden sich Leute, von denen ich aber sonst nichts höre, die mitbekommen haben, dass ich irgendwo eingeladen wurde und wollen dann mitgenommen werden. Und natürlich gibt es auch Jobs, bei denen du weißt, die Produktion ist jetzt supernett zu dir, weil sie dich gerade gebucht haben, aber sobald abgedreht ist enden die vermeintlichen Freundschaften und sind oft gar keine gewesen.

Marijke Amado: Meine Erfahrung damit ist, dass wenn du erfolgreich bist, ein Bus vor der Tür steht, in den viele Leute mit dir einsteigen. Und sobald es ruhiger um dich wird, sitzt du allein darin.

Natascha Ochsenknecht: Ja, genau. Aber das blieb mir Gott sei Dank erspart, weil ich das aus dem Hintergrund ja bereits lange beobachtet hatte. Ich habe 20 Jahre aus der zweiten Reihe als Frau beobachten können, wie diese Welt funktioniert. Ich habe immer noch meine alten Freunde aus der Kindheit.
Genauso wie den Schönheitswahn. Ich kenne so viele Frauen, die mittlerweile einfach gleich aussehen und sich dann wundern, weshalb sie nicht mehr besetzt werden. Man ist schnell austauschbar. Früher gab es noch Männer und Frauen im Fernsehen, die Charaktere waren. Heute passen sich alle an. Ich denke, das liegt unter anderem an den sozialen Netzwerken, weil man sich dort vergleicht und immer schaut, was jetzt der neue Trend ist.

Marijke Amado: Du hast zwei Söhne, die die jüngere Generation ansprechen. Und ich kann mir gut vorstellen, dass Jugendliche denken: So eine Mutter hätte ich auch gern.

Natascha Ochsenknecht: Ich begleite natürlich auch meine Kinder, schaue, dass es ihnen gut geht, mache aber auch hin und wieder eine Ansage. Was mir von vielen Leuten bestätigt wird ist, dass meine Kinder sehr höflich und gut erzogen sind. Ich habe ihnen immer gesagt: Ihr könnt rumlaufen wie ihr wollt, Tattoos, Piercings, meinetwegen. Aber ich erziehe euch nach dem Knigge!

Marijke Amado: Du machst in vielen Reality-Formaten mit.

Natascha Ochsenknecht: Es ist eher so, dass man gern Reality-Formate mit mir macht, denn ich bin recht spontan und habe auf alles immer eine Antwort.

Marijke Amado: Du bist eine Frau, die sehr direkt ist.

Natascha Ochsenknecht: Genau, und wenn mir etwas nicht passt, dann sag ich's einfach. Und da ist es mir egal, was für eine Position diese Person hat.

Marijke Amado: Hast du denn jemals in der Fernsehbranche eine Erfahrung gemacht, bei der du dir dachtest: So weit und nicht weiter?

Natascha Ochsenknecht: Eigentlich nicht. Aber ein Erlebnis hatte ich früher einmal. Ich habe damals ja auch getanzt und wurde von einem Produzenten aus New York entdeckt, der in Deutschland nach Talenten suchte. Ich sollte in New York bei einer Show vortanzen und habe mich damals in München mit ihm getroffen, zur Ticketübergabe. Er gab mir also den Umschlag, ich sah rein und es war nur ein Hinflugticket darin. Und als ich ihn nach dem Rückflug fragte, sagte er mir, das käme darauf an, wie die Abende mit mir aussähen und wie viel Zeit ich für ihn hätte. Daraufhin habe ich das Ticket genommen und es vor seinen Augen zerrissen und gemeint, dass ich noch ganz andere Talente hätte und hiermit raus sei.

Marijke Amado: Würdest du also sagen, dass du für dich herausgefunden hast, dass du nur bestehen kannst, wenn du klare Worte sprichst?

Natascha Ochsenknecht: Genau. Ich habe gemerkt, dass man sich ein dickes Fell wachsen lassen muss und ich bin offen für konstruktive Kritik, habe auch nie mit Alkohol oder Drogen zu tun gehabt und bin insgesamt einfach stabil. Ich glaube, wenn du stabil bist und deiner Linie treu bleibst, dann bist du auf der sichereren Seite, als wenn du denkst, du müsstest Alkohol trinken, einen Joint rauchen oder dir eine Nase ziehen, nur weil du dich mit einem Produzenten triffst. Wenn du so anfängst, bist du verloren.

Marijke Amado: Und so hast du es wahrscheinlich auch deinen Kindern mitgegeben?

Natascha Ochsenknecht: Ja, klar. Man kann seine Kinder natürlich nicht vor allem beschützen, ich habe ihnen aber beigebracht, dass, wenn sie ihre persönliche Grenze spüren, es Zeit ist aufzuhören.

Marijke Amado: Du bist ja in vielen Formaten unterwegs, zum Beispiel auch im Dschungel bei „Ich bin ein Star, holt mich hier raus". Wie war das für dich?

Natascha Ochsenknecht: Ich muss ja sagen, ich gucke solche Formate auch, weil ich es aus psychologischer Sicht spannend finde, wie Menschen in gewissen Situationen reagieren. Und ich muss sagen, es war eins der geilsten Erlebnisse meines Lebens!

Marijke Amado: Und was war so geil daran?

Natascha Ochsenknecht: Dass ich gesehen habe, dass mir so extreme Situationen auch nichts ausmachen. Ich bin leider, genau wie im Container bei Promi Big Brother, die letzten Tage krank geworden und hatte ganz schlimme Kiefer- und Stirnhöhlenvereiterung, Schüttelfrost und Halsschmerzen. Aber die Erfahrung, auf kleinstem Raum mit so vielen unterschiedlichen Charakteren, das fand ich einfach superspannend.

Marijke Amado: Und hattest du nach diesem Format das Gefühl, dass du im Fernsehen mehr gefragt bist?

Natascha Ochsenknecht: Bei mir war es ja so, dass ich in den Dschungel rein bin, vor dem Hintergrund eines Jobs. Ich bin nicht reingegangen, weil man lange nichts mehr von mir gehört hatte. Deshalb bin ich danach auch wieder in meinen normalen Job zurückgekehrt. Das Einzige war, dass ich mehr Werbeanfragen bekam, das war vorher nicht so sehr der Fall.

Marijke Amado: Also war es für dich eine positive Erfahrung?

Natascha Ochsenknecht: Absolut! Ich hatte danach auch keinen Shitstorm oder ähnliches, weil die Leute gesehen haben, dass ich mir auch im Dschungel treu geblieben bin.

Marijke Amado: Was würdest du sagen, brauchen Frauen, um in den Medien bestehen zu können?

Natascha Ochsenknecht: Sie sollten nicht jeden Schönheitswahn mitmachen, weil sie dadurch ihre Persönlichkeit verlieren. Außerdem bemerke ich, dass sich viele ältere Menschen im Mediengeschäft nicht mehr für die heutige Zeit interessieren. Die jungen Leute wollen akzeptiert und ernstgenommen werden und das tue ich. Die wollen keine alten Menschen sehen, die die alte Sprache sprechen. Die kennen solche nicht einmal mehr. Ich gebe dir auch ein erschreckendes Beispiel. Ich habe, ich glaube es war die Bambi-Verleihung, im Fernsehen gesehen und im Blitzlichtgewitter des roten Teppichs standen lauter Influencer-Mädels. Und im Hintergrund schlich Catherine Deneuve vorbei und keiner hat sich für sie interessiert. Und ich dachte bei mir, dass das echt nicht sein kann, aber so ist es, die kennt heute keiner mehr.

Marijke Amado: Catharine Deneuve sollte schon jeder kennen oder? Da habe ich Glück, dass ich in den 90ern eine Sendung moderiert habe, die für Kinder war, die heute alle um die 28 Jahre alt sind. Was hältst du von der #metoo-Debatte?

Natascha Ochsenknecht: Man muss schon sagen, früher sind die Menschen brutaler miteinander umgegangen. Da wurde man auch nicht gleich verklagt. Die #metoo-Debatte finde ich natürlich prinzipiell gut, damit mal vorangetrieben wird, dass man sich nicht alles gefallen lassen muss. Aber ich fürchte, die Besetzungscouch wird es immer geben und zwar aus dem Grund, dass immer Frauen existieren werden, die das mit sich machen lassen. Auf den #metoo-Zug sind aber auch so viele Frauen aufgesprungen, dass ich mich bei einigen ehrlich gefragt habe, warum sie vorher nicht die Eier hatten, zu sagen, dass sie das nicht mit sich machen lassen. Das verstehe ich nicht, weil es teilweise wirklich toughe Frauen sind.

Marijke Amado: Allerdings kann ich dir sagen, dass dir die Leute damals, wenn du davon erzählt hast, bloß gesagt haben, das sei eben so. Man lebte in einer Zeit, in der ein völlig anderes Frauenbild herrschte.

Natascha Ochsenknecht: Das stimmt natürlich. Und das Schlimme ist, dass Frauen das hingenommen haben, weil sie dachten, sie müssten dankbar für diesen Job sein und raus aus dem Geschäft wären, wenn sie sich dagegen wehrten. Deshalb haben Frauen sich so viel gefallen lassen.

Marijke Amado: Es war wirklich eine andere Zeit.

Natascha Ochsenknecht: Ja, und dann musst du schauen, ob du stabil genug bist und so etwas einfach an dir abprallt bzw. du dich wehrst, oder ob du daran zerbrichst. Frauen wie Ingrid Steeger, die sensibler sind, die gehen an so etwas kaputt.

Marijke Amado: Ich war das zum Glück nicht. Ich habe das lachend hingenommen und für mich daraus gelernt. Ich habe mich nie in die Opferrolle begeben.

Natascha Ochsenknecht: Bei mir traut sich einfach niemand irgendwas, weil ich, glaube ich, einfach so dominant rüberkomme, dass man denken könnte, ich zöge gleich die Knarre. Ich werde lieber unterschätzt als überschätzt. Sollen die Leute denken, ich sei dumm und habe nichts auf dem Kasten, wenn man mich dann wirklich kennenlernt, wird es erst richtig spannend.

Marijke Amado: Hast du denn Kontakt zu Frauen von früher, die dir von Erlebnissen aus den 80ern oder 90ern erzählen?

Natascha Ochsenknecht: Ich kenne natürlich viele Personen, sei es aus dem Filmgeschäft, der Musikbranche oder dem Modelbusiness, mir schreiben aber auch viele Frauen und auch Männer aus dem alltäglichen Leben, die Ratschläge von mir haben möchten. Die wollen wissen, wie sie bestehen können, wie sie mit einer Trennung umgehen sollen oder was nach der Rolle der Mutter kommen kann. Die fragen mich, wie ich es geschafft habe, meinen Weg zu gehen. Und ich versuche natürlich zu helfen, wo ich kann.

Marijke Amado: Ist die Fernsehbranche heute noch Männer-dominiert?

Natascha Ochsenknecht: Ja, man sieht fast nur Männer.

Marijke Amado: Ja, und man sieht sogar noch viele Männer aus den 80ern.

Natascha Ochsenknecht: Das denke ich auch oft. Da sitzen Moderatoren, die sollten mal zum Zahnarzt gehen, aber keiner sagt ihnen was. Und die Frauen werden direkt darauf hingewiesen.
Schade, dass mittlerweile alle Gesichter im TV gleich ausschauen, weil jeder mit dem Trend geht und nicht mehr aus seinem Typ macht. Charakterköpfe sind leider out …

Kapitel 12

Augenringe, Falten, HD-Kameras – Zeit der kleinen Nachhilfen

Ich habe mich nie als große Schönheit gesehen, aber ich war immer glücklich mit dem, wer ich bin und wie ich aussehe. Wenn ich es selbst bestimmen könnte, wären tatsächlich nur meine Beine fünf Zentimeter länger und meine Hötzeklötzen heutzutage in einer höheren Position. Ich bin aber froh, dass ich beide noch habe und nicht, wie viele meiner Bekannten und Freundinnen und meine eigene Schwester, von Brustkrebs befallen bin, und sie sich alle gezwungenermaßen von ihren Brüsten verabschiedet haben oder es nicht überlebten. Dafür ist man sehr dankbar, wenn dieses Schicksal an einem vorüber geht. Und man ist sehr glücklich, auch wenn die Hötzeklötzen nicht mehr in der Position sind, wie vor zehn Jahren.

Wir leben in einer Zeit der „Nachhilfe", in der kleine Sachen nachgearbeitet werden können und Falten dementsprechend glatt gezogen werden. Oder aus dünnen Haaren werden dicke gemacht. Und manche machen aus dünnen Lippen solche Schlauchboot-Lippen. Oder einen Po, den ich bei den afrikanischen Frauen in den 70er-Jahren so bewundert habe. Der entstand dadurch, so hat man es mir erklärt, dass Kinder von ihren Müttern auf dem Rücken in einem Tuch getragen wurden, da entwickelte sich ein angeborener größerer Po. Auch eine Erklärung. Heute fangen wir Frauen an, solche Pos nachzubauen, schaut euch die Kardashians an.

Vieles ist erblich bedingt und abhängig von der Art und Weise, wie man gelebt und sich ernährt hat. Glücklicherweise hatte ich eine Mutter, die mit ihren 85 Jahren noch auf High Heels lief und sich hegte und pflegte.

Ihr Gesicht hatte kaum Falten. Sie war bis zu ihrem Tod im Jahr 2008 eine wunderbare Frau, die man gerne angesehen hat. Mit 83 Jahren hatte sie sich noch einmal frisch verliebt. Wie sie uns mitteilte, mit allem Drum und Dran. Er war 86.

Wir leben in einer Zeit der Nachhilfe, in der kleine Sachen nachgearbeitet werden können

Sie hat mich irgendwann gefragt, ob ich mit ihr in einen Dessous-Laden gehe, um schöne Unterwäsche zu finden. Das habe ich gemacht und im Laden fragte ich, ob sie schöne Spitzenunterwäsche hätten. Die Verkäuferin fragte nach meiner Größe, aber ich habe sofort mitgeteilt, dass sie nicht für mich, sondern für meine Mutter sei. Und ich zeigte auf meine 83-jährige Mutter. Sie hat mir gezeigt, dass es selbst im Alter noch viele Überraschungen geben kann und dass man nie zu alt für etwas Neues ist. Es gibt keine Zielgruppe von 14 Jahren bis 49 Jahren für Lebensgenuss.

Im Fernsehen wird gutes Aussehen erwartet und insbesondere, wenn man eine Sendung mit Entertainment oder Infotainment moderiert. Die Nachrichtensprecherinnen haben es da viel einfacher. Sie werden bei jeder Sendung auf der gleichen Stelle ausgeleuchtet und bewegen sich kaum. Damit haben sie Glück. Wenn man sich im Studio bewegen muss, hat man Pech. Gerade die neuen HD-Kameras sind eine ganz schlechte Erfindung für uns Frauen, da man jede Unebenheit, kleine Narbe oder jede Falte zehnmal stärker sehen kann. Man muss sich seit einiger Zeit, also für diese HD-Kameras, in der Maske mit einer Spezialschminke bearbeiten lassen, weil man sonst ganz furchtbar aussieht, wie eine Leiche. Es soll jetzt aber einen Filter geben, der bis jetzt nur von Dieter Bohlen benutzt wird, mit dem man so glatt aussieht, wie nach einer Schönheitsoperation. Da kann man sich dann auch entspannt vor eine HD-Kamera setzen. Dieser Filter scheint nicht billig zu sein und muss an das Gesicht angepasst werden. Nicht jede Produktion kann sich das leisten und entsprechend für einen Künstler ordern. Den einzigen hat daher bis heute Dieter Bohlen und nicht wir Frauen. Ansonsten müssten wir Frauen zu jeder Sendung unseren eigenen Filter in der Tasche haben, ihn selbst finanzieren und noch jemanden finden, der den Filter in die Kamera schiebt.

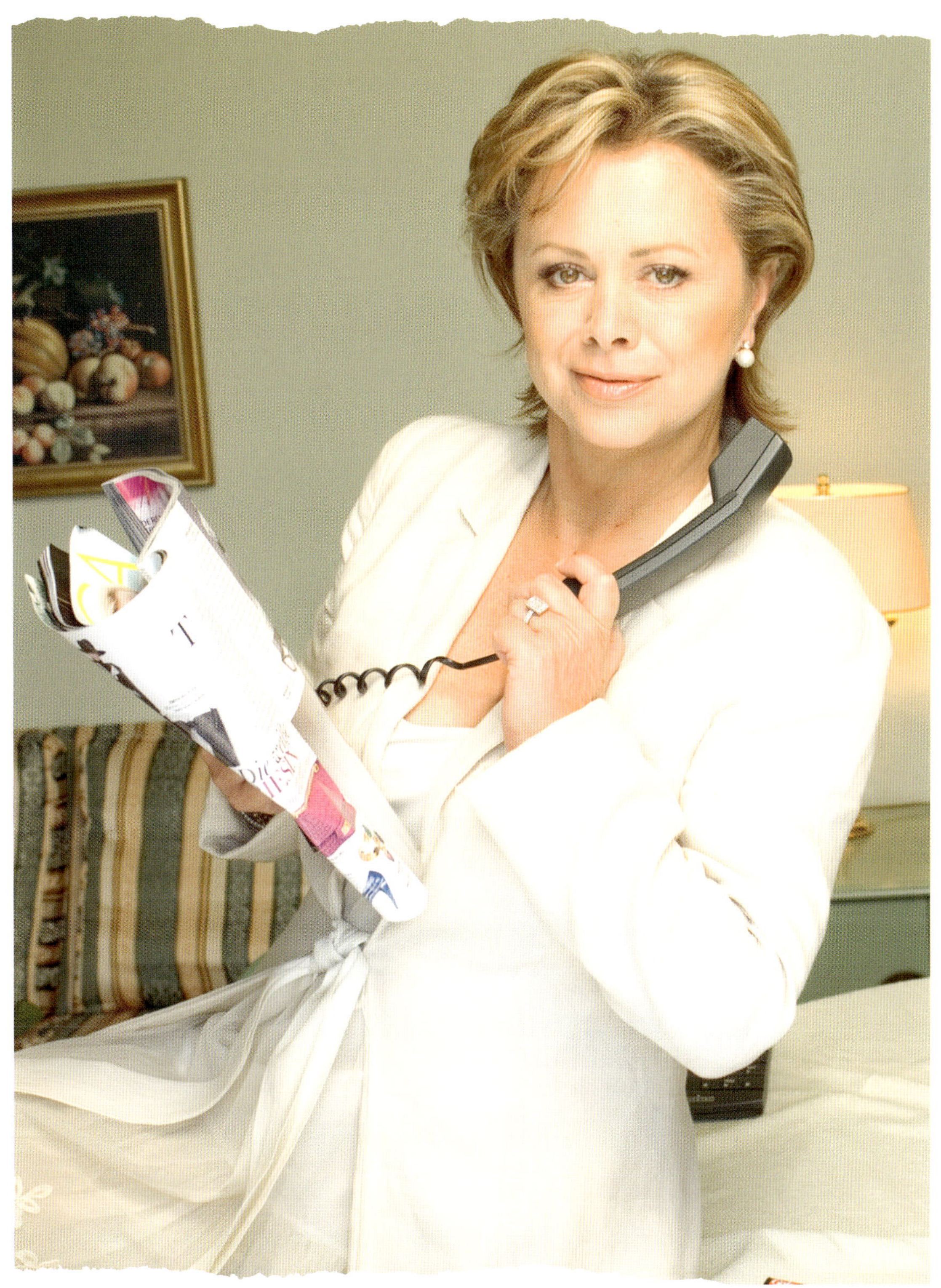

Also ist es immer wieder eine totale Überraschung, wie man in welcher Sendung aussieht. Manchmal hat man Pech und manchmal Glück.
Jemand hat mir mal gesagt, dass man als Frau am besten ein Verhältnis mit dem lichtsetzenden Kameramann anfängt, der würde sich dann viel mehr Mühe geben. Vielleicht, wenn man eine lange Serie dreht, ansonsten hat man jede Woche viel zu viel zu tun.

Das Fernsehen macht einen zehn Kilogramm dicker und wir Frauen verstehen das oft gar nicht und dann gibt es einen Schrecken, wenn man sich die Sendung nachher anschaut.
Männer werden zu gutaussehenden muskelbepackten Bodybuildern – nur Günter Jauch nicht, der sieht aus wie eh und je – und Frauen zu dicken Pummelchen. Es sein denn, man wiegt 58 Kilo, dann sieht es im Fernsehen noch wie 68 Kilo aus. Wiegt man als Frau aber über 65 Kilo, dann wird es schon komplizierter.
Die Kameras verlängern nicht, sondern verkürzen und das bedeutet, wenn man 1,63 Meter groß ist, so wie ich, wirkt es wie 1,53 Meter und noch zehn Kilogramm drauf, also 75 Kilogramm. Das bedeutet Pummelchen.

Männer werden zu gutaussehenden Bodybuildern – und Frauen zu dicken Pummelchen

Viele Zuschauer, die mich in echt sehen, sagen immer, sie sind aber viel schlanker als im Fernsehen. So ist das! Bei manchen Talkshows sitzt man auf Stühlen, von Männern besorgt und entworfen und absolut nicht frauenfreundlich, da bin ich immer verzweifelt damit beschäftigt, das kleine schlappe Fettröllchen nicht in Erscheinung treten zu lassen. Ich versuche auf solchen Stühlen, mit meinen Beinen einigermaßen den Boden zu berühren. Wenn das nicht klappt, schiebt man sich ganz nach vorne auf dem Stuhl in die „Nick-Haltung“.

Die Frau, die sich nämlich in ihrem Alter am besten in Position schiebt, ist Désirée Nick. Die Beine eins zu eins nebeneinander, der Körper gerade und die Brüste voraus. Das kann nicht jede und das ist richtig vorm Spiegel geprobt und durchdacht. Barbara Schöneberger ist das eigentlich Wurst. Die sitzt und steht in Positionen, ohne darüber nachzudenken, ob es dicker oder

dünner wirkt, und die Hötzeklötzen immer nach vorne. Barbara Schöneberger, der Name sagt es schon, „Schöne Berge“, hat „Männerfleisch“, wie wir in den Niederlanden sagen und Männer wie Frauen sind ihre Fans. Sie ist authentisch. Das ist wichtig, denn die Zuschauer – vor allem die weiblichen – lieben authentische Frauen. Und dazu noch einen Packen Humor.
Wir Frauen in der älteren Generation haben alle unsere eigene Ausstrahlung. Keine sieht aus wie die andere. Wenn ich aber die YouTube- und jüngere Generation-Girls beobachte, sehen die alle gleich aus, jede ist austauschbar. Irgendwie hat man in dieser Generation eine Vorgabe, wie man aussehen muss. Und die haben alle Angst, wenn sie nicht so aussehen wie die, die damit Erfolg haben, dass sie auch nicht weiterkommen. Da heißt es Katzenaugen, Stupsnase, volle Lippen und faltenfreie Haut müssen her. Der Schönheitschirurgie scheint heutzutage kaum Grenzen gesetzt.
Es liegt nicht immer an den fünf Litern Wassertrinken am Tag, wie viele Frauen in den Medien behaupten, dass die Stirn dadurch glatt wird. Oder dem täglichen 20-Kilometer-Lauf an der frischen Luft, dass die Haut gestrafft ist. Natürlich arbeiten die meisten nach, unter Zuhilfenahme von Eingriffen und Spritzen. Warum sollte man das nicht offen sagen? Wir Holländer gehen damit offen um und Linda de Mol hat es im niederländischen Fernsehen offen zugegeben.
Ich habe mir auch die Augenränder entfernen lassen, da sie mich nach all den Erlebnissen im Leben supertraurig machten und ich jeden Morgen im Spiegel fragte, was das denn ist. Die Augenränder sind entstanden in den 90ern während der Mini Playback Show, ein Geschenk aus Aachen und ich habe sie in dieser Zeit auch entfernen lassen. Ich nannte meine Ränder: „Käse aus Holland.“
Weg damit, diese Herren aus der Vergangenheit, die diese Ränder verursacht haben. Mal eine kleine Injektion in die Sorgenfalte oder besser gesagt Problemfalte, da bin ich auch nicht abgeneigt. Die Sorgenfalte zwischen Nase und Augenbrauen hilft mir auch nicht beim positiven Denken. Und die ist bei mir nicht umsonst entstanden, nach all diesen Erlebnissen. Bis eine liebe Freundin mir ein Fischnetz aus Ghana mitgebracht hat, womit ich mich jeden Tag rubbele für eine glatte Haut. Von oben bis unten. Das Geheimnis jeder afrikanische Frau.
Heute wollen viele auch wieder Size zero. Das heißt extrem schlank. In Kleidergröße ausgedrückt: 32. Normalerweise haben dies 12-jährige Mädchen.

Ich war letzte Woche total erschrocken über Celine Dion, die aussieht, als ob sie im späten Alter plötzlich Anorexia bekommen hätte. So dünn die Arme. Man sollte im Leben alles in Maßen machen und sich nicht so verunstalten, dass einen keiner mehr erkennt. Oder die Haut so glatt ist, dass es hässlich wirkt und schrecklich unnatürlich aussieht. Ich nenne solche Gesichter „Das Bügelbrett aus Amerika."
Man sollte aber auch nicht behaupten, dass das große Geheimnis des guten Aussehens darin besteht, täglich vier Liter Wasser zu trinken. Fake-News!
Ich hatte mal eine Freundin, die ließ sich die Brüste operieren, damit sie oben sitzen blieben. Nun guckt der eine Nippel zum Kölner Dom, der andere in den Rhein, bis heute.

Männer ab 40 Jahren haben es deutlich einfacher. Sie ziehen einen Anzug an und schieben ihr Bäuchlein darunter. Oder tragen einen weiten Pulli oder einen Kochkittel, da sieht man auch nichts mehr. Oder wie Jürgen von der Lippe mit seinem Markenzeichen, dem Hawaiihemd in oversized. Die Herren schmeißen die Beine lecker entspannt übereinander. Keiner meckert, wie das aussieht. Bei Frauen mit dieser Haltung wirkt das sofort wie ein Bauerntrampel. Alles ungerecht, aber so ist das. Obwohl man in dieser Zeit bei vielen Männern im Fernsehen auch deutlich die Spuren der Botox-Spritzen erkennen kann.

Wir fragen mal einen Experten einer Schönheitsklinik aus Köln, Dr. Marian Ticlea, wie das heute aussieht.

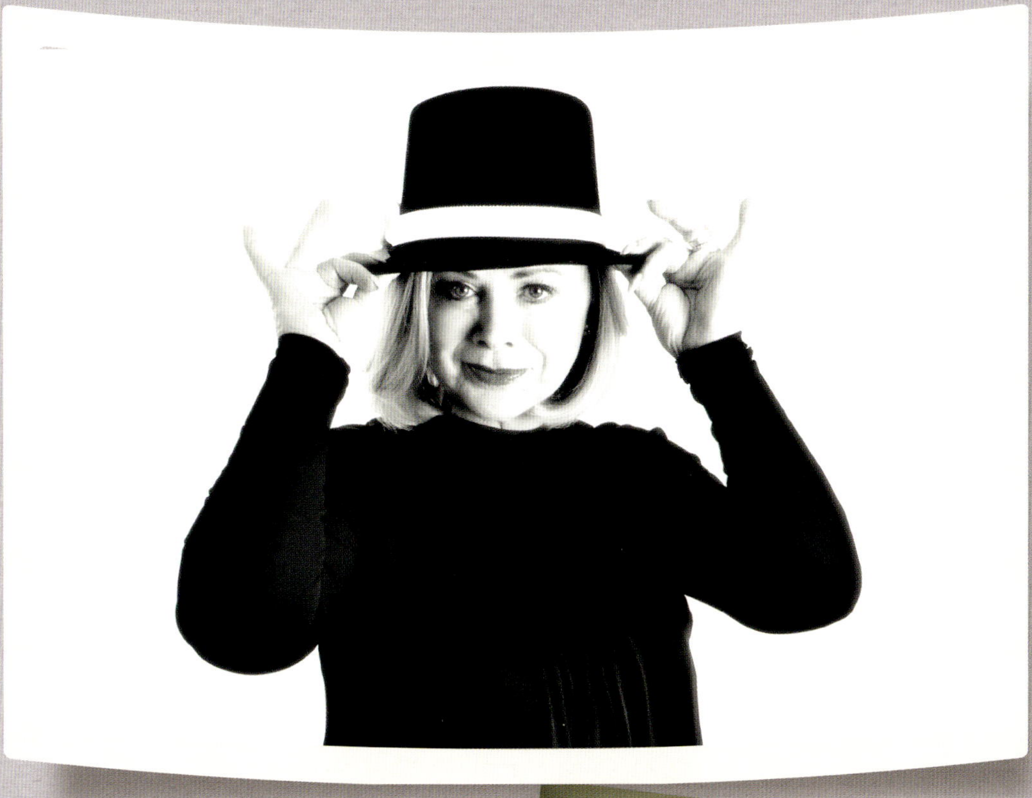

Gut behütet

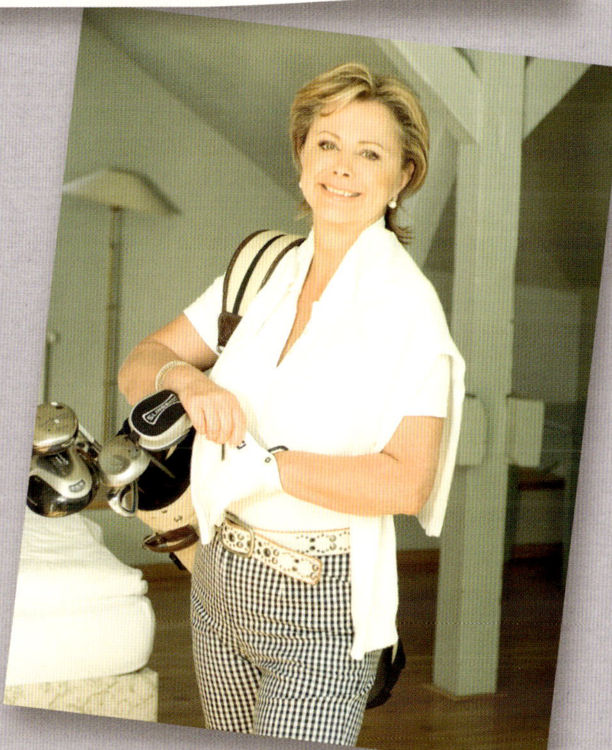

Sport macht schlank

Interview mit

Dr. Marian Ticlea

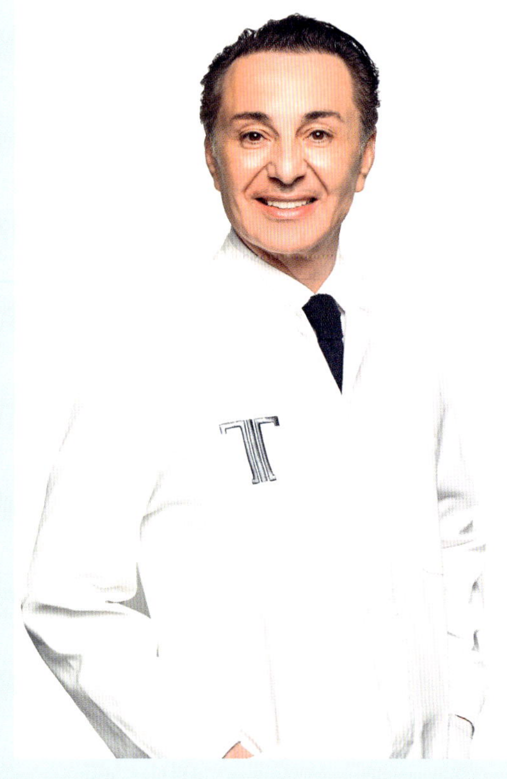

Marijke Amado: Marian, wir kennen uns schon lange. Lass uns über Frauen vor der Kamera in der heutigen Zeit im Vergleich zu früher sprechen – wie die Frau heutzutage aussehen soll und wie deine Erfahrungen damit sind.

Dr. Ticlea: Frauen vor der Kamera wollten schon immer gut aussehen, immer jung und immer frisch. Aber heute geben sie eher zu, welche Operationen, welche Eingriffe sie machen lassen.

Marijke Amado: Du meinst die jüngere Generation?

Dr. Ticlea: Ja, die jüngere Generation, die heute vor der Kamera steht, ist – glaube ich – offener damit.

Marijke Amado: Offener damit, aber manchmal übertreiben sie auch, oder?

Dr. Ticlea: Jein. Die A-Promis, welche schon jahrelang vor der Kamera stehen, übertreiben eigentlich nicht so sehr.

Marijke Amado: Du meinst, die B-Promis übertreiben?

Dr. Ticlea: Es gibt die A-Promis, bei denen die Sender sehr gut darauf achten, dass die Natürlichkeit erhalten bleibt. Ich hatte noch nie einen A-Promi, der übertrieben hat.

Marijke Amado: Ja, aber wir haben jetzt mal die B-Promis. So wie du gesagt hast, beim Bachelor, im Dschungelcamp oder bei welchen Reality-Geschichten auch immer, die haben ein Bild, dass sie die neuen Kardashians Germany sind.

Dr. Ticlea: Ja, so ungefähr. Das sind die, die ein bisschen übertreiben, obwohl sich die Schönheitsideale nicht geändert haben.

Marijke Amado: Dann geht es also hauptsächlich ums Berühmtsein, koste was es wolle?

Dr. Ticlea: Auffallen um jeden Preis!

Marijke Amado: Jetzt kommen wir mal dazu, was Frauen heute tun können. Da gibt es Schauspielerinnen, die es sich gar nicht leisten können, sich ihre Falten wegspritzen zu lassen. Aber dafür kann es auch Operationen geben. Empfiehlst du jeder Frau eine solche Operation oder sagst du, man kann auch natürlich schön alt werden?

Dr. Ticlea: Man kann auch natürlich und schön alt werden. Natürlich ist das ein Gesamtpaket, das ist ein Lifestyle-Paket. Was sehr, sehr schädlich für die Haut ist und den Alterungsprozess beschleunigt: Rauchen und Sonne. Beides ist gefährlich. Auch Übergewicht und Gewichtsschwankungen sorgen für einen schnellen Alterungsprozess.

Marijke Amado: Also, wenn man abnimmt, dann kann das Ganze auch schneller hängen.

Dr. Ticlea: Ja – am besten immer schlank bleiben. Die Ernährung ist genauso wichtig. Und der Schlaf. Ich sag immer, der Schönheitsschlaf hat seinen Namen nicht von ungefähr – der Schönheitsschlaf ist genau das, was der Name sagt: Während des Schlafs entspannen sich die Muskeln, gerade im Gesicht. Die Haut wird glatter und die Falten verbessern sich.

Marijke Amado: Also sieht man umso schöner aus, je mehr Schlaf man hat? Ein billiger Tipp. Und Stress?

Dr. Ticlea: Stress ist auch ein Faktor, wobei Stress schwer zu definieren ist. Wir leben im Stress. Stress kann positiv oder negativ sein, oder Hektik. Stress bringt Verspannung, man merkt, wenn ein Mensch verspannt ist, das kann man am Gesicht sehen.

Marijke Amado: Jetzt sind wir hier in Deutschland. Im Ausland, Amerika oder auch in Holland, redet man offen darüber, dass man mal etwas hat machen lassen. Man hat mal seine Augenränder wegmachen lassen, ich auch, man hat einen kleinen Eingriff hinter sich oder man spritzt mal mit Botox eine Falte weg … und in Deutschland ist das immer noch etwas, worüber man nicht spricht. Woran liegt das?

Dr. Ticlea: Ich glaube, es liegt sehr, sehr viel an der sozialen Akzeptanz. Sie haben manchmal Angst, dass die Akzeptanz in der Gesellschaft nicht so hoch ist. Man geht offener mit dem Thema um, wenn die soziale Akzeptanz da ist. Sie haben Angst, dass das nicht akzeptiert wird – gerade die Profis wollen natürlich nicht an Popularität verlieren.

Marijke Amado: Nun ja, ob man sich nun ein paar Botox-Spritzen setzt … es passiert ja jetzt auch bei den Männern! Wir Frauen sind nicht mehr die einzigen.

Dr. Ticlea: Natürlich, immer mehr Männer kommen in meine Klinik. Heutzutage möchten auch die Männer vor der Kamera gut aussehen. Die Nr. 1 der OPs für Männer ist die Haartransplantation.

Marijke Amado: Gibt es viele Männer, auch vor der Kamera, die sich diese Operation machen lassen, wenn sie älter werden? Denn das ist ja auch eine peinliche Operation: Haare einpflanzen.

Dr. Ticlea: Die Haartransplantation wird immer häufiger und auch immer besser gemacht.

Marijke Amado: Was bei Frauen die Botox-Spritze ist, ist beim Mann das Haare einpflanzen?

Dr. Ticlea: Das kann man so nicht vergleichen. Es gibt viele Behandlungen und Operationen, wie zum Beispiel Botox, Lidstraffung oder Vampir-Lifting, die beide Parteien machen. Natürlich versuchen die Patienten früh damit anzufangen, um später ein brutales Facelifting zu vermeiden.

Marijke Amado: Vor zehn Jahren hat man gesehen, dass es dieses knallharte amerikanische Lifting gibt. Mit diesen Schlauchbootlippen hatte man natürlich jegliche Natürlichkeit verloren. Aber da hat sich ja etwas sehr Positives entwickelt.

Dr. Ticlea: Definitiv. Bei den Lippen sind sie vorsichtiger, die Materialien sind immer besser geworden. Es wird immer mehr auf Natürlichkeit geachtet.

Marijke Amado: Es ist natürlich dein Job, eigentlich ist diese Frage doof, wenn ich die jetzt stelle. Aber hast du auch schon mal jemanden abgelehnt und gesagt, bei Ihnen kann ich nichts mehr machen? Oder: Bei Ihnen möchte ich nichts machen?

Dr. Ticlea: Oh, das ist gar nicht selten – das kommt sehr, sehr oft vor.

Marijke Amado: Also da kommt ein junges Mädchen von 26, das muss ins Dschungelcamp, und da sagst du: Dieser Po ist schön genug, daran musst du nichts machen?

Dr. Ticlea: Genau, sowas ist nicht selten!

Marijke Amado: Also gehst du damit ganz klar um, bei der einen ja, ...

Dr. Ticlea: So etwas passiert oft. Natürlich sind sie dann sehr sauer und haben etwas zu kommentieren, aber wir sagen das sehr oft.

Marijke Amado: Solche jungen Frauen wollen das wahrscheinlich auch alles umsonst haben?

Dr. Ticlea: Das ja, dieses Thema haben wir vor allem mit den B-Promis. Die wollen es immer möglichst umsonst. Die denken, ich bin schließlich ein echter Promi – aber natürlich machen wir so etwas nicht.

Marijke Amado: In Deutschland wird oft durch A-Promis mitgeteilt: Wenn man fünf Liter Wasser am Tag trinkt, bekommt man keine Falten, oder die Damen haben dadurch keine Falten im Gesicht.

Dr. Ticlea: Das ist nicht wahr mit dem Wasser. Natürlich ist Dehydration heikel, man darf nicht dehydrieren. Aber man dehydriert auch nicht so einfach: man hat Durst und muss dann trinken. Klar, ist da auch der genetische Aspekt. Bindegewebe, Collagenphase, Prolagen, Elastin sind beim einen anders als beim anderen. Aber man sollte sich nicht auf Genetik verlassen oder resignieren, nach dem Motto: Ich habe schlechte Gene, also ist alles verloren. Man muss sich eins klarmachen: Die Unterschiede sind zwar da, aber sie sind nicht so groß.

Marijke Amado: Wie viele Frauen aus der Medienlandschaft kommen pro Woche zu dir?

Dr. Ticlea: Sagen wir 1–2 pro Woche. Ich bin hier in Köln, das ist eine Medienhochburg – da sind Beratung und Tipps gefragt.

Marijke Amado: Gerade habe ich ein Foto von Madonna gesehen, die ihren Hintern aufgespritzt hat. Wie macht man das, tut man dann da Fett rein?

Dr. Ticlea: Da gibt es mehrere Möglichkeiten – entweder mit Fett oder einfach mit einem Silikonimplantat, das ist sehr ähnlich wie beim Brustimplantat.

Marijke Amado: Hast du so etwas auch schon gemacht? Und können die Frauen danach noch lecker sitzen.

Dr. Ticlea: Ja, so etwas machen wir auch, das ist aber nicht meine Lieblingsoperation.

Marijke Amado: Kann ich mir vorstellen – du guckst lieber ins Gesicht als auf den Hintern! [lacht] In den letzten 20 Jahren hat sich die Welt der Schönheitsoperationen sehr stark entwickelt, im Hinblick auf Perfektion.

Dr. Ticlea: Ja und nein. Vor 20, 30 Jahren war dieses Gebiet noch den Schönen und Reichen vorbehalten. Mittlerweile ist die Schönheitschirurgie populär geworden. Heute traut sich jeder, darüber nachzudenken – auch wenn nicht jeder das nötige Geld dafür hat, obwohl in einigen Bereichen die Preise runtergegangen sind. Aber ich habe das Gefühl, dass die Qualität der plastischen Chirurgie im Allgemeinen gesunken ist. Sie ist gestiegen durch Technologie, Erfahrungen und neue Techniken. Aber auf der anderen Seite ist die Nachfrage enorm gestiegen und immer mehr Ärzte bieten plastische Chirurgie an, ohne über die nötige Erfahrung zu verfügen, ohne die richtige Ausbildung.

Marijke Amado: Es ist sehr schade, dass durch solche sogenannten Ärzte, die zu wenig Erfahrung haben, solche Dinge oft medial nach außen getragen werden und die guten Ärzte darunter leiden. Aber kommen wir nochmal zurück auf Botox. Man kann Botox auch so spritzen, dass es sehr natürlich aussieht.

Dr. Ticlea: Natürlich kann man das. Alles immer im richtigen Maß.

Marijke Amado: Und an der richtigen Stelle. Und du bildest dich überall auf der Welt immer wieder weiter?

Dr. Ticlea: Ich bilde mich immer weiter. Es gibt mittlerweile zum Glück immer mehr Kongresse, gute Kongresse, einen ständigen Austausch mit den Kollegen, immer mehr neue Bücher, auch mehr Mediatheken, wo man sich informieren kann, immer bessere Zeitschriften ... Vor 30 Jahren mussten wir noch zu den renommierten Kollegen hinreisen. Heute ist der Austausch viel intensiver.

Marijke Amado: Und was ist deine Spezialität?

Dr. Ticlea: Puh, meine Spezialität ... Meine Spezialität hat der Markt bestimmt. Natürlich mache ich mehr Brüste als Gesichter, denn das wird mehr nachgefragt.

Marijke Amado: Klingt lustig. Aber immer mit einer Ausstrahlung, die natürlich bleibt.

Dr. Ticlea: Absolut, das machen wir. Sehr, sehr schöne Brüste, sehr natürliche Brüste.

Marijke Amado: Und du machst auch sehr natürliche Gesichter.

Dr. Ticlea: Auch sehr natürliche Gesichter. Schöne Kombinationen von allem.

Marijke Amado: Früher gab es diese Operationen, bei denen man hinter dem Ohr operiert und dann alles glattgezogen hat. Bei manchen Frauen habe ich gesehen, dass die Mundwinkel nach drei Operationen ungefähr am Ohr hingen.

Dr. Ticlea: Ja, dann wurde es übertrieben und eine falsche Technik eingesetzt.

Marijke Amado: Und das ist auch nie mehr richtig hinzukriegen oder auszubessern, wenn du das einmal hast?

Dr. Ticlea: Nicht wirklich. Wenn es einmal falsch gemacht wurde, ist es sehr schwer, so etwas wieder richtig hinzubekommen.

Marijke Amado: Einmal versaut, immer versaut!

Dr. Ticlea: Ja, so ist es ungefähr. Leider.

Marijke Amado: Also, bleibt alles im Leben immer ein Risiko.

Kapitel 13

Meine Managerin

Ich lernte Ica Souvignier im Jahr 1991 kennen und wie das im Leben manchmal ist, machte es sofort klick. Ica hatte gerade mit Ihrem Geschäftspartner Hinrich Sickenberger in Köln eine Agentur für Künstler-Begleitung und -Management aufgemacht. Ich war die erste Künstlerin im Stall. Voller Energie tauchten wir zwei Frauen in die Welt der deutschen Unterhaltung ein. Ica hatte ihre Erfahrungen auf diesem Gebiet schon in Amerika gesammelt. Sie war dort lange in der Filmindustrie tätig gewesen und hatte mit anderen Frauen zusammen, wie z.B. mit Uma Thurmann, schon die harte Seite des Geschäftes kennengelernt. Obwohl in Amerika die Position einer Frau in dieser Funktion schon viel mehr akzeptiert war als in Deutschland in den 80er–90er-Jahren.

Ica war eine Kämpferin und hat das Spiel, knallhart zu verhandeln, am liebsten mit zehn Männern am Tisch, grandios gemeistert. Sie schreckte vor nichts zurück. Ich habe ihr immer bewundernd zugeschaut, wenn sie in Action ging. Dabei hatten wir gemeinsam so viel Spaß und das gleiche Gefühl für Humor.
Wir haben uns wie zwei Schwestern gefühlt und alles Mögliche ausgeheckt, um uns gute Formate auszudenken. Ich denke so gerne an unsere gemeinsamen kreativen Abende zurück, an denen wir Ideen ausgearbeitet, bedacht und umgesetzt haben. Was ein Spaß!
Ein super Team! Sie nannte mich die beste Treibhaustomate aus Holland. Wir beide waren zur diese Zeit auch gerade junge Mütter und die Veränderungen in unseren Leben konnten wir wunderbar teilen. Wir entwickelten

Konzepte wie „Grandios Kurios“ und „Nicht mit, sondern über“. Voller Begeisterung haben wir Tag und Nacht gemeinsam an der Realisierung und an neuen Ideen für die Sender gearbeitet.
Ihr Mann, Michael Souvignier, hatte die Produktionsfirma „Zeitsprung“ und gemeinsam mit ihm wurden die Piloten produziert. Ich moderierte zu dieser Zeit die Mini Playback Show und Ica begleitete mich mit ihrer Unterstützung bei Problemen und Kritik.

„Nicht mit, sondern über“ war auch ein Format, was wir Frauen uns ausgedacht haben. Die meisten Menschen reden immer über andere, wenn derjenige, um den es eigentlich geht, nicht dabei ist. So entstand dieses Fernseh-Format. Wir tauchten ein in das Leben eines Prominenten und haben im Studio mehrere Menschen eingeladen, die diese Person kannten, und dafür oder dagegengesprochen haben. Am Ende der Sendung kam der Prominente selbst ins Studio und konnte seine eigene Meinung dazu abgeben. Das war der Plan.
Für die erste Sendung hatten wir uns damals Margarete Schreinemakers als Kandidatin ausgesucht. Sie war zu dieser Zeit eine der erfolgreichsten Talkmaster im deutschen Fernsehen und wir wollten einen positiven Überraschungsfilm über ihr Leben machen, und das wurde es auch. Dafür sind wir auch zu ihrer ehemaligen Schule gefahren und haben mit Lehrern gesprochen. Wir haben ihr Haus gefilmt, in dem sie in ihrer Jugend am Niederrhein gewohnt hat, um mehr über die jungen Jahre Margarethes zu erfahren. Wir haben ihre Karriere und ihren Weg von den Anfängen beim WDR bis zum Zeitpunkt der Realisierung in einem wunderbaren Film festgehalten. Mit viel Liebe gemacht.
Auf einmal bekamen Ica und auch ich Drohungen, dieses Projekt sofort zu beenden. Wir hatten aber alles schon so weit entwickelt, dass eine wunderbare Überraschungsshow für Margarethe fertig war und nur noch die Talks im Studio aufgezeichnet werden sollten.
Während dieser Aufzeichnung bekamen wir Bombendrohungen im Studio und haben die Welt nicht mehr verstanden. Als ob wir mitten in einem Krieg gelandet wären. Ica und ich erhielten auch privat Drohungen. Sie besorgte mir einen Bodyguard, der auch nachts bei mir in Königsdorf schlief. Ein toller Kerl, ich fühlte mich wie Whitney Houston in ihrem erfolgreichen Film „Bodyguard“. Nun, leider war er schwul und so ging dieser Traum nicht auf …

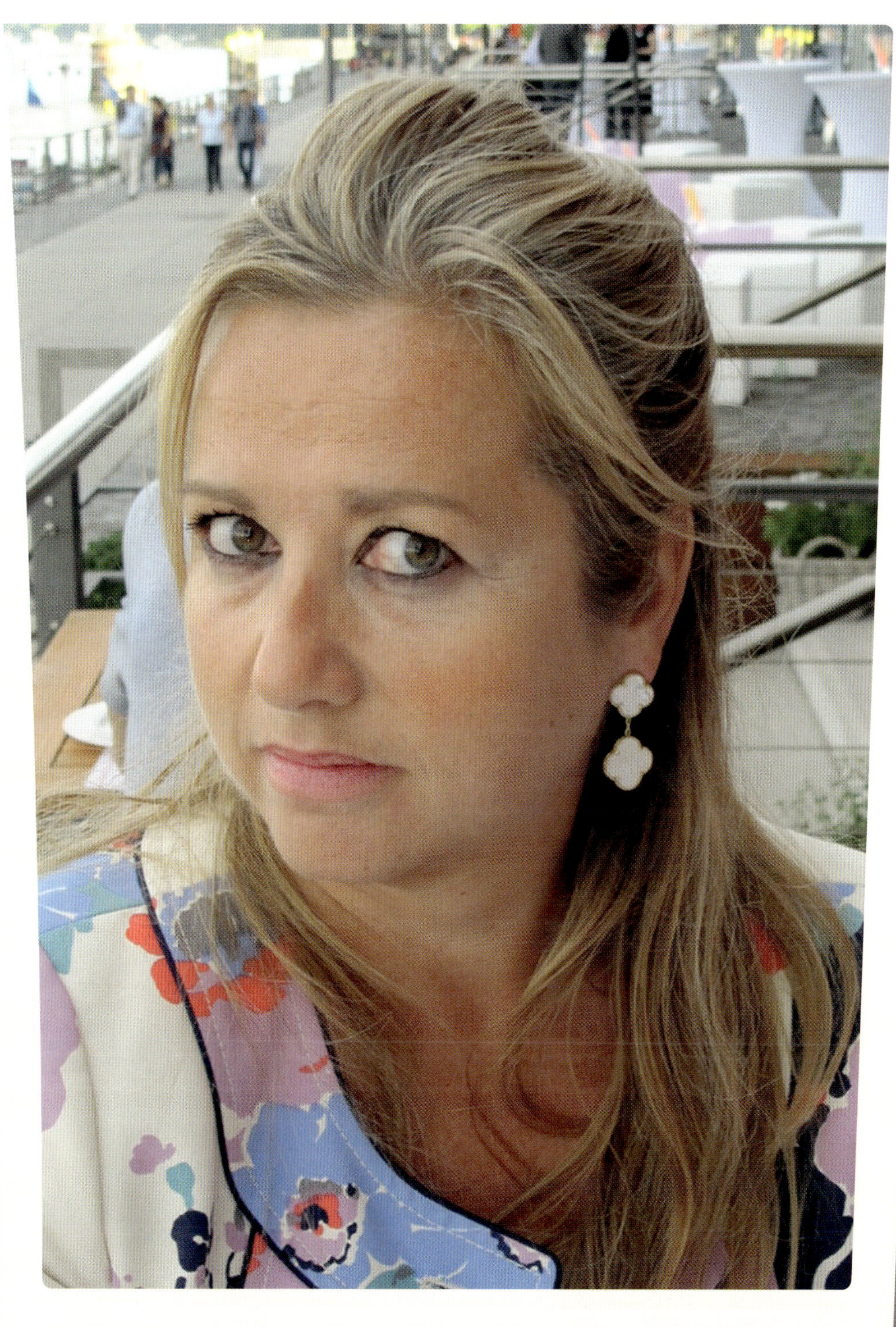

Die Presse wurde irgendwie informiert, nicht durch uns, und es gab Schlagzeilen, ich würde in Margarethes Leben wuscheln. Das Projekt wurde zerstört, bevor jemand es überhaupt gesehen hatte, und wir sprechen hier über einen noch nicht mal sendefähigen Piloten.

Ein super Team: Meine Managerin und ihre „beste Treibhaustomate aus Holland". Danke, Ica!

Das Gleiche galt für „Grandios Kurios". Bei der Abnahme habe ich noch gedacht, es ist verkauft. Aber Wibo van de Linde hat Michael Souvignier abends angerufen und gemeint, dass Michael vielleicht denken würde, es sei an RTL verkauft, dies sei aber sicher nicht der Fall. Woher er das wissen konnte, bleibt bis heute ein Rätsel.
Alles hatten wir selbst vorfinanziert und beide Sendungen wurden niemals gezeigt noch verkauft. Für uns ein riesen Verlustgeschäft und eine unglaubliche Geschichte. Ich habe bis heute nicht verstanden, warum, weshalb, wieso – und wer nicht wollte, dass wir hiermit einen Erfolg hatten, wir zwei Frauen. Im Jahr 1997, als ich einen Management-Vertrag unterschreiben sollte bei den Holländern, habe ich zu Ica gehalten und bin bei ihr geblieben. Ica und ich haben nicht aufgegeben und sie hat für mich ein sehr gutes Werbeprojekt reingeholt. Eine neue Art von Barbie-Puppe, der Hersteller war eine Amerikanische Firma. Ica und ich sind zusammen nach New York geflogen und es gab nie mehr in meinem Leben eine Reise mit so viel Spaß. Wir bekamen eine Hotel-Suite am Central Park, wo früher Jacqueline Kennedy gewohnt hat, mit ihrem John, wenn sie in New York wahren. Und da saßen wir zusammen auf 100 Quadratmetern. Wir haben im Hotelzimmer Sketche aufgeführt, bei denen wir die beiden nachgespielt haben, und morgens zum Frühstück haben wir uns mehrere Eggs Benedikt reingehauen. Icas Lieblingseier. Eine Stretch-Limo hat unten an der Tür gewartet und uns durch ganz New York gefahren. Wir fühlten uns wie Michael Jackson in seinen besten Jahren. Wir sind mit einem Privatjet nach Boston geflogen und es war Hollywood vom Feinsten.
Ica holte einen super Werbedeal rein. Der Beste in meinem ganzen Leben. Damit hatten wir das verlorene Geld unserer Pilotsendungen wieder reingeholt.

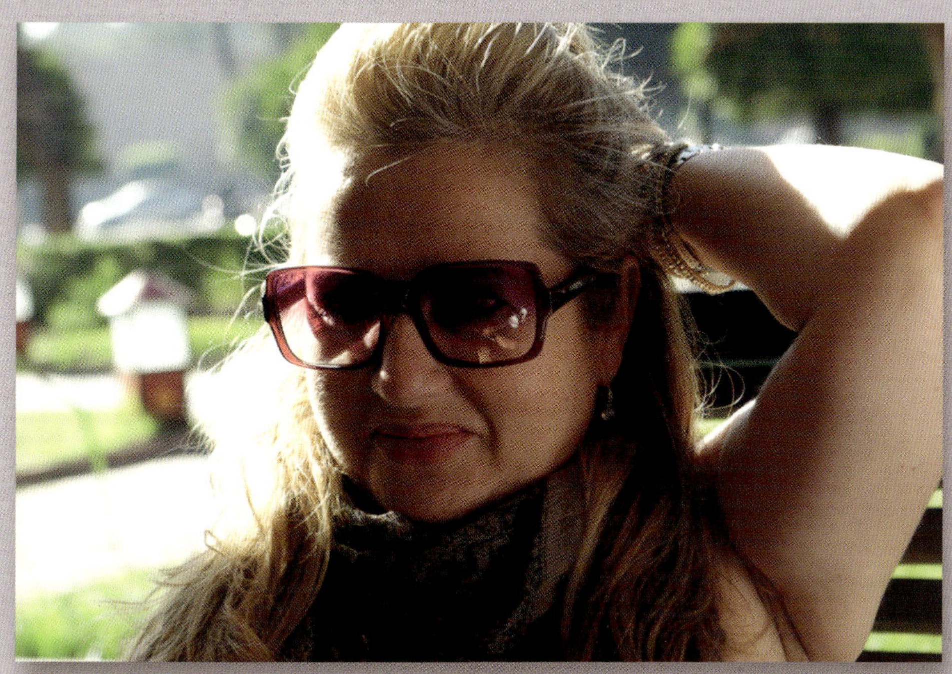

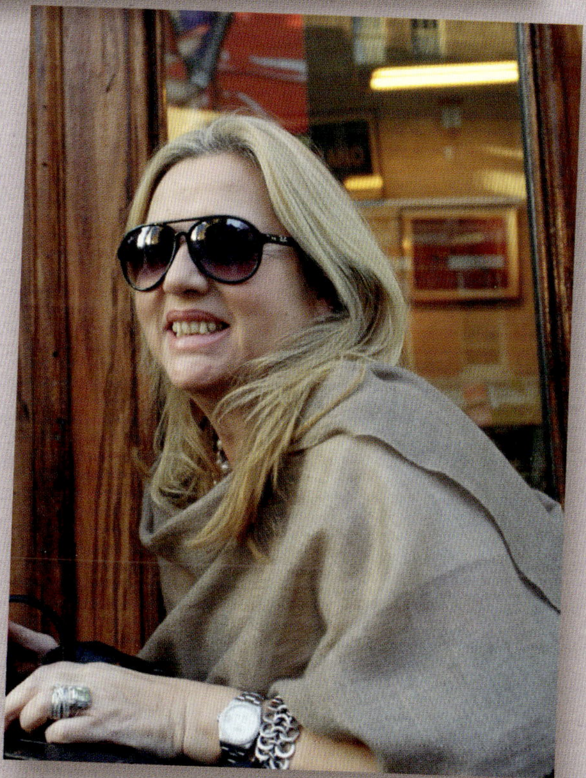

Unvergesslich!

So haben wir uns durchs Leben geschlagen. Ica und ich hatten gemeinsam die lustigsten und schönsten Jahre und ich werde sie nie vergessen. Durch all den Stress und was man so durchmacht und erlebt in dieser Branche, wurde Ica krank. Sie starb mit 51 Jahren, meine Freundin und Partnerin der Unterhaltung über Jahre. Diese Kämpferin mit so viel Humor, die mich immer „Tomate" nannte.

Und es tut mir bis heute in der Seele weh, dass sie ihren letzten Kampf verloren hat.

Danke, Ica, für diese wunderbaren gemeinsamen Jahre, ich werde dich und unsere gemeinsamen Jahre nie vergessen. Du warst ein Vorbild für weibliche Stärke!

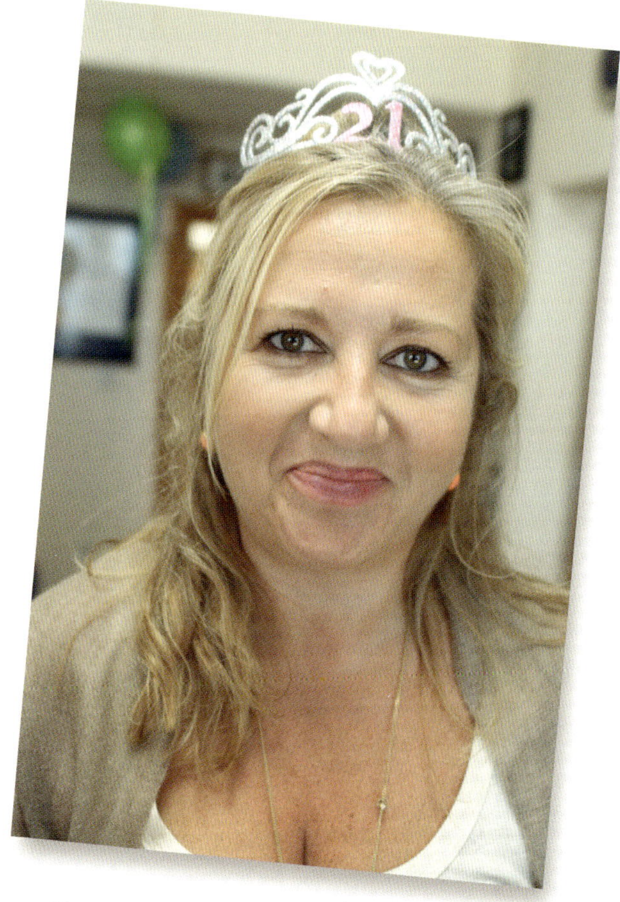

Ein super Team: Meine Managerin und ihre „beste Treibhaustomate aus Holland". Danke, Ica!

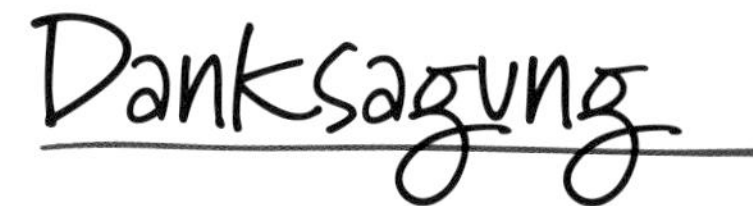

Danksagung

40 Jahre Fernsehen aus dem Blickwinkel der Frau. Beim Schreiben dieses Buches kamen mir viele Bilder und Erlebnisse wieder zurück. Von den Anfängen bei Rudi Carrell bis heute. Was für eine Entwicklung. Es hat sich in diesen 40 Jahren vieles getan für uns Frauen, aber es gibt noch immer viel zu tun. Natürlich bin ich dankbar, dass ich in all den Jahren diese Erfahrungen und Erlebnissen machen dürfte.
Obwohl, einige wären mir auch lieber erspart geblieben. Aus Tiefen sollte man lernen und die Höhen genießen. Dies gehört zu einem intensiven Leben. Dankbar bin ich, dass ich zu der Generation Frauen gehöre, die „bahnbrechend“ war. Und dass wir etwas verändert haben, wo immer wir konnten und unterwegs waren. Wie die Frauen, die vor genau 100 Jahren für unser Stimmrecht gekämpft haben.

Sehr dankbar bin ich, dass ich als Niederländerin die Möglichkeit bekam, 40 Jahre lang in den deutschen Medien mit zu agieren und immer das deutsche Publikum an meiner Seite spüren zu dürfen. In dem Land, in welchem ich geboren wurde und aufgewachsen bin, habe ich kaum eine Möglichkeit bekommen, meine Kreativität diesbezüglich zu entwickeln.
Aber wie sagt man auch wieder so schön: „Der Prophet gilt nichts im eigenen Land.“

Danke sage ich meinen lieben Kolleginnen und Freundinnen aus Deutschland, die mit mir gemeinsam diesen Weg gegangen sind und die jede für sich die Veränderungen für uns Frauen aktiviert haben. Und in diesem Buch einiges über ihre Erfahrungen berichten.

Danke Frauke Ludowig, Ruth Moschner, Birgit Schrowange, Britta von Lojewski, Saskia Valencia, Natascha Ochsenknecht, Marlene Lufen, Marlis Robels und Christiane Ruff.
Und danke an alle Frauen, die dies genauso gemacht haben und nicht erwähnt wurden in diesem Buch. Wir haben etwas geschafft, „Girls“, und werden es weiterhin tun. Wie waren nie Opfer, aber Vorreiterinnen für eine andere Zeit. Wir haben einkassiert – und weitergemacht. Und nie aufgege-

ben. Wir haben unterhaltend unseren Job gemacht und geleistet. Und dafür danke ich euch!

Natürlich danke ich auch den Männern in der Medienlandschaft, die sich korrekt verhalten, uns als gleichwertige Kolleginnen angesehen und uns auch so behandelt haben! Die Respekt vor unseren Leistungen hatten und uns nur danach beurteilten, förderten und unterstützen. Wie Hans-Joachim Hüttenrauch. Und ja, solche gab es auch.

Und ich danke den deutschen Zuschauern, dass sie immer eingeschaltet haben, wann auch immer eine von uns sichtbar war.

Und natürlich allen, die mich bei diesem Buch unterstützt haben. Meinem Verlag, der an dieses Projekt geglaubt hat und mir die notwendige Unterstützung hat zukommen lassen. Und dies tatsächlich in Person eines Mannes, Kai Schmid, der meinem Buch wohlwollend und liebevoll den letzten Schliff gegeben hat. Aber bei dem Vornamen passt es halt.

Meinem Sohn Kay danke ich für seine Geduld und seine unermüdliche Hilfe, nicht nur bei Computerfragen, sondern vor allem für seinen Glauben an unser gemeinsames Leben und an dieses Projekt.

Ich liebe mein Fach und es gab viele schöne Jahre, aber auch harte und schwierige. Wie im richtigen Leben. Es gibt viele Hähne, die meinen, dass ihretwegen die Sonne aufgeht. Wir Frauen strahlen aber weiter. Mit oder ohne Falten. Mit Können und Humor. Ganz wie die Hühner, legen wir Frauen immer neue Eier!

Alles Liebe

Ihre Marijke Amado

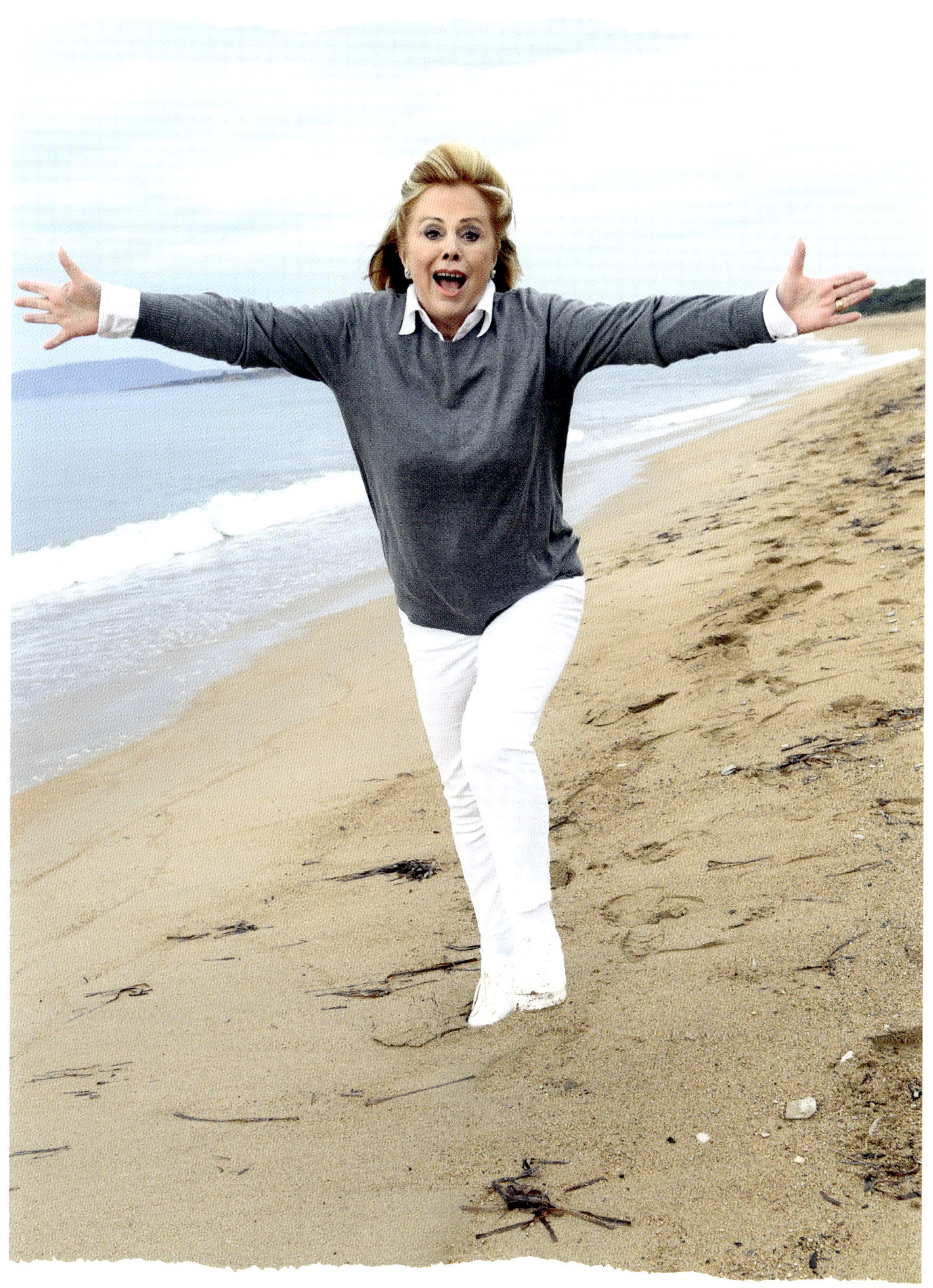

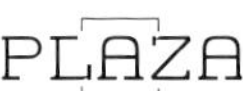
ist ein Imprint der
HEEL Verlag GmbH
Gut Pottscheidt
53639 Königswinter
Tel.: 02223 9230-0
Fax: 02223 9230-13
E-Mail: info@heel-verlag.de
www.heel-verlag.de

Autorin: Marijke Amado
unter Mitarbeit von Kai Schmid, Essen
Layout: gb-s Mediendesign, Königswinter
Coverlayout: Ralph Handmann, Bonn
Projektleitung und Lektorat: Ulrike Reihn-Hamburger

Fotos:
Privatarchiv Marijke Amado (Stefan Pick: 5, 147, 157 ul, 167 M; Music-Academy Aachen: 193)
Mit Ausnahme von:
© Michael Schaake: 11 oM, © Andrea Rödel: 17, 19 M, 27, 29 u, 53 o, © Kevin Koelker: 44, © Frank Laufenberg: 60, 67 o, © De Telegraaf: 79, © Christiane Ruff: 82, © Ruth Kappus: 104, © Ruth Moschner: 118, © Marlene Lufen (148), © RTL/Margaretha Olschewski: 160, © Gil Ofarim: 174, © Stefan Pflug: 179 ur, © Natascha Ochsenknecht: 181, © Dr. Marian Ticlea, © Michael Souvugnier: 201, 203, 204, © Wolfgang Breiteneicher: 207, © ActionPress: Suchefort, Thomas (32, 34), United Archives GmbH (40), Galuschka, Horst (43), Ramirez, Walter (125), Wallocha, Stephan (132), B. Trenkel/Bauer Premium Agentur (170), © Picture-Alliance: 75 u, 102 l, 131, dpa (171, 173, 178), BREUEL-BILD (172), Coverbild: Getty Images/Peter Bischoff

Printed in Italy

ISBN 978-3-95843-894-1